古代歷史文化研究輯刊

二六編

王 明 蓀 主編

第 10 冊

唐宋法律考試研究（上）

蔣 楠 楠 著

國家圖書館出版品預行編目資料

唐宋法律考試研究（上）／蔣楠楠 著 -- 初版 -- 新北市：花
木蘭文化事業有限公司，2021〔民 110〕
目 4+178 面；19×26 公分
（古代歷史文化研究輯刊 二六編；第 10 冊）
ISBN 978-986-518-593-0（精裝）
1. 科舉 2. 法律 3. 唐代 4. 宋代
618   110011822

ISBN-978-986-518-593-0

古代歷史文化研究輯刊
二六編　第 十 冊　　　　　　　ISBN：978-986-518-593-0

唐宋法律考試研究（上）

作　　者	蔣楠楠
主　　編	王明蓀
總 編 輯	杜潔祥
副總編輯	楊嘉樂
編　　輯	許郁翎、張雅淋、潘玟靜　美術編輯　陳逸婷
出　　版	花木蘭文化事業有限公司
發 行 人	高小娟
聯絡地址	235 新北市中和區中安街七二號十三樓
	電話：02-2923-1455／傳真：02-2923-1452
網　　址	http://www.huamulan.tw 信箱 service@huamulans.com
印　　刷	普羅文化出版廣告事業
初　　版	2021 年 9 月
全書字數	362161 字
定　　價	二六編 32 冊（精裝）台幣 88,000 元

唐宋法律考試研究（上）

蔣楠楠　著

作者簡介

蔣楠楠，女，1987年生，廣西桂林人。中南財經政法大學法學博士、浙江大學光華法學院博士後。現任中南財經政法大學專任教師、碩士生導師，兼任湖北省法律文化研究會副秘書長。主持國家社科基金青年項目《宋代司法判決中的推理與邏輯研究》（2016）。在《法制與社會發展》《法學評論》《南京大學學報》等核心刊物上發表論文多篇，多篇論文被《新華文摘》《人大複印資料》轉載。曾獲第二屆曾憲義先生法律史獎學金優秀博士論文獎。

提　　要

　　唐宋法律考試制度主要包括科舉制度中的「明法科」、吏部銓選「試判」以及選拔法官的「試刑法」考試，是選舉制度的組成部分。法律考試始於唐而興於宋，一定程度上反映了選舉制度與唐宋司法傳統的內在關聯，具有重要的時代意義。唐朝於科舉考試中首創專門的法律考試科目——「明法科」，並要求及第舉子與低級文官參加吏部主持的試判考試。而宋初統治者在承襲唐代「明法科」以及吏部試判考試的基礎上，創設了選任中央法司法官的「試刑法」考試、官學教育中的律學公試以及胥吏試法等法律考試科目。直至宋神宗熙寧變法時期，法律考試制度發展到了頂峰。

　　法律考試是唐宋時期「試法入仕人」宦海沉浮中的重要機遇。由於出身、遷轉、知識結構的不同，不同類型的「試法入仕人」的仕宦道路也有著因人而異的走向。「明法及第人」大多都擔任過法官職務，其仕宦發展與法官職業的聯繫也較為密切，但是他們躋身高位的幾率較低，其仕宦生涯大多止步州縣；「書判拔萃登科人」的仕宦發展與法官職業的聯繫並不大，但他們的遷轉速度則較為迅速；而「試中刑法人」既有較好的儒學功底，又熟練掌握了司法審判的有關知識和技巧，可謂是「文學法理，咸精其能」。並且，他們大多曾就職於基層，熟知吏事，對民間人情世故有著充分的瞭解。由是，「試中刑法人」以參加「試刑法」考試為契機，開始了法官職業生涯，其中多有問鼎中央法司之最高職位者。

　　唐宋法律考試制度的建立與發展，不僅推動了官員知識結構的改善，而且一定程度上撼動甚至扭轉了官員僅以通曉儒家經義即可為官的慣例，為士大夫階層的時代風貌注入了新元素。唐宋法律考試制度經統治者在總結成敗的基礎上不斷改革，逐漸確立了以「試刑法」作為選拔法官後備人員的考試制度，這一制度的推行直接促使了初具職業化趨向的法官群體的形成。唐宋法律考試制度的發展，一定程度上打破了固化的社會階層架構，增強了社會階層的流動性，逐漸成為影響社會階層升沉的重要因素之一。

致　謝

　　本書基於我的博士學位論文修改而成。付梓意味著本人對「唐宋法律考試」的研究或已告一階段，而完成學業六年以來，我深感本文尚有許多不足，故而遲遲不敢定稿。儘管在花木蘭文化事業有限公司的支持下，拙著得以正式出版，但此時此刻我的心中卻難有一絲輕鬆。一方面，心中仍對本書抱有一些遺憾。囿於筆力，與唐宋法律考試有關的一些核心問題尚未解決；而另一方面也深深地感覺到習法研史之路永無止境，不敢心存懈怠。

　　在恩師陳景良教授的影響下，我在博士求學期間的主要關注點就是「唐宋法律考試」這一話題，並試圖在制度梳理的基礎上，對制度背後具體推動歷史浪潮的人物予以關注。作為一名對傳統法律文化充滿深情和敬意的學者，陳老師深耕宋代法制研究領域，持續關注士大夫知識群體與宋代司法傳統的關係。對待學術，他是十分嚴謹的。讀書問學，容不得絲毫馬虎。他時常正色告誡我們：「治學沒有捷徑，欠下的讀書債是難以彌補的。」為督促我們學習，他因材施教，常常為我們「量身定制」書單。遇到喜歡的書籍和文章，他常常多買幾本贈予我們，要求細細品讀。在他時常把摩的書籍扉頁上，也常為我們留下勸誡之語並點明此書的精華與不足所在。誠然，習法研史必須困坐書齋，但陳老師卻不拘泥於此。或在春意盎然的清晨，或在秋高氣爽的午後，陳老師手執古卷，暢論學術古今，身邊環繞的是我們幾個學生，一同在曉南湖畔幽靜的小徑上且駐且行。在生活中，陳老師又是十分慈愛的。平日裏，他和師母時常關心我們的生活，讓我們感受到家的溫暖和幸福。從外地出差回來，陳老師常給我們捎來一些糖果和其他手信。於我而言，陳老師是一位嚴厲的老師，也是一位慈愛的父親。

感謝臺灣中央研究院柳立言先生，我的博士學位論文的選題和研究思路方面都深受教益。在論文的寫作過程中，我曾多次通過電子郵件請教，柳先生每次都不厭其煩的悉心予以回覆，並鼓勵我摘出論文中的精華部分大膽投稿。感謝洛陽師範學院河洛文化國際研究中心趙振華先生，儘管素未謀面，卻在電子郵件中事無鉅細地為一個對墓誌銘不甚瞭解的學生詳細介紹相關資料。在趙先生的指點下，我才逐漸瞭解了一些關於石刻文獻的信息。感謝中國政法大學趙晶博士為我搜集寫作材料，並對論文存在的問題提出商榷意見。

感謝我的碩士生導師範忠信教授對我的耐心點撥，指引我邁向法律史研究的學術大門。本文的選題、寫作與完稿，還離不開陳曉楓教授、徐忠明教授、張中秋教授、俞江教授、任強教授、鄭祝君教授、張繼成教授、春楊教授、屈永華教授、陳柏峰教授、武乾副教授等各位老師的關懷和鼓勵，正是他們提出的中肯而犀利的針對性意見，才使得本文得以不斷完善。

還要感謝「曉南湖畔曾讀書」這一學術共同體中的小夥伴們。難以忘記與王忠燦師兄、陳敬濤師兄一起在曉南湖畔並肩寫作的日子。感謝師姐邱紅梅、陳秀平、阿榮、趙吶，師兄李志明、楊樹林、李遠華、於熠給我的真誠鼓勵。感謝師弟吳歡、喻平、王天一、彭巍，師妹康華茹、古戴、潘萍、蔣業群對我的支持和幫助。還要特別感謝吉林大學張田田博士不辭勞苦，屢次幫助我進行文字校對勘誤工作。

感謝我的父親母親，感謝你們對我一直以來的養育。作為「虎爸豹媽」，你們決然對家中的獨女施行鞭勵政策，無比堅定的支持我完成學業。作為「慈父愛母」，你們放棄了本應閒適的生活，遷居武漢不辭勞苦的照料我的生活。感謝我的先生周志，感謝你毅然脫下法袍，與我在追求學術的道路上攜手同行！

攻讀博士學位的四年，也許將會是我人生中最不平凡的四年。在這四年裏，我真切地感受到了學術研究的魅力，感受到學術共同體的力量，同時也最終堅定地選擇了自己人生道路的發展方向。

恩師陳景良老師曾有言云：人無時無刻不在追求夢想，卻始終生活在現實之中。的確如是，身處於一個偉大的時代，在追求夢想的年紀，更應直面現實，腳踏實地。未來的道路還很漫長，吾輩更當勉力前行。

蔣楠楠
二〇二一年六月於曉南湖畔

目次

導　論

一、學術史回顧

故明主之國，無書簡之文，以法為教。無先王之語，以吏為師。〔註1〕（韓非）

傳統中國的法律教育制度由來已久，早在戰國時期，秦國就開始推行商、韓之政，注重培養官員的法律素養。「以法為教，以吏為師」，就是說將法律作為學校教育的教材，由精通法律的官吏擔任教師。在歷史發展的長河中，首次單獨以法律知識為內容，以選拔專業人才的考試出現在唐代。科舉考試中的「明法科」之創置，標誌著古典中國法律考試制度的正式確立。法律考試制度創置於唐而興於宋，恰逢古典中國自中世轉入近世的典型過渡之際。〔註2〕法律考試制度的出現、完善與衰落也必然與當時發生的社會變遷有著

〔註1〕（戰國）韓非：《韓非子》，《五蠹第四十九》。
〔註2〕此採納的是日本學者內藤湖南的「唐宋變革」之說。認同「唐宋變革」的學者一般認為：唐宋時期是中國歷史由中古踏入近世的一個變革時期，「唐宋變革」自中唐始，唐代是中古的結束，而宋代是近世的開端。我們現今社會的風俗習慣很多都能在宋代找到影子。就司法制度和法官選任制度而言，提出「唐宋變革」論的日本京都學派認為唐宋時期朝廷的選舉制度和法律制度發生了明顯的變革。其具體表現是：唐代政府高位由貴族壟斷，雖採用科舉，但及第者每年不過五十多人。科舉的內容意在測驗人的品質和文藝。而在宋代，科舉成為產生官吏的主要途徑，政府高位由皇帝決定，科舉的內容傾向於務實主義。在法律制度方面，宋代司法制度已經成熟，訟學發達與注重個人權利。筆者以為，唐宋之際是否真正存在「變革」，尚需學界進一步深入研究。而不可否認的是，唐宋時期的科舉、法律等政治制度的確發生了較為重要的變遷。

密切聯繫。因此，研究唐宋法律考試不僅是挖掘傳統中國法治文明的需要，同時也對於我們正確認識唐宋社會變遷及司法傳統的轉型有著重要意義。

法律史學前輩徐道鄰先生較早地認識到了唐宋時期法律考試制度的地位，他認為：「中國的考試制度，從唐朝起，就有『明法』一科，專門用以選拔法律人才。到了宋朝——這是中國過去講究法律的一個朝代——法律考試，更進入了鼎盛時期。」〔註3〕徐道鄰先生對唐宋時期的法律教育和法律考試的研究可謂是首開風氣。在《中國唐宋時代的法律教育》與《宋朝的法律考試》這兩篇論文中，徐道鄰先生對唐宋時期法律教育與法律考試制度的沿革與發展進行了詳密的梳理。在現在看來，這兩篇論文的材料運用上可能也存有一些瑕疵，但不可否認的是，徐道鄰先生的研究奠定了後來學者研究唐宋時期法律教育與法律考試制度的研究範式。

在徐道鄰先生研究的基礎上，目前學界對唐宋法律考試的研究主要有兩種研究進路。其一是史學研究的思路，著重對唐宋法律考試中的某一或某些具體科目進行制度梳理。就筆者所見，最早撰文研究唐代「明法科」考試的是盛奇秀先生。在盛奇秀先生研究的基礎上，中國政法大學鄭顯文教授與錦州師範學院彭炳金教授就唐代「明法科」考試的相關制度中的具體問題也展開了一場論戰。〔註4〕除了徐道鄰先生之外，較早撰文對宋代法律考試制度進行研究的還有卓帆先生、莫家齊先生以及季懷銀先生。〔註5〕此外，唐宋科舉

〔註3〕 參見徐道鄰：《宋朝的法律考試》，收錄氏著《中國法制史論集》，志文出版社，1975 年，第 188 頁。

〔註4〕 先是，鄭顯文教授從唐代明法科的起源、考生來源、考試程序、內容及考生出路出發，對明法科考試制度進行了梳理，認為唐代明法科的設置，標誌著我國法學教育進入了一個新的階段。而彭炳金先生則認為鄭顯文教授在對唐代明法科進行解讀時，誤讀了某些史料，使用材料不全，應當更多的使用墓誌文獻材料，對明法科考試制度進行深入研究。他針對鄭顯文教授的結論提出了一些商榷意見，認為「唐太宗貞觀六年初置律學」的說法不妥，鄭顯文教授考證的明法及第者人名有誤，並且據最新整理的唐代墓誌資料推斷，唐代明法科設立的時間可以往前推進。針對彭炳金先生指出的某些問題，鄭顯文教授並不表示贊同，他在《再談唐代的明法考試制度——兼答彭炳金先生》一文對彭炳金先生提出的問題作出回應，再次闡明了自己之前在論文中的觀點。參見鄭顯文：《唐代明法考試制度初探》，《政法論壇》，2000 年第 2 期；彭炳金：《論唐代明法考試制度的幾個問題》，《政法論壇》2002 年第 2 期；鄭顯文：《再談唐代的明法考試制度——兼答彭炳金先生》，《政法論壇》2002 年第 6 期。

〔註5〕 卓帆先生從宋代置律學、設置明法科考試，革新司法隊伍，選明法，任清廉

制度與文官選任制度向來是歷史學界研究的重點。法律考試作為取士與舉官制度中的重要一環，這些研究成果也或多或少地涉及到本文研究的主題。如吳宗國先生在《唐代科舉制度研究》一書中，對科目選考試進行了仔細考辨，並對唐代「書判拔萃」科與「平判入等」科考試的設立與發展進行了梳理。〔註6〕王勳成先生的《唐代的銓選與文學》亦有專節介紹了唐代吏部銓選中的「書判拔萃」科及「平判入等」科考試的發展沿革。〔註7〕苗書梅先生的《宋代官員選任和管理制度》在討論宋代官員考試任用法之時，也提及了宋初試判制度及其廢除以及「試刑法」考試制度的相關情況。〔註8〕上述研究對唐宋時期主要的法律考試科目之程序、內容以及應試者的來源與出路等問題進行了詳盡的研究。這一研究進路下的研究成果大多注重於制度的靜態方面，而對唐宋法律考試制度的動態變遷及其發展趨勢則鮮有涉及。

　　而另一種則是法學研究的思路，著重對將唐宋法律考試制度背後的法律思想與法律文化進行挖掘，從中闡釋其法律史意義。如霍存福教授對唐代試判考試制度下的判文進行了深入研究。霍存福教授認為：儘管張鷟的《龍筋鳳髓判》與白居易的《甲乙判》所記載的都是擬判，但這些判題其實源自於史事或當時的真實案例，具有較高的史料價值。同時，霍存福教授亦通過對唐代實判的考察，對唐代判詞進行了分類。他認為實判真實地反映了唐代官場的實際狀態，既反映了唐代官員的日常公務活動，也反映了判案程序的一般流程。〔註9〕又如陳景良教授注意到，宋代的法律考試制度直接影響到士大

等舉措談起，認為宋朝封建統治者十分重視法律對於維護中央集權制度的重要性而多有強化立法與司法的舉措，其中尤重司法官吏的選拔與任用。莫家齊先生認為宋朝是我國封建社會中一個比較重視法律教育和法律考試的朝代，他針對宋代容易混淆的三種較大規模的法律考試，即「明法」、「新科明法」與「試刑法」的興衰進行了一番考證。季懷銀先生認為宋代的法律考試制度空前發達，其種類、範圍、規模之大，為傳統中國歷代中央王朝之最。「所有具備做官資格的人，還必須經過法律考試，合格才能注官。」參見卓帆：《宋朝法官的選拔和任用》，載《江西大學學報（社會科學版）》，1982年第1期；莫家齊：《宋朝「明法」「新科明法」及「試刑法」考》，《中州學刊》，1984年第6期。參見季懷銀：《宋代文職官吏的注官法律試》，《河南大學學報》1992年第4期。

〔註6〕參見吳宗國：《唐代科舉制度研究》，遼寧大學出版社，1992年。

〔註7〕參見王勳成：《唐代銓選與文學》，中華書局，2001年。

〔註8〕參見苗書梅：《宋代官員選任和管理制度》，河南大學出版社，1996年。

〔註9〕參見霍存福：《唐代判詞的實判——兼與擬判比較》，《現代法學》2013年第6期。霍存福：《〈龍筋鳳髓判〉判目破譯——張鷟判詞問目源自真實案例、奏

夫群體的法律觀念與時代風貌的形成，具有重要的時代意義。「規模宏大，組織嚴密的法律考試，涵泳了有宋一代士大夫的法律意識及法律素養，孕育了宋代許多個著名的法官及法律專家。」〔註10〕「宋自太宗之後，法律考試遂成為選拔各級司法官員的必備途徑。在此等形勢下，宋代士大夫的法律觀念與漢唐儒生相較遂有兩點鮮明的時代特色：一是在宋代士大夫中間，通法曉律、爭言法令成為一種時尚。二是宋代士大夫從優國憂民的悲憤意識出發，特別重視獄訟，關心民間疾苦。」〔註11〕

雖然在這兩種研究進路下，學界對唐宋法律考試研究已有一定的成果，但是猶有可探討之處。其一，法律考試的具體制度仍須進一步具體細緻的刻畫。如目前學界偏重於對「明法科」考試與「試刑法」考試制度進行梳理，而對吏部銓選中的「試判」考試的認識仍存有偏差。在對唐宋法律考試制度進行研究時，往往忽視了試判考試。此外，就試判考試中的「書判拔萃」科與「平判入等」科的設置時間與性質等方面的具體問題，學界也仍然存在著爭議，亟需加以釐清。其二，目前學界對唐宋法律考試的研究成果，大多還停留於靜態的制度梳理階段，研究主題還需進一步拓展。唐宋時期法律考試制度的發展並不是斷裂靜止的，而是一個連續的歷史過程。法律考試制度創立、興盛於唐宋之際的原因，本身就是一個值得深思的問題。儘管，已有學者已經開始注意到法律考試制度發展背後的思想、觀念的變化，但目前還鮮有學者注意將法律考試與唐宋之際發生的社會變遷相聯繫。由制度研究轉而關注制度背後的政治理念、社會階層與思想文化的變化，應當是我們繼續深入研究唐宋法律考試時予以關注的視角和主要著力點。

二、問題的提出

盛奇秀先生在梳理唐代「明法科」具體制度的基礎上指出：「明法科是為封建王朝選拔法學人才，參加國家管理，特別是擔任司法職務的專業性科目。明法科的創立是唐代的一個創舉。唐代明法科，是我國法學專業考試制度的真正起源。」〔註12〕而徐道鄰先生在《宋朝的法律考試》一文中認為，「宋朝

章、史事考》，《吉林大學社會科學學報》1998 年第 2 期；《張鷟〈龍筋鳳髓判〉與白居易〈甲乙判〉異同論》，《法制與社會發展》1997 年第 2 期。
〔註10〕陳景良：《宋代司法傳統的現代解讀》，《中國法學》2006 年第 3 期。
〔註11〕陳景良：《試論宋代士大夫的法律觀念》，《法學研究》1998 年第 4 期。
〔註12〕參見盛奇秀：《唐代明法科考述》，《東嶽論叢》1985 年第 2 期。

之利用各種制度，提倡法律，可以說是前所未有。不過中國社會，自兩漢以來，儒家『德禮為主，政刑為輔』的價值觀念，深入人心，法律一直不能搶先。所以唐朝國子監的六學，『律學』是一個第四等的學校，而宋朝『諸科』考試中，『明法』最是下科。就是在神宗大力推進法律考試的時候，就有監察御史陳師錫上書反對。……學習法律，使人『為士已成刻薄，從長豈有循良？』中國後來法律學之不能發達，這種傳統成見的作用，恐怕是最有力的一個因素。」〔註13〕由此可見，這兩位先生的觀點之中似乎也蘊含著一定的矛盾。既然唐宋之際統治者逐漸對法律加以重視，法律考試科目也逐漸增多，那麼為何又會出現徐道鄰先生所說的唐宋之際法科背景的士人也一直難以獲得統治者的青睞之現象？唐宋之際朝廷設置法律考試的用意究竟何在，法律考試是否確如盛奇秀先生所說，為朝廷培養了專業的法律人才？唐宋時期，法律考試的士人是否也因此走向了職業法官之路？

　　筆者以為，欲解答這些問題，必須在研究唐宋法律考試時跳出制度研究的框架，而將制度與制度背後的人、人物群體乃至社會階層與唐宋之際的社會背景相聯繫。在前人研究的基礎上，本文試圖以唐宋時期法律考試制度作為切入點，對史料文獻中「試法入仕人」這一群體的仕宦經歷與法官職業的聯繫情況，以及知識結構與法律素養進行探討，進而對唐宋之際的法律考試與社會階層變遷之間的相互關係進行研究。筆者試圖在考察過程中解決以下三個問題：

　　第一，本文的首要目的是系統梳理唐宋時期出現的有關法律考試的歷史敘事，搜尋唐宋史料文獻中有關法律考試的訊息，對這些點滴資料進行全面的整理。為瞭解唐宋法律考試及其背後所蘊含的法律文化，首先要盡力恢復唐宋法律考試制度的全貌。在制度梳理的基礎上，對唐宋時期的「試法入仕人」加以考證。

　　第二，揭示唐宋時期「試法入仕人」的仕宦發展與法官職業的內在關係。對唐宋時期的「試法入仕人」的出身、入仕途徑以及仕宦經歷等進行統計，分析「試法入仕人」的職業發展、知識結構以及他們的法律素養。筆者試圖以唐宋「試法入仕人」物群體作為研究對象，整理其出身與遷轉經歷，從中發掘「試法入仕人」的仕宦生涯與專職法官職業的關係，進而考察不同類型

〔註13〕參見徐道鄰：《宋朝的法律考試》，收錄氏著《中國法制史論集》，志文出版社，1975 年，第 216 頁。

的「試法入仕人」的知識結構、法律活動及其法律素養，揭示唐宋法律考試與法官職業化趨向之間的關聯。

第三，將法律考試與社會階層的變遷相聯繫，探討法律考試與社會變遷的相互關係。唐宋之際，古典中國正處於一個重大的社會變革時期。在這一時期，古典中國的政治體制、經濟形態以及文化特性等方面無一不發生了巨大而深刻的變遷。在文官選任方面，科舉取士制度的建立打破了官員選任由門閥士族掌控的局面，從而在統治階層與社會階層間建構了人才流通之渠道。士族地位因此受到極大的動搖，寒素階層也逐漸活躍於統治階層的舞臺。就唐宋之際科舉制度與社會階層的關係的討論，學界已有不少研究成果。〔註14〕他們大多都以統治階層中的科舉出身者（主要是進士及第人）作為切入點，來分析唐宋之際社會階層之消融。而本文則試圖以「試法入仕人」作為切入點，對唐宋之際的法律考試與社會階層變遷之間的相互關係進行研究。古典中國法律考試制度置於唐而興於宋，恰逢變世，其興衰發展也必然與當時的社會背景有著密切的聯繫。作為科舉與文官選任制度中的一項重要內容，唐宋時期的法律考試制度其實也直接影響了大士族階層與寒素階層的沉降。

三、概念的梳理

本文旨在從傳統中國的歷史維度出發，通過對史料文獻的梳理，於唐宋時期固有的法律考試制度中尋求現代司法理論的歷史基因。概念的內涵和使用是有一定的邊界的。欲研究唐宋法律考試，必須首先對相關概念進行梳理。

（一）「選舉」

唐宋時期的法律考試是傳統中國選舉制度中的重要一環。「選舉」一詞本

〔註14〕錢穆先生的《中國歷史上之考試制度》已經開始關注科舉考試對社會階層的影響。隨後，黃三富先生在《科舉制度與唐代社會流動》一文中認為：科舉制度促進了唐代社會階層的加速流動。毛漢光先生在精細考證的基礎上統計了大量數據，旨在分析科舉制度對唐代統治階層的影響。孫國棟先生則在晚唐五代北宋各代人物之出身家世統計的基礎上，對唐宋之際社會門第之升沉情況進行研究。參見錢穆：《中國歷史上之考試制度》收錄于氏著：《國史新論》，九州出版社，2011年，第261頁；黃三富：《科舉制度與唐代社會流動》，《東方雜誌》，1968年復刊第2卷第2期，第27～33頁；毛漢光：《中國中古社會史論》，上海書店出版社，2002年；孫國棟：《唐宋之際社會門第之消融——唐宋之際社會轉變研究之一》，收錄于氏著：《唐宋史論叢》，上海古籍出版社，2010年。

身就是傳統中國的固有詞彙。所謂「選舉」，從字面意義上來看，「選」是選擇與挑選之義。《禮記》就有「選賢與能」之語。而「舉」則是指舉薦、推舉。「選」與「舉」相輔相成，是為選拔人才之義。

　　傳統中國的「選舉」與現代社會的「選舉」字面雖同而實質截然有別。現代社會的「選舉」是一種政治活動，「它是一種具有公認規則的程序形式，人們據此而從所有人或一些人中選擇幾個人或一個人擔任一定職務。」〔註15〕在何懷宏先生看來，中國古代的選舉」與「現代選舉」的區別主要在於：「現代選舉是以『多』選『少』，以『眾』選『賢』（『賢』不含褒貶義），即通過多數自下而上地來選擇實施治理的少數。」「而中國古代的『選舉』則可以說是由統治者自上而下地來選擇治理者，或者說是以『賢』選『賢』，即還是通過少數來選擇少數。」〔註16〕

　　傳統中國選舉制度的發展與中國社會的歷史形態有著密切的關係。韋伯將中國先秦時期稱為「封建社會」，而將秦統一後至清代的中國社會稱之為「家產官僚制」社會。〔註17〕當然，劃分社會結構的歷史形態可以有種種標準，何懷宏先生以社會提供給個人的上升渠道和發展條件作為觀察角度，而將傳統中國的歷史形態分為「世襲社會」與「選舉社會」。「世襲社會」是描述和分析從西周（或可上溯到更早）到春秋時代的社會形態的解釋性範疇。而「選舉社會」則以「學而優則仕」為重心，是秦漢以來一直延續到清廷覆亡這一階段的中國歷史形態的概括。〔註18〕一般說來，「世襲社會」官員的選拔主要施行「世卿世祿」制，即最高統治者按血緣關係的遠近，分封自己的親屬；中央和地方的各級權力，分別掌握在大大小小的貴族手中。而且世代相傳，不能隨意任免。在根據史料文獻的記載，宗法制與分封制之下，先秦時期也存在從民間選拔人才的「鄉舉里選」之制。〔註19〕「鄉老及鄉大夫、群吏獻賢

〔註15〕（英）戴維・米勒等主編：《布萊克維爾政治學百科全書》，中國問題研究中心組織編譯，中國政法大學出版社，1992年，第215頁。

〔註16〕參見何懷宏：《選舉社會——秦漢至晚清社會形態研究》，北京大學出版社，2011年，第3頁。

〔註17〕（德）馬克斯・韋伯著，洪天富譯：《儒教與道教》，江蘇人民出版社，1993年。

〔註18〕參見何懷宏：《世襲社會——西周至春秋社會形態研究》，北京大學出版社，2011年。何懷宏：《選舉社會——秦漢至晚清社會形態研究》，北京大學出版社，2011年。

〔註19〕儘管《周禮》、《管子》等典籍對先秦時期的「鄉舉里選」有所描述，但無法

能之書於王，王再拜受之，登於天府，內史貳之。」〔註20〕從此處的「獻賢能」之語可見，先秦時期民間的賢達之人可以經過層層推薦、選拔而入朝為官。《管子》亦有云：「於子之屬，有居處為義好學、聰明質仁、慈孝於父母、長弟聞於鄉里者，有則以告。有而不以告，謂之蔽賢。」〔註21〕這就是說，基層官員如果不推薦民間的才學之士入仕，則有「蔽賢」之罪。

據史料文獻的記載，秦漢時期朝廷主要實施「察舉」和「徵辟」制度來選拔統治人才。《史記》曾記載有韓信「始為布衣時，貧無行，不得推擇為吏」〔註22〕的史實。由此可見，由下往上推薦人才的選官制度在秦代已經得到普遍實施，而「察舉」制度的確立則始於漢代。漢武帝光元元年（前123），朝廷頒布詔令：「初令郡國舉孝廉各一人。」〔註23〕由此，察舉制度開始正式建立，其標準基本上是四科：「一曰德行高妙，志節清白。二曰學通行修，經中博士。三曰明習法令，足以決疑，能按章覆問，文中御史。四曰剛毅多略，遭事不惑，明足決斷，材任三輔縣令。」〔註24〕漢代察舉科目分為歲舉和特舉兩種，歲舉主要是孝廉和茂才。其餘科目是為特舉。察舉制度之外，還有徵辟制度。所謂「徵辟」，是自上而下的官吏選任制度，一般分為皇帝徵聘與公府、州郡辟除兩種方式。漢代皇帝徵聘最為士人所重，被徵者往往都是名望很高且才華超群之人，地位超過一般臣僚。而辟除則是高級官員選任屬吏的制度，西漢時期，丞相的除辟之權最大，甚至可以開館納賢。綜而言之，「察舉」和「徵辟」是漢代士大夫入仕的主要途徑。

魏晉南北朝時期的文官選任制度在承襲漢代察舉制的基礎上，又創置了「九品中正制」。按照九品中正制的規定：士人無論以何種方式入仕，都必須經過中正官的品評。士人品第的高低直接決定了授任官職的優劣。所謂中正官，就是對某一區域士人進行品評的官員。中正官根據家庭出身、個人才德品行來評定士人的品第，並將相關材料用上報朝廷。中正評議，實際上也就

確定具體的選舉範圍以及實施範圍。學界對此的看法也不一致，大多數人的觀點是：「鄉舉里選」即便是在先秦時期已經實施，但只是限定在府、吏、胥、徒等下級小吏，大夫以上則不依此法選舉。參見卜憲群：《秦漢「鄉舉里選」考辨》，《社會科學戰線》，2008年第5期。

〔註20〕《周禮·地官·司徒》。
〔註21〕（春秋）管仲：《管子·小匡第二十》。
〔註22〕（漢）司馬遷：《史記》卷九十二，《淮陰侯列傳》，中華書局，1982年。
〔註23〕（東漢）班固：《漢書》卷六，《武帝紀》，中華書局，1962年。
〔註24〕（唐）杜佑：《通典》卷十三，《選舉一》，中華書局，1988年，第311頁。

確定了被品評士人作為候補官僚的資格。在曹魏前期，九品中正制是朝廷加強中央集權，限制地方勢力膨脹的政治手段。然而發展到後來，九品中正制也逐漸轉化成為門閥世族維持其政治特權的有力工具。儘管此時九品中正制是主要的選官制度，但察舉制度依然存在。西晉時期的察舉制度已經開始從推薦向考試發展，甚至出現了秀才對策和白衣試經這樣的考試科目。

隨著庶族階層的實力不斷加強，他們爭取更多的機會與門閥士族分享政治權力。伴隨著九品中正制與察舉制的逐漸衰落，科舉制的萌芽開始出現。學界一般認為：作為一種選舉制度，科舉考試始於隋唐時期。〔註25〕科舉制度採取分科考試的方式，允許士人自願報名投考，再根據成績選取人才，授以官職。從隋唐至清末的一千三百餘年間，科舉制度作為一種選拔人才的考試制度，對整個官僚體制產生了廣泛而深刻影響。

就唐宋時代的選舉制度而論之，科舉制度當然佔據著主導地位。此外，吏部銓選也是唐代選舉制度的重要內容。時至宋代，選舉制度的內容也大大豐富，除科舉取士外，還有學校考選、恩蔭補官、軍員轉補與軍功補官、攝官、流外入流與雜色補官等制度。〔註26〕儘管唐宋時期的法律考試的種類很多，但歸根結底也都從屬於選舉制度。

（二）「法律考試」

綜觀歷史文獻的記載，「法律」一詞的使用最早出現在《管子》一書。其文有云：「夫法者，所以興功懼暴也。律者，所以定分止爭也。令者，所以令人知事也。法律政令者，吏民規矩繩墨也。」〔註27〕此時的「法律」一詞，已經蘊含了現代法學意義上的社會規範之意。但「法律考試」一詞則並非傳統中國社會的固有詞彙。

在現代社會，「法律考試」一般是指由國家司法機關或司法行政機關組織的法律職業資格考試。在美國，由於各州法律存在諸多不同，法律考試由最

〔註25〕有關科舉考試具體始於何時的問題，學界觀點不一。黃留珠先生認為，科舉考試產生於隋而確立於唐；而閻步克先生則認為進士科始於隋代，而科舉制度則確立於唐代；金諍先生也認為科舉不始於隋而始於唐。參見黃留珠：《中國古代選官制度述略》，陝西人民出版社，1989 年。閻步克：《察舉制度變遷史稿》，遼寧大學出版社，1991 年。金諍：《科舉制度與中國文化》，上海人民出版社，1990 年。

〔註26〕參見苗書梅：《宋代官員選任和管理制度》，河南大學出版社，1996 年版。

〔註27〕（春秋）管仲：《管子・七臣七主第五十二》。

高法院根據各州的不同情況單獨組織，考生必須是法學院畢業生，且道德品行良好。德國的法律職業資格考試則由州司法部下屬的法律考試局組織，分為筆試與面試兩次考試。考生必須接受過正規的大學法學教育和預備期的職業教育。在當代中國，法律考試是一般是指司法考試，「國家司法考試是國家統一組織的從事特定法律職業的資格考試。初任法官、初任檢察官，申請律師執業和擔任公證員必須通過國家司法考試，取得法律職業資格。」〔註28〕從內容上看，現代社會的法律考試一般具有以下幾個特徵：其一，從考試的組織機構來看，法律考試一般由國家司法機關（如美國）或司法行政機關（如德國、中國）組織；其二，從應試者資格來看，法律考試一般要求應試者曾接受過大學法學教育或具備相應的法律專業知識，且品行良好；其三，從考試內容來看，法律考試的內容一般包括法學理論、現行法律規範以及法律事務；其四，從考試的性質來看，一般是應試者獲得從事法律職業的資格考試。

　　嚴格說來，傳統中國並不存在現代法學意義上的法律職業資格考試，傳統中國的法律考試制度與現代法律職業資格考試制度在內容上也無法完全一一對應。然而，用現代西方的法學理論簡單地剪裁傳統中國的歷史是一種不科學的研究方法。不能因為傳統中國不存在現代法律職業資格考試制度而否定傳統中國也存在法律考試這一事實。

　　其次，從歷史發展的實際情況來看。唐宋時期的「明法科」、吏部試判以及「試刑法」等考試，都以法律知識為主要考試內容，特別是宋神宗時代的「試刑法」考試已頗具現代法律職業考試之特徵。在以儒家經義為主導價值的古典中國，這類旨在考察應試者法律知識的考試顯然與其他考試迥然有別。如果不用「法律考試」之名冠之，則難以描述傳統中國的歷史實際。

　　基於此種認識，本文所使用的「法律考試」的概念，應從廣義上加以理解：凡考試內容與法律知識相關（如試判、斷案、律令大義等）的考試，都是本文所討論的對象。因此，唐宋時期科舉考試中的「明法科」、吏部銓選中「試判」考試（包括常選試判以及科目選中的「書判拔萃」科、「平判入等」科）、選拔法官的專門考試──「試刑法」、官學教育中的「律學公試」等考試都屬於本文的研究對象。

　　此外，「明法及第人」與「試中刑法人」都是唐宋文獻史料中的固有詞彙，

〔註28〕參見 2008 年 8 月 8 日最高人民法院，最高人民檢察院、司法部印發的《國家司法考試實施辦法》。

「明法及第人」是指參加「明法科」考試，獲得明法出身的人員，「試中刑法人」則專指參加「試刑法」考試，成績入等的人員。為保持行文簡潔與用語準確，本文仿史料文獻中的固有詞彙，以「書判拔萃登科人」與「平判入等登科人」來分別指代唐宋時期參加「書判拔萃」科和「平判入等」科考試成績入等的人員。同時，以「試法入仕人」來概括整個通過法律考試的人物群體。其中包括「明法及第人」、「試中刑法人」、「書判拔萃登科人」、「平判入等登科人」以及試中其他法律考試的人物群體。

（三）「法官」

　　儘管韋伯認為傳統中國沒有一個法律家階層，[註29]古典中國的歷史上也沒有出現西方司法獨立法治理論意義上的司法官。然而，傳統中國的司法活動中也有「法官」、「司法」和「法理」等專有詞彙。當我們把目光轉向西周時期，法官對於折獄斷刑的作用已經開始受到重視。《尚書·呂刑》上說：「非佞折獄，惟良折獄，罔在非中。」[註30]而「法官」一詞的出現，至少可以追溯至戰國時期。[註31]傳統中國的國家治理模式常常被學者冠以「人治」的標籤，中國傳統政治哲學對人的重視自不待言。歷代名臣奏議中常常有人上言法弊之緣，認為並非法有不善，而在官吏非其人。傳統中國「惟良折獄」的法治理念與西方重視法律職業者對司法結構的支撐作用的法治理念在某種意義上有一定的相似性。進而言之，陳景良教授認為，宋代史料中的「法官」，已是主管司法審判活動的專門官員的代名詞。宋代史料中的「法官」一詞，「其中所蘊含的『通曉法律，主管審判』的意味已與現代「法官」之責任頗為相通。」「以法官泛指各級司法官員且以審判為其職責，獨立辦案，已是宋人的共識。這表明了宋代司法制度已含有近代司法的價值因素，甚至在一定程

〔註29〕（德）韋伯，王容芬譯：《儒教與道教》，商務印書館，1995年，第199頁。
〔註30〕《尚書·呂刑》。
〔註31〕（戰國）商鞅：《商君書·定分第二十六》中說：「天子置三法官，殿中置一法官，御史置一法官及吏，丞相置一法官。諸侯郡縣，皆各為一法官及吏，皆此秦一法官。郡縣諸侯一受寶來之法令，學問並所謂。吏民知法令者，皆問法官。故天下之吏民無不知法者。吏明知民知法令也，故吏不敢以非法遇民，民不敢犯法以幹法官也。遇民不修法，則問法官。法官即以法之罪告之。民即以法官之言正告之吏。吏知其如此，故吏不敢以非法遇民，民又不敢犯法。如此，天下之吏民雖有賢良辯慧，不能開一言以枉法，雖有千金，不能以用一銖。故知詐賢能者皆作而為善，皆務自治奉公。民愚則易治也，此所生於法明白易知而必行。」

度上具有了皇權之下『分權制衡』的意味，頗耐人尋味。」〔註32〕

就法官的分層而言，唐宋時期的司法官員大體可分為兩類：其一，就傳統中國的官僚體制而言，幾乎每一個職務都或多或少兼有一定的司法職能，各種官員都有可能參與到司法活動之中。一般的行政長官也兼有司法裁判之職責。其二，除兼有司法職能的官員之外，也有唐宋時期已經開始出現專職司法審判工作的法官。專職司法官既包括就任於刑部、大理寺、審刑院等中央法司的官員，如「詳斷官」、「法直官」、「檢法官」等；也包括地方各級主管司法的基層官員：即就任於諸路提點刑獄司的司法官，以及諸州司法參軍、司理參軍等。本文在探討「試法入仕人」的仕宦發展與法官職業的關聯之時，主要以專職司法官作為連接「法官職業」的具體座標。

（四）「法官職業化」

所謂「法官職業化」是現代法學理論下的一個重要概念。美國法學家波斯納曾經說過：「我們所知道的各種法律（也就是公開宣布並執行的規範）的歷史在很大程度上就是各種法律工作日益專門化的歷史。」〔註33〕法官的職業化是司法體制的必然要求，權威的職業化、精英化的法官群體支撐著國家的法治建設。作為法律職業中的一種，法官職業與其他專門職業一樣，都有著專業知識結構體系和專門技術。馬克斯・韋伯十分強調職業化的法律家及其技術素養對於構建法律秩序的重要性，他認為經受過理性訓練的官僚對法的運用與形式完備的法，這兩種力量對於構建近代法律體系而言是缺一不可的。〔註34〕

理解「法官職業化」首先要瞭解「法律職業」這一概念。波斯納認為，「職業是這樣的一種工作，人們認為它不僅要求訣竅、經驗以及一般的「聰明能幹」，而且還要有一套專門化的但相對（有時則是高度）抽象的科學知識

〔註32〕 參見陳景良：《宋代「法官」、「司法」和「法理」考略——兼論宋代司法傳統及其歷史轉型》，《法商研究》2006年第1期。

〔註33〕 〔美〕波斯納：《法理學》，蘇力譯，中國政法大學出版社1994年版，第7頁。

〔註34〕 韋伯認為，「近代的西方法律理性化是兩種相輔相成的力量的產物。一方面，資本主義熱衷於嚴格的形式的、因而——在功能上——儘量像一部機器一樣可計量的法，並且特別關心法律程序；另一方面，絕對主義國家權力的官僚理性主義熱衷於法典化的系統性和由受過理性訓練的、致力於地區平等進取機會的官僚來運用的法的同樣性。兩種力量中只要缺一，就出現不了近代法律體系。」參見〔德〕韋伯：《儒教與道教》，王容芬譯，商務印書館1995年版，第200頁。

或其他認為該領域內有某種智識結構和體系的知識、例如神學、法律或軍事科學。」〔註 35〕美國法學家羅斯科·龐德認為，所謂法律職業，是「一群人從事一種有學問修養的藝術，共同發揮替公眾服務的精神，雖然附帶地以它謀生，但仍不失其替公眾服務的宗旨。」〔註 36〕我國學者王利明教授認為：「法律職業者是一群精通法律專門知識並實際操作和運用法律的人，包括法官、檢察官、律師。他們受過良好的法律專門訓練，具有嫻熟的使用法律的能力和技巧。」〔註 37〕

　　「法院是法律帝國的首都，法官是帝國的王侯。」〔註 38〕作為法律職業的一種，法官處於法律職業共同體的頂端。儘管國內外學者對「法官職業化」這一概念有者不同的表述，但其基本內涵主要包括以下幾個核心維度：其一，在職責內容方面：要求法官從事專門的司法審判工作；其二，在知識結構方面上，要求法官必須經過專門的法律訓練，具有一定的法律知識和素養；其三，在選任制度方面，要求法官應當通過以考察法律知識為內容的資格考試；其四，在司法理念方面，要求法官應當自己獨特的職業思維方式，具有高度的正義感；〔註 39〕其五，在職業道德與倫理方面，要求法官在行使司法審判權的過程中遵循一定的道德準則和職業操守；〔註 40〕其六，在職業保障與職業監督方面，要求從制度上保障法官獨立公正行使審判權，享受穩定的社會

〔註 35〕〔美〕理查德·A·波斯納：《超越法律》，蘇力譯，中國政法大學出版 2001 年版，第 44 頁。

〔註 36〕轉引自王利明著：《司法改革研究》，法律出版社，2001 年版，第 443 頁。

〔註 37〕參見王利明著：《司法改革研究》，法律出版社，2001 年版，第 443 頁。

〔註 38〕參見〔美〕德沃金：《法律帝國》，李常青譯，中國大百科全書出版社 1996 年版，第 361 頁。

〔註 39〕在孫笑俠教授看來，只有具備以下思維特徵的人才能稱之為法律家：「第一，運用術語進行觀察、思考和判斷；第二，通過程序進行思考，遵循向過去看得習慣，表現得較為穩妥，甚至保守；第三，注重縝密的邏輯，謹慎地對待情感因素；第四，只追求程序中的真，不同於科學中的求真；第五，判斷結論總是非此即彼，不同於政治思維的『權衡』特點。」參見孫笑俠：《法律家的技能與倫理》，《法學研究》，2001 年第 4 期。

〔註 40〕王晨光教授認為，法官的職業道德的主要內容可以提煉為以下幾項基本原則：「（1）堅持司法公正，司法為民；（2）堅持司法獨立，維護法律權威；（3）堅持超然中立的審判立場，發揚正直、清廉的職業正氣，（4）應當勤勉有效地呂刑職責，做到以人為本，文明辦案，文明執法；（5）培養高度的職業自律性，避免任何有損司法和法治形象或有可能產生這種後果的行為；（6）深入鑽研法律業務，培養強烈的社會責任感。」參見王晨光：《法官職業化和法官職業道德建設》，《江蘇社會科學》2007 年第 1 期。

待遇；同時建立對審判權的監督制約機制，維護司法公正。

　　法官職業化意味著法官精英群體的形成，這一群體具有獨特的知識背景、思維方式、工作程序和行為方式。這不僅要求要以嚴格的標準選任法官，而且還需要建立完善的法官考核和升遷機制，以培養優秀的法律人才。從這個意義上說，法官職業化須以統一的法律考試作為起點，來判斷一個人是否具備深厚的專業法律知識和豐富的社會實踐，從而提高法官職業的准入門檻，繼而提升法官的法律素養。統一的法律考試對於培養法官職業共同體、樹立司法權威和維護法制統一有著深遠的影響。

　　從史料文獻的記載來看，唐宋時期已經出現了專職司法審判的司法官員，朝廷為選拔法官後備人員而設置了專門的法律考試制度。唐宋時期的「試法入仕人」一般都具有詳實的法律知識，在司法實踐中也表現出較為專業的法律素養。唐宋法律考試制度的發展，悄然改變了原有的法官選任模式，從而影響著唐宋司法傳統的轉型。唐宋司法傳統中蘊含著由傳統轉向現代的元素，甚至一定程度上出現了法官職業化趨向。本文所謂「法官職業化趨向」並非是說唐宋時期傳統中國已經完成了現代法學意義上的「法官職業化」，而是說存在著「法官職業化」的可能趨向。

四、史料的運用

　　唐宋時期的法律考試制度與科舉制度、律學教育制度以及文官選任制度密切相關，因此，在中國古代典籍文獻中有關唐宋時期法律考試制度的研究線索很多。根據記載的內容與本文的研究對象的關聯度的不同，筆者將文獻材料分為以下幾類，以備研究之需。

（一）基本史料

　　有關唐宋時期法律考試的基本史料主要分布在各類正史與別雜史中有關選舉和考試部分。其中基本史料有：《新唐書》《舊五代史》《宋史》中的《選舉志》；《唐會要》中的《貢舉》《選部》部分；《宋會要輯稿》中的《選舉》《職官》《刑法》部分；《文獻通考》中的《選舉考》《刑法考》《學校考》部分；以及《資治通鑑》《續資治通鑑長編》《通典・選舉典》《通志・選舉略》等。通過這些基本史料，我們可將唐宋時期法律考試制度做一個基本描述。

（二）集中史料：《登科記考》

　　其次，研究唐宋時期科舉制度最原始的史料文獻應該是唐宋時期的《登

科記》。《登科記》也被稱為《登科錄》，記載有參加科舉考試的人數、及第者與考官姓名、籍貫和試題內容等有關科舉考試的材料，是研究科舉制度以及考證科舉及第者生平的重要文獻。《文獻通考・選舉考二》完整地記載了自唐高祖武德元年到天祐四年的登科記總目。〔註41〕《唐語林》記載了大中十年（856）鄭顥上《登科記表》，云曰：「自武德以後，便有進士諸科，所傳前代姓名，皆是私家記錄。」〔註42〕據此可知，大抵中唐以前的登科記是私家記錄。此後，官方也開始編輯登科記。《新唐書・藝文志》中錄有崔氏《唐顯慶登科記》五卷、姚康《科第錄》十六卷、李奕《唐登科記》二卷，其書至宋代已是亡佚不存。惜其不存，宋人樂史重新編撰《登科記》，洪适亦重編了《唐登科記》，亦亡佚。清人徐松在《全唐文》官提調兼總纂任上，利用修纂《全唐文》的便利條件，披閱、考證了大量文獻材料，在登科記完全散失的情況下，於道光十八年撰輯而成《登科記考》。這是我們現今所能看到的研究唐五代科舉制度的最重要的編年體史料文獻。據孟二冬教授估計，唐、五代科舉的基本陣容總數當在三萬人以上。〔註43〕《登科記考》收錄自唐武德元年起至後周顯德六年科考人物約三千人，大約是唐代科舉人數的十分之一，記錄了前後三百餘年有關科舉的沿革發展、各科錄取人數、可考的登科者姓名、試題和對策原文，附錄了有關唐五代時期科舉考試的掌故、評議等文獻資料，是研究唐、五代人物、史事、科舉和文學等方面的重要著作。

為唐代文史研究提供一個更加豐富而可靠文本，北京大學孟二冬教授在廣泛查閱各類資料並經過詳細考證之後，著成《登科記考補正》一書，此書仿《登科記考》之體例，主要利用近代以來出土的唐人墓誌，如《千唐誌齋藏志》、《唐代墓誌彙編》、《全唐文補遺》等，同時參考了當代唐史研究者的研究成果，〔註44〕又新補收錄人物一千五百餘人，彌補了《登科記考》的錯漏，

〔註41〕（宋）馬端臨著：《文獻通考》卷二十九，《選舉考二》，中華書局，2011年，第843～861頁。

〔註42〕（宋）王讜撰；周勳初校正：《唐語林校正》卷四，《企羨》，中華書局，1987年，第371頁。

〔註43〕（清）徐松撰；孟二冬補正：《登科記考補正》卷十一，北京燕山出版社，2003年，第12頁。

〔註44〕孟二冬教授《登科記考補正》一書中，所參考的前人研究成果主要有以下幾種：岑仲勉：《登科記考訂補》，載《歷史語言研究所集刊》第11本，1944年9月。（書內簡稱「岑補」）；羅繼祖：《登科記考補》，載日本《東方學報》京都第13冊第1分。昭和時期年（1943）六月。（書內簡稱「羅補」）；施子愉：

為唐五代科舉制度的研究提供了重要的資料線索。

　　然而孟二冬教授《登科記考補正》一書所據之史料僅限於 2001 年以前問世的資料。隨著近年來新發現的墓誌文獻的陸續出版，曲阜師範大學王洪軍教授繼孟二冬先生之後，在《登科記考再補正》一書中又對唐代科舉人物進行了一次大規模的考證，前後輯錄徐、孟二人所未載唐代科舉及第者八百餘人。然而，江蘇鹽城師範學院徐友根教授認為王洪軍教授的研究存在較為嚴重的問題。〔註45〕他在《〈登科記考補正〉考補》一書中對《登科記》研究的學術史進行了回顧，對孟二冬教授的《登科記考補正》所使用的史料進行了溯源和辨析，並且對《登科記考補正》一書進行了再次增補，在堅持徐松《登

《登科記考〉補正》，載《文獻》第 15 輯。（書內簡稱「施補」）；卞孝萱：《登科記考〉糾謬》，載《學林漫錄》第 6 集（1982 年）。張忱石：《〈登科記考〉續補》（上、下），《文獻》1987 年第 1、2 期。（本書簡稱「張補」）；胡可先：《登科記考〉匡補》、《〈登科記考〉匡補續編》，《文獻》1988 年第 1、2 期；《〈登科記考〉匡補三編》，《徐州師範學院學報》（哲學社會科學）1989年第 4 期。（書內簡稱「胡補」）；楊希義：《〈千唐誌齋藏志〉中隋唐科舉制度史料輯釋》，載《中原文物》1992 年第 1 期。（書內簡稱「楊希義《輯釋》」）；陳尚君：《登科記考〉正補》，載《唐代文學研究》第 4 輯，廣西師範大學出版社，1993 年。（書內簡稱「陳補」）；朱玉麟：《登科記考〉補遺、訂正》，載《文獻》1994 年第 3 期。（書內簡稱「朱補」）；吳在慶：《唐五代文史叢考・登科年考》，江西人民出版社，1995 年。（書內簡稱「朱補」）；黃震云：《〈登科記考〉甄補》，《文教資料》1996 年第 4 期。（書內簡稱「黃補」）：王其禕、李志凡：《登科記考〉補》，載臺灣《臺大歷史學報》第 19 期，1996 年 6 月出版；王其禕、周曉薇：《登科記考〉補續》，《碑林集刊》（六），陝西人民美術出版社，2000 年；（書內簡稱「王補」）。陳冠明：《登科記考〉補名摭遺》，《文獻》1997 年第 4 期。（書內簡稱「陳冠明補」）；薛亞軍：《〈登科記考〉正補》，《古籍研究》2001 年第 1 期。除了專論之外，還有傅璇琮先生所著的《唐代詩人叢考》（中華書局，1980 年 1 月版）以及《唐才子傳校箋》（1～5 冊。中華書局，1987 年 5 月～1995 年 11 月出版）等其他學者的相關研究成果。

〔註45〕徐友根教授認為，王洪軍編寫的《登科記考再補正》的主要貢獻是對徐松、孟二冬等人沒有注意到的科舉人物生平事蹟及其家族背景情況進行了錄載，並就部分科舉人物進行了考證，這有助於開展諸如科舉家族等的研究工作。然而，徐友根亦認為此書存在著較為嚴重的問題，主要表現為，一是重覆載錄了《登科記考》、登科記考補正》的大量史料，其中大部分又沒有進行任何考證，從學術史的角度看來，純屬多餘的工作；二是作者在增補人物時，使用了很多徐、孟以及幾乎所有科舉研究者都放棄的史料；三是作者引用了一定數量的未經靠證的方志、家譜資料。尤其值得關注的是，作者在書中提及該書的資料被有些研究生在撰寫學位論文時「常常得以利用」，如果研究者引用的資料本身就有問題，那麼得出的結論就毫無學術意義。

科記考》增補科舉人物的原則的基礎上，增補科舉人物四百餘人。這兩部著作為我們研究唐代科舉制度提供了更多進一步研究的線索。

二十世紀以來，儘管學界多有關於宋代科舉制度的研究成果，然而「宋代科舉制的研究有個根本的缺陷，就是還沒有像清人徐松所編的《登科記考》那樣全面記載唐代科舉發展基本情況的史料書。」〔註46〕上個世紀八十年代初，傅璇琮先生曾歎言宋人有關科舉的材料太多太雜，不像唐代那麼集中，搜輯十分困難。「如果效徐松之書的體例，編撰一部《宋登科記考》，材料一定會是更豐富，但搜輯和排比的工夫一定會更繁重。」〔註47〕2009年，由傅璇琮主編，龔延明、祖慧編撰的《宋登科記考》出版了。這部書的編撰歷時十餘年，利用了大量現存的宋代史籍及地方志、碑刻文獻。它仿徐松《登科記考》的之體例，輯錄宋代科舉登科人物四萬餘人。所有登科人物均撰有小傳。小傳之後，又附有主要資料出處。《宋登科記考》的出版填補了中國科舉史研究的一項空白，亦極具學術參考價值。

（三）碑刻文獻材料

值得一提的是，研究唐宋時期試法入仕的人員的生平和法律實踐，碑刻墓誌是不可忽視的重要材料。目前學界對唐宋碑刻墓誌中記載的有關法律制度、司法實踐的材料的研究成果很少。除了以上列舉的《全唐文》等文獻材料中記載的墓誌碑刻文獻之外，近年來，隨著考古工作發現和民間盜墓成風，在河南洛陽一帶陸續出土了大量唐宋墓誌碑刻。其中經過整理的，內容比較集中也比較容易閱讀的有周紹良、趙超主編的《唐代墓誌彙編（上下冊）》《唐代墓誌彙編續集》，以及吳鋼主編的《全唐文補遺》十輯。此外還陸續單獨結集出版了一系列墓誌文獻。如趙君平編《邙洛碑誌三百種》（中華書局2004年版）、趙君平、趙文成編《河洛墓刻拾零》（北京圖書館出版社2007年版）中國文物研究所、千唐誌齋博物館編《新中國出土墓誌河南（三）·千唐誌齋（壹）》上冊（文物出版社2008年版）。陝西省古籍整理辦公室編《全唐文補遺·千唐誌齋新藏專輯》（三秦出版社2006年版）、洛陽市第二文物工作隊編《洛陽新獲墓誌續編》（科學出版社2008年版）、張乃翥輯《龍門區系石刻文萃》（國家圖書館出版社2011年版）。然而，這些文獻收錄的墓誌有很多重複之處，

〔註46〕參見龔延明、傅璇琮：《〈宋登科記考〉箚記》，收入氏著《中國古代職官科舉研究》，中華書局，2006年，第341頁。
〔註47〕參見傅璇琮：《唐代的科舉與文學》，陝西人民出版社，2007年。

並沒有進行詳細的整理。2012 年，洛陽市文物考研究院主編的《洛陽出土墓誌目錄續編》將諸書目錄收入並整理，將所收凡互見者錄在同一個人物姓名之下。其後，又出版了趙君平、趙文成編《秦晉豫新出土墓誌搜佚》（國家圖書館出版社 2012 年版）、齊運通編《洛陽新獲七朝墓誌》（中華書局 2012 年版）郭茂育、趙水森編著《洛陽出土鴛鴦墓誌輯錄》（國家圖書館出版社 2012年版）、胡戟、榮新江主編《大唐西市博物館藏墓誌》（北京大學出版社 2012年版）。儘管諸書不可避免的存在收錄重複的情況，但這些書籍都是研究唐宋墓誌銘文獻的重要材料。

隨著考古活動的開展，碑刻墓誌也不斷地發現與刊布，這為歷史研究提供了重要的新史料。特別於對人物研究而言，碑刻墓誌文獻材料無疑拓寬了研究的視野。有些人物在其他傳世文獻中記載甚少，而碑刻墓誌文獻所提供的信息正好也填補了史料文獻的闕失，保存了更加豐富的歷史細節。需要說明的是，碑刻墓誌材料也不可避免的具有一定的侷限性，在使用時要特別注意碑刻墓誌材料中的主觀因素。由於墓誌、行狀的作者多是逝者的親戚或故交，或是受託於逝者的後人而做，難免帶有作者對逝者的個人情感，故而多有褒美之辭。柳立言先生於此有言云：「墓誌的特點是隱惡揚善，若使用不當，則惡者不惡，善者益善。」〔註48〕儘管碑刻墓誌材料對人物作出的評價不一定完全客觀，但這些記敘一定程度上也反映歷史的客觀真實，如材料所記載的人物姓名、籍貫、出身、遷轉經歷以及生平事略大體還是可信的，使用時也可以利用其他文獻材料對其進行比對和印證。

（四）筆記小說

此外，我們還必須關注有關唐宋時期法律考試的筆記小說、文集等其他類型的史料文獻。除了以上列舉的《登科記考》和《宋登科記考》之外，其他比較重要的史料文獻有《文苑英華》《全唐文》《唐摭言》《唐語林》《建炎以來繫年要錄》《建炎以來朝野雜記》《封氏聞見記》《隋唐嘉話》《朝野僉載》《大唐新語》《劉賓客嘉話錄》《因話錄》《劇談錄》《范文正公集》《歐陽修全集》《司馬溫公文集》《王文公文集》《唐語林》《涑水記聞》《復齋先生龍圖陳公文集》《水心先生文集》《平齋文集》《西山先生真文忠公文集》《誠齋集》《攻媿集》《吳興掌故集》《鶴山先生大全文集》《乾坤正氣集》《京口耆舊傳》等。

〔註48〕柳立言：《近世中國之變與不變》序，「中研院」2013 年。

（五）地方志

另外，我們還要關注地方志中有關地方人物的記載，這對於我們考證「試法入仕人」的生平和籍貫有著重要的參考作用。地方志的材料也是紛繁蕪雜，其中比較重要的有《延祐四明志》《寶慶四明志》《永樂樂清縣志》《光緒江西通志》《嘉泰會稽志》《咸淳臨安志》《淳熙三山志》《淳熙新安志》《嘉定鎮江志》等。

（六）人物傳記資料檢索類文獻

研究唐宋時期「試法入仕人」的法律素養。首先必須考證唐宋時期有哪些人通過了法律考試。其次，再通過這些人員的姓名，在史籍中尋找有關他們生平的材料。對唐宋「試法入仕人」進行考訂之時，我們可以先查閱前述的《登科記考》和《宋登科記考》之記載，對通過「明法科」「新科明法」「書判拔萃」「平判入等」考試的人員進行統計。除此之外，還需翻閱其他文獻材料留意文獻材料中「明法及第」「中明法科」「中法科」「中刑法科」「試中刑法」「拔萃登科」「登書判拔萃」「中書判拔萃科」「平判入等」等關鍵詞句，考訂「試法入仕人」的姓名。

研究唐宋「試法入仕人」的法律素養，必須盡可能的搜尋材料，使他們的形象能夠鮮活飽滿起來。一旦在文獻資料發現「試法入仕人」的線索，除了利用正史中的材料之外，還應當盡力尋找其他的筆記、方志中的材料，盡可能的還原他們的生活狀況、情感世界和心理狀態。然而古今人物，繁若星辰，要想翻閱查找所有的唐宋史料文獻，僅憑一人之力，當然是茫然無所措。我們可以借助史學專家編纂的人物資料索引，通過人名準確找到有關歷史人物原始文獻資料的線索。唐宋時期人物資料索引書籍比較重要的有《唐五代人物傳記資料綜合索引》《宋人傳記資料索引》《宋人傳記資料索引補編》和《宋登科記考》。

中華書局 1982 年出版的《唐五代人物傳記資料綜合索引》由傅璇琮主編，此書收錄唐五代人物近三萬人，引用書籍包括史傳典籍、方志、書目提要、詩文等共八十三種。編者在編纂過程中還進行了一定的考訂校正工作，因此極具學術參考價值。

《宋人傳記資料索引》一書，由臺灣學者昌彼得、王德毅等人所編，1974～1976 年間在臺北鼎文書局出版。北京中華書局 1988 年出版了王氏增訂本，凡六冊。此書收錄宋代人物兩萬餘人，引用史傳典籍、宋元文集、方志、金石

文字等共五百餘種。相較《唐五代人物傳記資料綜合索引》而言,《宋人傳記資料索引》在編纂體例上有一個極大的創新:凡人物事蹟有史可述者,在資料索引前附上人物小傳。此舉提高了此書的使用價值,曾備受索引編纂學界稱道。

《宋人傳記資料索引》卷帙浩繁,且編就多年,難免存在錯訛。四川大學李國玲教授利用普查《全宋文》所得的資料線索,按照《宋人傳記資料索引》的體例,編就了《宋人傳記資料索引補編》。在《宋人傳記資料索引》所收錄的二萬二千個人物之外,又重新補充了上萬人的傳記資料線索,並且還更新補充了《宋人傳記資料索引》已有的六千多人的傳記資料索引。

唐宋時期「試法入仕人」大多都能通過這幾部重要的人物資料索引工具找到相關的文獻材料。無法通過檢索工具找到材料的人物,只能通過翻檢文獻,披沙瀝金,以期盡可能的發現相關材料。

(七)歷史文獻數據庫

隨著現代計算機技術的發展及各種歷史文獻數據庫的開發,歷史文獻資料的運用也越來越便捷。儘管電子數據庫為學術研究帶來了極大的方便,但依據關鍵詞在數據庫中對某一具體人物群體進行檢索也存在一些弊端和缺點,習學者不可不察。

其一,數據庫自身的侷限性。目前歷史學文獻數據庫的種類很多,不同的數據庫其所收錄的數據也不一樣。如由哈佛大學、臺灣「中央研究院」歷史語言研究所及北京大學中國古代史研究中心合作開發的中國歷代人物傳記資料庫(簡稱 CBDB),其目標就在於系統性地收錄中國歷史上所有重要的傳記資料。CBDB 數據庫現已收錄三十多萬歷史人物的傳記資料,依據關鍵詞可在 CBDB 數據庫中很方便的檢索到相關人物的傳記資料。但是任何事物都不完美無缺的,CBDB 也不例外。CBDB 數據庫的弊端在於它收錄的材料有限,一方面目前 CBDB 數據庫著重收錄宋代與明代的人物傳記,其他朝代的人物傳記資料收錄數量很少;另一方面,就已錄入的數據而言,CBDB 數據庫也無法窮盡現有的宋代或明代人物傳記資料。此外,由於中國古代漢語的複雜性,電子數據本身也必然存在錯漏。

其二,由於數據庫檢索方法的機械性,它無法像人腦一般對文字含義進行綜合理解。因此利用關鍵詞在數據庫中進行檢索,會失掉大量的相關信息。因此,習學者必須注意電子數據庫的檢索結論並不完全可靠。一方面不可忽

視電子數據庫沒有囊括的歷史文獻，另一方面必須要將檢索結果重置於歷史文獻文本，進行詳細的對校和辨別方可使用。〔註49〕

五、理論與方法

（一）考據學的方法

陳寅恪先生曾歸納了王國維先生的學術內容及治學方法：「一曰取地下之實物與紙上之遺文互相釋證；二曰取異族之故書與吾國之舊籍互相補證；三曰取外來之觀念與固有之材料互相參證。吾國他日文史考據之學，範圍縱廣，途徑縱多，恐亦無以遠出三類之外。」〔註50〕研究一個歷史制度，首先應當盡可能的閱讀歷史材料。通過對史傳典籍與筆記方志等文獻材料的整理，總覽唐宋法律考試制度的全貌。運用《新唐書》《舊唐書》《宋史》《宋會要輯稿》《續資治通鑑長編》《文獻通考》《唐會要》《全唐文》《文苑英華》《通典》《通志》等基本文獻史料中翻檢出有關唐宋時期法律考試制度的材料進行整理，試圖以此重返歷史的現場。弄清唐宋時期法律考試制度的起源與發展脈絡，這是我們對其總結規律和進行歷史評價的起點。

傅斯年先曾言：史學家的責任就在於「上窮碧落下黃泉，動手動腳找東西。」史學就是史料學，整理史料的方法只有一個，即比較不同的史料。史料學便是比較方法的應用。〔註51〕有關唐宋「試法入仕人」的資料，散見於唐宋時期各種歷史文獻，至今尚未有人進行過系統的整理。要想瞭解唐宋「試法入仕人」的生平、任職情況，亦離不開細緻而準確的考證。

（二）比較分析的歷史研究法

馬端臨曾在《文獻通考》序言中說：「竊嘗以為理亂興衰，不相因者也，晉之得國異乎漢，隋之喪邦殊乎唐，代各有史，自足以該一代之始終，無以

〔註49〕中國政法大學趙晶博士曾利用關鍵詞在「中國歷代人物傳記資料庫（CBDB）」中進行檢索，對宋代明法登科人員進行了考證。他結合《宋登科記考》和《宋人傳記資料索引》，共考證得出宋代明法登科人物二十六位。較之徐道鄰先生的結論，趙晶博士考證的宋代明法登科人物的數量大為增加，擴展了宋代明法登科人物的研究範圍。然而，趙晶博士的考證也存在一定的疏漏，詳見下文分析。參見趙晶：《宋代明法科登科人員綜考》，《華東政法大學學報》2011年第3期。
〔註50〕參見陳寅恪：《王靜安先生遺書序》，《金明館叢稿二編》，三聯書店，2001年，第248頁。
〔註51〕參見傅斯年著，雷頤點校：《史學方法導論》，中國人民大學出版社，2011年。

參稽互察為也。典章經制，實相因者也，殷因夏，周因殷，繼周者之損益，百世可知，聖人蓋已預言之矣。」〔註52〕在漫漫的歷史長河中，歷史的發展既有「不相因」的因素，也有「實相因」的因素。歷史事件發生的原因可以是千差萬別的，而具體的典章制度則具有一定的延續性。錢穆先生也說：「制度必須與人事相配合。……制度是死的，人事是活的，死的制度絕不能完全配合上活的人事。」〔註53〕這就是說，歷史研究要注意進行動態研究，重視人物、思想對制度的影響。歷史上的制度與事件不是靜止的，不僅要追尋制度發展的過程，也要探索歷史背後的思想變化。

正如歷史學家柯林武德所持之論——「一切歷史都是思想史」。〔註54〕每一個歷史事件的發生，都與當時的社會政治背景和意識形態相聯繫。如果我們只討論制度梳理，而不對其歷史事件背後的思想活動進行考察，那麼，唐宋時期的法律考試制度很有可能就會被記錄成為一堆孤立而無序的歷史碎片。而這種研究方法，也正是柯林武德所批判的「剪切派」歷史學家的做法。歷史事件的發生是歷史人物思想的表現，研究唐宋法律考試制度，要在瞭解基本史實的基礎上，設身處地的瞭解當時歷史參加者的思想。努力回到歷史的現場，將具體的史事置於當時的歷史情境之中去考察。〔註55〕每一個微小的制度變革的背後，都存在著當時社會意識形態的衝突。在史料文獻中，歷史事件背後所蘊含的思想和觀念的衝突往往通過朝臣奏議或士大夫的往來書信中表現出來。法律考試制度的發展，往往也伴隨著激烈衝突的各種觀點，反對任用法吏擔任法官的觀點與支持「試法入仕人」就任法官的觀點一直處於針鋒相對的狀態，就是同一統治者在不同時期對法律考試的看法也會出現前後不一致。唐宋時期法律考試制度發展歷程中的每一處細微變化，都是統

〔註52〕（宋）馬端臨著：《文獻通考》自序，中華書局，2011 年，第 1 頁。
〔註53〕錢穆：《中國歷代政治得失》序，三聯書店，2001 年，第 1～2 頁。
〔註54〕「一切歷史都是思想史」是近代英國歷史哲學家柯林武德的提出的一個著名命題。柯林武德承襲黑格爾以及克羅齊的歷史哲學觀，在其著作《歷史的觀念》中對「一切歷史都是當代史」這一觀念進行了詳細闡釋。參見（英）柯林武德著，何兆武、張文傑、陳新譯：《歷史的觀念》，北京大學出版社，2010年 1 月。有關柯林武德的歷史哲學觀念的介紹，亦可參見余英時：《一個人文主義的歷史觀——介紹柯林伍德的歷史哲學》，收錄於氏著《文史傳統與文化重建》，以及何兆武：《評柯林武德的史學理論》。
〔註55〕「走向歷史現場」這一表述由陳春聲教授提出。「接觸社會，認識社會」，努力回到歷史現場，是近代中國史學界中的「華南學派」研究中國區域社會文化史所持的方法。參見陳春聲：《走向歷史現場》，《「歷史‧田野」叢書總序》。

治階層對法律考試的認識有所變動的結果。因此，研究者必須注意「從中國歷史的實際和中國人的意識出發理解傳統中社會歷史現象。」〔註56〕

（三）圖表與數據分析的研究法

徐忠明先生在談到對中國法律史研究的方法時曾提出：「無論組織抑或法律，均非紙面上寫下來的白紙黑字或條條框框，而是有著具體歷史行動者——皇帝、官僚、民眾的操作和推動的法律實踐，即，我們既要解讀紙面上的律令條文（law in text）的內在含義，又要分析法律實踐中（law in action）的運作特徵。〔註57〕唐宋時期的法律考試制度的根本宗旨是提高官員的實際政務能力，培養具備法律專門知識，能夠處理司法審判實務的專門法官，這是制度設計時所期望達成的目標。然而，讓人心生疑問的是，法律考試在實際運行中，是否達到了預期目標？法律考試考試是否成為了「試法入仕人」仕宦生涯的重要轉機？

為瞭解唐宋法律考試制度運行背後的實然狀態，則必須從史料文獻中挖掘、收集「試法入仕人」的生平信息，並以此作為實證研究的依據。黃正建先生在《唐代司法參軍的若干問題——以墓誌資料為主》一文中，考察了135個州府15個王府共343名司法參軍。曾對利用墓誌碑刻文獻對唐代司法參軍的出身、遷轉、職掌進行了統計分析，同時也對司法參軍與法官家族的關係、司法參軍的身份認同以及司法參軍的知識結構進行了討論。〔註58〕金瀅坤教授花費了近十年的經歷，對中晚唐五代擢第者的科名、社會階層、仕宦等相關情況進行了翔實考證、分析，進而製成各類表格，為研究中晚唐五代科舉與社會變遷提供了數據支持。〔註59〕

為了更直觀地說明問題，本文在大量閱讀史料文獻文本的基礎上，充分利用電子數據庫，對唐宋時期試法入士人的出身及仕宦經歷等方面的資料進行了全面的搜集和整理，並按類別制定了相關表格，對相關問題進行數據分

〔註56〕參見陳春聲：《走向歷史現場》，《「歷史・田野」叢書總序》。

〔註57〕徐忠明、杜金著：《傳播與閱讀：明清法律知識史》序，北京大學出版社，2012年。

〔註58〕參見黃正建：《唐代司法參軍的若干問題——以墓誌資料為主》，收錄於柳立言主編：《近世中國之變與不變》，「中研院「2013年，第105～140頁；黃正建：《唐代司法參軍的知識背景初探》，收錄於榮新江主編：《唐研究》第二十卷，北京大學出版社，2014年，第145～168頁。

〔註59〕參見金瀅坤：《中晚唐五代科舉與社會變遷》，人民出版社，2009年。

析。根據統計結果，進一步分析唐宋之際法律考試制度對「試法入仕人」仕宦發展的影響。

六、主要內容與難點

（一）論文主要內容

本文主題為唐宋法律考試研究，從全文布局上看，前三章著重對唐宋法律考試制度的發展沿革進行全面梳理，後三章則試圖挖掘唐宋法律考試制度對「試法入仕人」、人物群體以及社會階層的影響。除導論和結論外，正文共分為六章。

第一章旨在對唐宋時期「明法科」考試制度進行比較研究。在釐清「明法科」與科舉制度的關係的前提下，理順唐宋時期「明法科」考試的發展沿革，對「明法科」考試的考生來源、考試內容與合格標準以及「明法及第人」的授官情況進行了全面梳理。

第二章旨在對唐宋時期吏部銓選中的法律考試進行比較研究。唐代吏部銓選分為「常選」與「科目選」，其考試內容主要是「試判」。「試判」以考察應試者法律知識與行政能力為目標。發展到北宋熙寧年間，「試判」終因逐漸脫離實際需求而遭致廢置。吏部銓試改為試斷案、律令大義或議。本章對吏部銓選試判考試、考生來源、考試內容以及試中者的授官情況進行了梳理，同時也就學界目前存有爭議的一些具體問題進行了仔細考索，如就吏部主持試判科目——「書判拔萃」科以及「平判入等」科的設置時間與性質等問題，提出自己的見解。

第三章旨在對宋代新創置的法律考試進行全面梳理。宋神宗熙寧變法時期，法律考試制度發展到了頂峰。較之唐代，宋代的法律考試科目種類更多，社會影響更大。可以說，宋代取士與舉官的每一個環節都設置有法律考試。除沿襲唐代科舉考試中的「明法科」以及吏部試判考試之外，宋朝統治者也創設了更多的法律考試科目。如選任中央法司法官的「試刑法」考試、官學教育中的「律學公試」、進士試律義以及胥吏試法考試。

第四章是唐宋時期「試法入仕人」考論。在這一章中，筆者將研究的視點從制度轉向制度背後的人物。唐宋時期，社會影響較大的「試法入仕人」主要有「明法及第人」、「書判拔萃登科人」、「平判入等登科人」以及「試中刑法人」。運用各種史料文獻，對這幾類「試法入仕人」進行考證，以作為後文

進行人物群體研究的依據。

　　第五章是唐宋法律考試與法官職業化趨向。在第三章對唐宋時期「試法入仕人」進行考論的基礎上，以「試法入仕人」這一群體作為研究對象，對不同類型的「試法入仕人」的出身與仕宦經歷分別進行了列表統計與分析。在實證分析的基礎上得出結論：隨著法律考試制度的發展，以「試中刑法人」為主體的法官後備群體也逐漸開始形成。進而考察不同類型的「試法入仕人」的知識結構，以及「試法入仕人」的法律活動及其法律素養，揭示唐宋法律考試與法官職業化趨向之間的關聯。

　　第六章是唐宋法律考試與社會階層變遷。唐宋之際，古典中國正處於一個重大的社會變革時期。在這一時期，古典中國的政治體制、經濟形態以及文化特性等方面無一不發生了巨大而深刻的變遷。本章則試圖以「試法入仕人」作為切入點，對唐宋之際的法律考試與社會變遷之間的相互關係進行研究。作為科舉與文官選任制度中的一項重要內容，唐宋時期的法律考試制度其實也直接影響了了大士族階層與寒素階層的沉降。

（二）本文試圖解決的難點

　　第一，力圖拓展文獻材料的使用範圍。法律史研究首重文獻梳理，因此，本文在最大限度地搜集史料文獻的基礎上，對已出土公布的大量墓誌文獻資料予以極大的關注。在閱讀唐宋史料文獻文本的同時，充分利用電子數據庫的便捷優勢，大大擴展了制度與人物群體研究的文獻範圍。

　　第二，致力於考訂歷史事實，以歷史事實作為深入研究的基礎。首先，本文在對唐宋法律考試制度進行仔細刻畫的同時，對學界以往存有爭議的具體問題作出自己的回應。其次，在人物考訂之前，筆者根據法律考試的具體制度確定了考訂的基本規則，首次對唐宋「試法入仕人」這一群體進行了較為全面的考論。其三，對唐宋時期「試法入仕人」的出身、仕宦經歷進行了全面的整理，製成相關表格，進行數理分析，並以此作為實證分析的依據。首次對唐宋時期不同類型的「試法入仕人」的知識結構、仕宦經歷與法官職業的關係進行比較研究。

　　第三，試圖實現方法、理論以及研究視角的創新。本文唐宋社會變革論作為研究的理論背景，以唐宋時期的「試法入仕人」的仕宦發展為切入點，利用歷史學的考據方法以及圖表與數據分析的方法，對唐宋時期「試法入仕人」的知識結構、法律素養以及職業法官之路進行了比較研究。此外，以往

學者在研究唐宋之際科舉制度與社會階層的關係時，多以統治階層中的科舉出身者（主要是進士及第人）的仕宦經歷，來分析唐宋之際社會階層之消融。而古典中國法律考試制度置於唐而興於宋，恰逢變世，其興衰發展也必然與當時的社會背景有著密切的聯繫。本文則以「試法入仕人」為切入點，探究法律考試與唐宋社會變遷之間的內在關係。

第一章　科舉制度下的唐宋法律
考試——「明法科」

　　「明法科」是唐宋科舉考試中的一個科目。作為中國歷史上最為輝煌的一個朝代，唐朝開歷史之先河於科舉考試中首創專門的法律考試，從這個意義上講，「明法科」的設置有著十分深遠的歷史意義，它標誌著古典中國的法律教育與法律考試制度進入了一個新的歷史紀元。歷五代之亂，北宋統治者在參酌唐制的基礎上，重置了科舉考試中的「明法科」考試。宋神宗熙寧變法時期，朝廷在舊「明法科」的基礎上創置了「新科明法」考試。本章試對科舉制度與「明法科」考試的關係以及唐宋「明法科」考試制度的發展沿革進行全面梳理。

第一節　「明法科」與科舉制度的關係

　　「明法科」唐代科舉考試中常設的六科考試之一，是中國歷史上首創的專門法律考試科目。欲討論「明法科」考試制度的發展，須首先對「明法科」與科舉制度的關係加以說明。

一、唐宋科舉考試科目的種類

（一）唐代科舉考試之科目

　　科舉制度源於兩漢以來的察舉制。隋朝廢除九品中正制度之後，正式建立了以考試的方式選拔人才的科舉制度。隨著唐朝統治的穩定，科舉制度也

得到了極大發展。當然，科舉考試並非唐代管理選拔的唯一途徑。據《舊唐書》記載：「有唐已來，出身入仕者，著令有秀才、明經、進士、明法、書算。其次以流外入流。若以門資入仕，則先授親勳翊衛，六番隨文武簡入選例。又有齋郎、品子、勳官及五等封爵、屯官之屬，亦有番第，許同揀選。」〔註1〕由此可見，科舉考試只是選拔官吏的一種方式，此外還有門蔭入仕與雜色入流等途徑。

就具體內容而言，唐代科舉考試分為常舉和制舉。常舉是常年按制度舉行的考試科目。唐代常科考試科目主要有秀才、明經、進士、明法、明書、明算等六科。

制舉則是臨時設置的考試科目。《新唐書》有云：「其天子自詔者曰制舉，所以待非常之才焉。」〔註2〕可見，制科考試的舉辦時間是不定的，必須由皇帝下詔方才舉行，隨時舉辦且科目繁多。按《冊府元龜》之記載，制科考試「始於顯慶、盛於開元、貞元。」其考試科目主要有：「志烈秋霜、詞殫文律、抱器懷能、茂才異等、才膺管樂、道侔伊召、賢良方正、軍謀宏遠、明於體用，達於吏理之類。」〔註3〕由於制舉考試具有臨時性，因此有些科目只考過一兩次。其中，有些科目名稱不同，但考試內容相類，也有的考試內容相似，但科目名稱卻不同。儘管制舉考試的科目設置較為繁雜，但其設置目的都在於選拔有專長之人。

（二）宋代科舉考試科目的發展

「宋之科目，有進士，有諸科，有武舉。常選之外，又有制科，有童子舉，而進士得人為盛。」〔註4〕宋承唐制，科舉考試的科目也分為常科、制科兩大類。「禮部貢舉，設進士、九經、五經、開元禮、三史、三禮、三傳、學究、明經、明法等科。」〔註5〕宋代的常科科目中，進士科也最受社會的重視，

〔註1〕（後晉）劉昫等：《舊唐書》卷四十二，《職官一》，中華書局，1975年，第1804頁。

〔註2〕（宋）歐陽修、宋祁等：《新唐書》卷四十四，《選舉志上》，中華書局，1975年，第1159頁。

〔註3〕（宋）王欽若等編撰，周勳初等校訂：《冊府元龜》卷六三九，《貢舉部總序》，鳳凰出版社，2006年，第7382頁。

〔註4〕（元）脫脫等：《宋史》卷一百五十五，《選舉一》，中華書局，1977年，第3604頁。

〔註5〕（元）脫脫等：《宋史》卷一百五十五，《選舉一》，中華書局，1977年，第3604頁。

也是舉子們主要攻習的對象。宋代文獻中，通常將《九經》科以下至「明法科」通稱為「諸科」，而另設明經科，以示區別。

常科之外，宋朝也有非常設的考試科目。「制舉無常科，所以待天下之才傑，天子每親策之。然宋之得才，多由進士，而以是科應詔者少。」〔註6〕宋代制科考試時廢時續，既沒有唐代那麼多的考試科目，也遠不如唐代興盛。宋人王應麟有言云：「唐制舉之名，多至八十有六，凡七十六科，至宰相者七十二人。本朝制科四十人，至宰相者富弼一人而已。中興復製科，止得李垕一人。」〔註7〕由此可見，唐代因制舉考試而官至宰相者多達七十二人，而時至宋代，不僅制舉科目大為減少，同時試中者的仕宦發展也不盡如人意。

常科與制科之外，北宋末又增置了專為培養四六文寫作人才而設置的詞科。要之，宋朝初年的科舉制度雖有變化，但大體仍沿襲了唐朝舊制。

宋代常科考試科目的設置以王安石變法為界，前後發生了重大變化。變法之前，「明法科」一直都是科舉制度中諸多常科考試中的一個科目。宋神宗熙寧四年（1071），朝廷下令罷廢諸科，僅保留進士一科。同時設立「新科明法」一科，作為一個過渡性的考試科目，「所以待諸科之不能業進士者。」〔註8〕，至此，宋代常科考試只有進士科與「新科明法」科。直至紹興十六年（1146），「新科明法」才走向了廢置，此後，進士科也成為了常科考試的唯一科目。

二、「明法科」與其他常科考試的相同之處

查諸史籍，「明法科」的考試時間、地點以及考場規則等並沒有特別規定，但作為科舉考試的一個科目，「明法科」考試的相關情況應與其他常科考試科目相同。

（一）應試前審核

應試舉人到省後須經過一系列的審核手續。據《新唐書》載：「既至省，

〔註6〕（元）脫脫等：《宋史》卷一百五十六，《選舉二》，中華書局，1977 年，第3645 頁。

〔註7〕（宋）王應麟著，（清）翁元圻等注，孫通海校點：《困學紀聞注》卷十四，中華書局，2016 年，第1749 頁。

〔註8〕（元）脫脫等：《宋史》卷一百五十五，《選舉一》，中華書局，1977 年，第3618 頁。

皆疏名列到，結款通保及所居，始由戶部集閱，而關於考功員外郎試之。」
〔註9〕即舉人到省後，首先須簽名報到，提交相關文書，由戶部進行審核。審
核的具體事項主要有兩個方面：其一，個人鄉貫、家庭出身及本人體貌特徵；
其二，對應舉人道德品行進行擔保的保書。舒元輿（791～835，字升遠）曾在
《上論貢士書》中描述了舉人到京後接受資格審查的過程：「臣年二十三，學
文成立，為州縣察臣，臣得備下土貢士之數。到闕下月餘，待命有司，始見貢
院懸板樣，立束縛檢約之目，勘磨狀書，劇責與吏胥等倫。臣幸狀書備，不被
駁放，得引到尚書試。」〔註10〕由此可見，唐代舉子接受資格檢查時的條件
是比較艱苦的。首先舉子到京後，有時會經過一個月左右的等待，方能接受
資格審查。且舉子在接受資格檢查前，必須將所須書狀準備齊全，否則將會
遭致無情的駁放。

（二）主考機構及考官

據《通典》記載：「武德舊制，以考功郎中監試貢舉。貞觀之後，則考功
員外郎專掌之。」〔註11〕唐初，貢舉考試由吏部考功郎中主管，貞觀之後，
貢舉考試則由吏部考功員外郎主持。有時，朝廷也會命令其他官員與考功員
外郎共同主持考試。如高宗龍朔（661～663）年間，朝廷就曾敕令左史董思
恭與考功員外郎權原崇同試貢舉。〔註12〕時至開元二十四年（736），貢舉考
試改由禮部侍郎主持。〔註13〕主考機構變革之後，官員選舉的考試機關與銓
選機關分離開來，考試職官的獨立性大大提高。貢舉考試的主考官又稱為知
貢舉。知貢舉雖名義上附屬於吏部，但實際上也常常由他官權知，成為一種
差遣。

〔註9〕（宋）歐陽修、宋祁等：《新唐書》卷四十四，《選舉志上》，中華書局，1975
年，第1161頁。
〔註10〕（唐）舒元輿：《上論貢士書》，收錄於（清）董誥等：《全唐文》卷七百二十
七，中華書局，1983年，第7487頁。
〔註11〕（唐）杜佑：《通典》卷十五，《選舉三》，中華書局，1988年，第353頁。
〔註12〕（唐）封演撰，趙貞信校注：《封氏聞見記校注》卷三，《貢舉》，中華書局，
2005年，15～16頁。
〔註13〕此次改革的起因乃是時任考功員外郎的李昂為舉人所訟，朝廷由是下詔：「每
歲舉人，頃年以來，惟考功郎所職。位輕務重，名實不倫。欲盡委長官，又
銓選委積。但六官之列，體國是同，況宗伯掌禮，宜主賓薦。自今以後，每
年諸色舉人及齋郎等簡試，並於禮部集，既眾務煩雜，仍委侍郎專知。」參
見（宋）王溥撰：《唐會要》卷五十九，《尚書省諸司下》，中華書局，1955年，
第1024～1025頁。

（三）考場紀律

按《通典》之記載：「閱試之日，皆嚴設兵衛，薦棘圍之，搜索衣服，譏訶出入，以防假濫。」〔註14〕由此可見，科舉考試紀律十分嚴苛。考場由荊棘封閉，周圍有衛兵把守。考生進入考場須經搜身，以防止夾帶作弊的情況。

舒元輿在《上論貢士書》中生動描寫了自己應試科舉考試之時的親身經歷。「試之日，見八百人盡手攜脂燭水炭，洎朝晡餐器，或荷於肩，或提於席，為吏胥縱慢聲大呼其名氏，試者突入，棘圍重重，乃分坐廡下，寒餘雪飛，單席在地。嗚呼。唐虞闢門，三代貢士，未有此慢易者也。」〔註15〕考試當日，舉子必須肩挑或席捲的方式攜帶蠟燭、飲水、食物以及木炭等用品進入考場。由於考試的時間是在冬日，天氣寒冷，遇到下雪的天氣，也只能是席地而坐，同時還必須忍耐胥吏的慢待。可見，當時的考場紀律十分嚴格，舉子應試的條件也是十分艱苦的。

三、「明法科」考試的特殊性

儘管作為常科考試科目的一種，「明法科」與其他考試科目有著相同的考試程序，但就考試內容與及第人所享受的待遇來看，「明法科」考試有其特殊性。

（一）考試內容不同

據《新唐書》記載，不同的科舉考試科目，其考試內容有所不同。「凡秀才，試方略策五道，以文理通粗為上上、上中、上下、中上，凡四等為及第。凡明經，先帖文，然後口試，經問大義十條，答時務策三道，亦為四等。凡開元禮，通大義百條、策三道者，超資與官。義通七十、策通二者，及第。散、試官能通者，依正員。凡三傳科，左氏傳問大義五十條，公羊、穀梁傳三十條，策皆三道，義通七以上、策通二以上為第，白身視五經，有出身及前資官視學究一經。凡史科，每史問大義百條、策三道，義通七、策通二以上為第。能通一史者，白身視五經、三傳，有出身及前資官視學究一經。三史皆通者，獎擢之。凡童子科，十歲以下能通一經及孝經、論語，卷誦文十，通者予官。通七，予出身。凡進士，試時務策五道、帖一大經，經、策全通為甲第。策通四、帖過四以上為乙第。凡明法，試律七條、令三條，全通為

〔註14〕（唐）杜佑：《通典》卷十五，《選舉三》，中華書局，1988年，第357頁。
〔註15〕（唐）舒元輿：《上論貢士書》，收錄於（清）董誥等：《全唐文》卷七百二十七，中華書局，1983年，第7487頁。

甲第，通八為乙第。凡書學，先口試，通，乃墨試說文、字林二十條，通十八為第。凡算學，錄大義本條為問答，明數造術，詳明術理，然後為通。試九章三條、海島、孫子、五曹、張丘建、夏侯陽、周髀、五經算各一條，十通六，記遺、三等數帖讀十得九，為第。試綴術、緝古，錄大義為問答者，明數造術，詳明術理，無注者合數造術，不失義理，然後為通。綴術七條、輯古三條，十通六，記遺、三等數帖讀十得九，為第。落經者，雖通六，不第。」〔註16〕

（二）及第之後的待遇不同

《新唐書》有云：「大抵眾科之目，進士尤為貴，其得人亦最為盛焉。」〔註17〕唐朝初年，科舉考試以秀才科的等級為最優，其次為明經。進士與明法出身者的初授官職等級並不是很高。「諸秀才出身，上上第，正八品上；上中第，正八品下；上下第，從九品上。明經出身，上上第，從八品下；上中第，從九品上。進士明法出身，甲第，從九品上；乙第，從九品下。若通二經已外，每一經加一等。」〔註18〕但這種情況很快就出現了變化，高宗時，劉祥道曾上疏言：「唐有天下四十年，未有舉秀才者，請自六品以下至草野，審加搜訪，毋令赫赫之辰，斯舉遂絕。」〔註19〕由於秀才科的考試內容反而比進士科還容易，時至天寶年間，秀才科廢置。「自是士族所趨向，唯明經、進士二科而已。」〔註20〕「明法科「考試的目的在於選拔明習律令的專門人才。而士子讀書則以進士、明經及第最為尊榮。相比之下，唐代士子應試「明法科」的熱情並不高。故而宋熙寧變法之前，「明法及第人」並不多，「明法科」考試於科舉考試中的地位並沒有太大的提高。

熙寧變法時期，「新科明法」考試的社會認可度大為提高。這是因為王安石針對科舉考試進行了一些列改革：所有常科考試科目，除進士科之外全部

〔註16〕（宋）歐陽修、宋祁等：《新唐書》卷四十四，《選舉志上》，中華書局，1975年，第1161～1162頁

〔註17〕（宋）歐陽修、宋祁等：《新唐書》卷四十四，《選舉志上》，中華書局，1975年，第1166頁。

〔註18〕（後晉）劉昫等：《舊唐書》卷四十二，《職官一》，中華書局，1975年，第1806頁。

〔註19〕（宋）馬端臨著：《文獻通考》卷二十九，《選舉考二》，中華書局，2011年，第828頁。

〔註20〕（唐）杜佑：《通典》卷十五，《選舉三》，中華書局，1988年，第354頁。

廢除，並在「明法科」考試的基礎之上，創立「新科明法」。「新科明法中者，吏部即注司法，敘名在及第進士之上。」〔註21〕由是，「新科明法」一舉超越了進士科的地位，成為當時最為榮耀的考試科目。

第二節　「明法科」的創立與發展

　　「明法科」考試始於唐代，其源或可以追溯至西漢時期的察舉制。唐宋時期，「明法科」考試制度的發展也經歷了一個曲折的過程，其中多有廢置，最終於南宋時期退出了歷史舞臺。據歷史文獻的記載，唐宋時期的「明法科」考試制度主要經歷了以下幾個發展階段：

一、唐代「明法科」的創立

　　有學者認為，「明法科」源於西漢以來的察舉科目。〔註22〕漢武帝元光年間，令天下郡國推孝廉。「一曰德行高妙，志節清白。二曰學通行修，經中博士。三曰明習法令，足以決疑，能按章覆問，文中御史。四曰剛毅多略，遭事不惑，明足決斷，材任三輔縣令。」〔註23〕也有學者認為，「明法科」的創置，源於隋代臨時規定的特科考試。〔註24〕隋煬帝大業三年（607）有詔令：「夫孝悌有聞，人倫之本，德行敦厚，立身之基。或節義可稱，或操履清潔，所以激貪厲俗，有益風化。強毅正直，執憲不撓，學業優敏，文才美秀，並為廊廟之用，實乃瑚璉之資。才堪將略，則拔之以禦侮，膂力驍壯，則任之以爪牙。爰及一藝可取，亦宜採錄。」〔註25〕隨後大業五年（609），又「詔諸郡學業該通才藝優洽、膂力驍壯超絕等倫、在官勤奮堪理政事、立性正直不避強禦四科舉人。」〔註26〕隋煬帝下令舉辦的臨時性考試選拔「強毅正直，執憲不撓。」「立性正直，不避強禦」的專門人才入朝為官，已兼具「明法科」的特

〔註21〕（元）脫脫等：《宋史》卷一百五十五，《選舉一》，中華書局，1977 年，第3620 頁。此條亦見於（宋）馬端臨著：《文獻通考》卷三十一，《選舉考四》，中華書局，2011 年。
〔註22〕參見張希清著，吳宗國審訂：《中國科舉考試制度》，新華出版社，1993 年，第 20 頁。
〔註23〕（唐）杜佑：《通典》卷十三，《選舉一》，中華書局，1988 年，第 311 頁。
〔註24〕參見鄭顯文：《唐代明法考試制度初探》，《政法論壇》2000 年第 2 期。
〔註25〕（唐）魏徵等：《隋書》卷三，《帝紀第三》，中華書局，1973 年，第 68 頁。
〔註26〕（唐）魏徵等：《隋書》卷三，《帝紀第三》，中華書局，1973 年，第 73 頁。

徵。諸說紛紜，莫衷一是。〔註27〕筆者以為，中華法制源遠流長，中國法律考試制度的產生由來以久。若說與法律相關的考試，其源最早可追溯至西周時期的禮學考試。及至秦代，法律考試已成為選拔官吏的重要途徑。基於此，唐代「明法科」考試自然繼承了歷代法律考試制度的部分基因。然而，作為一門制度化以考察應試者法律知識為目的考試，「明法科」的確首創於唐。唐太宗時期，「明法科」相關的考試制度也逐漸於律令中確定下來。

「明法科」考試始於何時？據《通典》記載：「大唐貢士之法，多循隋制。上郡歲三人，中郡二人，下郡一人，有才能者無常數。其常貢之科，有秀才，有明經，有進士，有明法，有書，有算。」〔註28〕由此可見，「明法科」大概是與其他常貢之科一起設置的。但具體設置時間，則無法確定。據《新唐書》記載：「隋，律學隸大理寺，博士八人。武德初，隸國子監，尋廢。貞觀六年復置，顯慶三年又廢，以博士以下隸大理寺。龍朔二年復置。有學生二十人，典學二人。」〔註29〕由於律學館生徒以習學律令格式為專業，學業完成後的出路是通過「明法科」考試而獲取出官的資格。可見，律學館與「明法科」考試有著非常密切的關係。在此基礎上進一步推論，「明法科」考試之設，不一定意味著律學館的存在。但有律學館之設，則必有「明法科」。由是觀之，「明法科」可能於武德年間就已經存在。

鄭顯文教授曾在《唐代明法考試制度初探》一文中依據唐人張說著就的一篇墓誌，確定「明法科」考試至遲於貞觀二十年（646）年開考。查諸原文：「府君諱驚，字成驚，姓張氏，其先晉人也。……年十九，明法擢第，解褐饒陽尉。……調露元年秋，奉使晉陽，遇疾肇歸。藥禱無降，冬十二月大漸，九日乙卯，棄背於縣廨，佔秋五十有二。」〔註30〕張驚乃是名相張說之父，其墓誌銘中明確說到張驚年十九時明法及第，於調露元年（679）去世，卒年五

〔註27〕相關論述可參見鄭顯文：《中國古代法學考試制度初探》，《西南師範大學學報（人文社會科學版）》，2002 年 11 月。當然，鄭顯文先生認為強毅正直、執憲不撓為一種考試科目的說法也受到了彭炳金教授的質疑，相關論斷述可參見彭炳金：《論唐代明法考試制度的幾個問題》，《政法論壇》2002 年第 2 期。

〔註28〕（唐）杜佑：《通典》卷十五，《選舉三》，中華書局，1988 年，第 353 頁。

〔註29〕（宋）歐陽修、宋祁等：《新唐書》卷四十八，《百官三》，中華書局，1975 年，第 1267 頁。

〔註30〕參見（唐）張說：《府君墓誌銘》，收錄於（清）董誥等編：《全唐文》卷二百三十二，中華書局，1983 年，第 2245～2246 頁。

十二。由是可見，張鷟十九歲登科時是為貞觀二十年（646）。然而這種說法，受到了彭炳金教授的質疑。隨著考古工作的開展，新的墓誌文獻也相繼出土。彭炳金教授根據新出土的王植墓誌銘之所載，又將唐代「明法科」考試的開考時間往前推進。他認為至遲於武德八年（625），唐代已經開始舉行「明法科」考試了。〔註 31〕其文有云：「君諱植，字文端，太原晉陽人也。……君幼挺聰異，博綜典墳，特好九章之書，尤精五聽之術。歷代沿革，因時輕重，若視諸掌，悉究其源。年廿三，雍州貢明法省試擢第，授大理寺錄事。……以龍朔二年二月十日，寢疾卒於會稽郡，時年六十。」〔註 32〕王植二十三歲時明法及第，於龍朔二年（662）去世，卒年六十。由是推之，王植明法及第的時間則為武德八年（625）。筆者以為，結合前文以律學設置的時間做出的推論，唐代「明法科」創置於武德年間是可信的。

二、宋代「明法科」的發展

　　宋朝的「明法科」考試制度以神宗熙寧變法為轉折，前後分為舊「明法科」與「新科明法」兩個階段。

（一）舊「明法科」

　　宋太祖乾德元年（963）有詔云：「舊制，《九經》一舉不第而止，非所以啟迪仕進之路也。自今依諸科許再試。」〔註 33〕由是知，宋代開科設考之始便有諸科考試。據《長編》記載，乾德二年（964），「權知貢舉盧多遜言諸州所薦士數益多，乃約周顯德之制，定發解條例及殿罰之式，以懲濫進，詔頒行之。」〔註 34〕據此可見，與進士科考試一樣，宋代諸科考試也沿襲唐五代以來的考試制度。史料文獻中，諸科考試及第之最早記載，發生在乾德四年（966）。是年，「進士、諸科合格者一十五人。」〔註 35〕而明法及第人最遲出

〔註 31〕參見彭炳金：《論唐代明法考試制度的幾個問題》，《政法論壇》2002 年第 2 期。

〔註 32〕參見《大唐故司宗寺丞上騎都尉王君（植）墓誌銘並序》，收錄於吳鋼主編：《全唐文補遺》第三輯，三秦出版社，1996 年，第 379 頁。

〔註 33〕（元）脫脫等：《宋史》卷一百五十五，《選舉一》，中華書局，1977 年，第 3605 頁。

〔註 34〕（宋）李燾：《續資治通鑑長編》卷五，太宗乾德二年八月癸未，中華書局，2004 年，第 132 頁。

〔註 35〕（清）徐松輯，劉琳、刁忠民等點校：《宋會要輯稿》選舉三，上海古籍出版社，2014 年，第 5285 頁。

現在開寶六年（973）三月乙亥。「上御講武殿親閱之，得進士二十六人，士廉預焉，五經四人，開元禮七人，三禮三十八人，三傳二十六人，三史三人，學究十八人，明法五人，皆賜及第。」〔註36〕

宋朝初年的「明法科」考試雖時廢時置，但廢置時間較短。就「明法科」考試制度發展的時間脈絡而言，並沒有較大的斷裂。太宗太平興國四年（979）十一月丙戌：「詔以明法科於諸書中所業非廣，遂廢之。」〔註37〕「明法科」雖被廢置，但功名仍在。據史料記載，「明法科」廢置後次年，即太平興國五年（980），宋太宗又特賜「嘗習刑名書」的襄陽縣民張巨源「明法及第」。〔註38〕至雍熙二年（985）四月丙子，「明法科」又得以復置。〔註39〕要之，宋初直至神宗變法之熙寧年間，舉子攻習「明法科」的熱情不高，明法出身者的社會地位也較為低下，「明法科」一直都處於「最為下科」的低潮期。

（二）「新科明法」

熙寧初年，在宋神宗的支持下，王安石發動了一場旨在改變宋朝建國以來積貧積弱局面的變法圖強運動。而變法的重要內容之一就是科舉制度改革，作為宋朝最為重視法律的皇帝，神宗皇帝毅然下詔，罷廢諸科，僅保留「進士」一科，創設「新科明法」。

1.「新科明法」的發展階段
（1）「新科明法」的創置與興盛時期

王安石認為，現有的科舉制度之最大的弊端就在於不能培養經世致用之才，習學詩賦並不能增加官員的實際政務能力。「今人材乏少，且其學術不一，異論紛然，不能一道德故也。一道德則修學校，欲修學校，則貢舉法不可不變。若謂此科嘗多得人，自緣仕進別無他路，其間不容無賢。若謂科法已善，則未也。今以少壯時，正當講求天下正理，乃閉門學作詩賦，及其入官，世事

〔註36〕（宋）李燾：《續資治通鑑長編》卷十四，太宗開寶六年三月乙亥，中華書局，2004 年，第 297 頁。

〔註37〕（宋）李燾：《續資治通鑑長編》卷二十，太宗太平興國四年十一月丙戌，中華書局，2004 年，第 464 頁。

〔註38〕（宋）李燾：《續資治通鑑長編》卷二十一，太宗太平興國五年四月戊子，中華書局，2004 年，第 474 頁。

〔註39〕（宋）李燾：《續資治通鑑長編》卷二十六，太宗雍熙二年四月丙子，中華書局，2004 年，第 595 頁。

皆所不習，此科法敗壞人材，致不如古。」〔註40〕

因此，熙寧變法時期，科舉改革的第一個舉措就是進士科罷試詩賦而改試經義，同時罷廢諸科，勸使諸科改習進士科業。熙寧四年（1071）二月丁巳，中書門下言：「古之取士皆本於學校，故道德一於上，習俗成於下，其人材皆足以有為於世。自先王之澤竭，教養之法無所本，士雖有美材而無學校師友以成就之，此議者之所患也。今欲追復古制以革其弊，則患於無漸。宜先除去聲病偶對之文，使學者得以專意經義，以俟朝廷興建學校，然後講求三代所以教育選舉之法，施於天下，則庶幾可復古矣。明經及諸科欲行廢罷，取元解明經人數增解進士，及更俟一次科場，不許諸科新人應舉，漸令改習進士。仍於京東、陝西、河東、河北、京西五路先置學官，使之教導。其禮部所增進士奏名，止取五路進士充數，所貴合格者多，可以誘諸科向習進士。」〔註41〕由是知，此條詔令一出，科舉考試中的明經科及其包括舊「明法科」在內的它諸科一併廢置。這對於此前專攻明經諸科的考生來說是一個沉重的打擊，特別是對於那些不能改習進士科的考生而言，這一舉措幾乎阻斷了他們的入仕之途。

王安石改革科舉考試的第二個舉措就是創置「新科明法」。《宋會要輯稿》載：「神宗熙寧四年二月，罷明經諸科。其後有詔，許曾於熙寧五年以前應明經及諸科舉人，依法官例試法，為新科明法科。」〔註42〕由此載推斷，「新科明法」的設置時間大約是在熙寧六年（1073）。創設「新科明法」的原因大約有以下幾個方面：其一，舊「明法科」原有的考試方式，不能選拔真正精通法律的專門人才。《長編》記載了熙寧四年時，宋神宗與吳充的一段對話。「充曰：『齊、魯專經之學，誦書之外，不知其他，登第之後，至於官政人事，漫不通曉，此弊深宜改更。』上因言：『近世士大夫多不習法令。』充曰：『漢儒陳寵以法律講授，徒眾常數百人。唐有律學在六學之一，後來搢紳多恥此學，明法一科又徒能誦其文而已，亦罕通法意。近歲補法官者，必聚而詳試其所習，取其尤精通者用之，有以見朝廷續卹刑之意。』」〔註43〕建炎二年（1128），

〔註40〕（元）脫脫等：《宋史》卷一百五十五，《選舉一》，中華書局，1977 年，第3617 頁。

〔註41〕（宋）李燾：《續資治通鑒長編》卷二百二十，神宗熙寧四年二月丁巳，中華書局，2004 年，第5334 頁。

〔註42〕（清）徐松輯，劉琳、刁忠民等點校：《宋會要輯稿》選舉一四，上海古籍出版社，2014 年，第5531 頁。

〔註43〕（宋）李燾：《續資治通鑒長編》卷二百二十三，神宗熙寧四年五月丙申，中華書局，2004 年，第5424 頁。

大理少卿吳璹亦曾上言：「神宗熙豐間，將舊科明法念誦無用之科，改為新科明法。」〔註44〕由此可見，「明法科」改革的根本原因在於：原本的試律令考察方式重記誦，不能考察考生的實際司法能力。原有的培養模式不能滿足斷獄治民的實際需要。正如祝尚書先生曾撰文稱：「『新科明法』之『新』，蓋在於考試不再重記誦，而在考察實際的司法能力。」〔註45〕

（2）「新科明法」的衰落時期

哲宗即位，一向反對法律考試的司馬光開始主政。哲宗元祐元年（1086）閏二月二日，侍御史劉摯首先上言請求對「新科明法」進行改革：「乞貢舉進士添詩賦，復置賢良茂才科，「新科明法」添兼經大義及減人數。」〔註46〕按劉摯的建議，一方面「新科明法」的考試內容應當增加試經義的內容，另一方面還要減少「新科明法」的解額。「臣伏見近制，明法律舉人，試以律令、刑統大義及斷案，謂之新科者。吏部將司法員闕先次差注，在進士及第人上，臣竊以先王之治天下，以禮義為本，而刑法所以助之者也。惟君子用法，必先之以經術，法之所以治，理之所在也。故惡有所懲，而常不失忠恕之道。舊制明法最為下科，然其所試，必有兼經，雖不知其義，止於誦數，而先王之意猶在也。進新科罷其兼經，專於刑書，則意若止欲得淺陋刻害之人，固滯深險之士而已。又所取之教，比舊猥多，調擬之法，失其次序。臣以謂宜有更張，欲乞「新科明法」並加論語、孝經大義，登科之額裁剪其半，及注官之日並依科目資次。所貴從事於法者稍不遠義，而士之流品不失其分。」〔註47〕

針對劉摯的奏請，哲宗皇帝下令命朝臣集議。司馬光隨即上書請求對科舉考試進行全面改革。「凡取士之道，當以德行為先，文學為後。就文學之中，又當以經術為先，辭采為後。是故周禮大司徒以六德六行，賓興萬民，漢以

〔註44〕（清）徐松輯，劉琳、刁忠民等點校：《宋會要輯稿》選舉一四，上海古籍出版社，2014 年，第 5532 頁。

〔註45〕參見祝尚書：《宋代科舉與文學考論》，鄭州：大象出版社，2006 年，第 118 頁。

〔註46〕（清）徐松輯，劉琳、刁忠民等點校：《宋會要輯稿》選舉一四，上海古籍出版社，2014 年，第 5531 頁。此條亦見於（宋）李燾：《續資治通鑒長編》卷三百六十八，哲宗元祐元年閏二月庚寅，中華書局，2004 年，第 8854～8863頁。

〔註47〕（宋）劉摯撰，裴汝誠、陳曉平點校：《忠肅集》卷四，《論取士並乞複賢良科》，中華書局，2002 年，第 95 頁。此條亦見於（宋）李燾：《續資治通鑒長編》卷三百六十八，哲宗元祐元年閏二月庚寅，中華書局，2004 年，第 8854～8863 頁。

賢良方正、孝廉，質樸敦厚取士。中興以後，取士尤為精審。至於公府掾屬，
州從事，郡國計吏、丞、史，縣功曹，鄉嗇夫，皆擇賢者為之。茍非其人，則
為世所譏貶。是以人人思自砥礪，教化興行，風俗淳厚。乃至後世陵夷，雖政
刑紊於上，而節義立於下。有以奸回巧偽致富貴者，不為清議所容。此乃德
化之本源，王者所先務，不可忽也。……但王安石不當以一家私學，欲掩蓋
先儒，令天下學官講解及科場程試，同己者取，異己者黜。使聖人坦明之言，
轉而陷於奇僻。先王中正之道，流而入於異端。若己論果是，先儒果非，何患
學者不棄彼而從此，何必以利害誘脅，如此其急也。又黜春秋而進孟子，廢
六藝而尊百家，加之但考校文學，不勉勵德行，此其失也。凡謀度國事，當守
公論，不可希時，又不可徇俗。宜校是非之小大，利害之多少，使質諸聖人而
不謬，酌於人情而皆通，稽於上古而克合，施之當世而可行，然後為善也。……
至於律令敕式，皆當官者所須，何必置明法一科使為士者豫習之。夫禮之所
去，刑之所取，為士者果能知道義，自與法律冥合。若其不知，但日誦徒流絞
斬之書，習鍛鍊文致之事，為士已成刻薄，從政豈有循良，非所以長育人材，
敦厚風俗也。朝廷若不欲廢棄已習之人，其明法曾得解者依舊應舉，未曾得
解者不得更應，則收拾無遺矣。」〔註48〕由是知，司馬光的觀念比劉摯更為
激進，「新科明法」就應當逐漸廢除。其理由有如下三端：其一，就為政者的
基本素養而言，司馬光認為，德行是為政者應具備的最為基本的素養，其次
才是文學。而文學才識中，必須精通經義，辭采則是次要。其二，王安石的一
家私學有失科舉擇人之道，導致學道中落，黃鐘毀棄。其三，為政者固然需
要具備一定的法律素養，但「明法科」考試之設絕非必要。徒誦刑書，只能讓
為政者刻薄寡恩，而不能培養循良敦恕之士。

　　儘管在這次朝廷集議中，「新科明法」一直處於被全面廢除的邊緣。但最
終哲宗沒有完全採納司馬光的意見，只是對「新科明法」考試進行了重大調
整。哲宗元祐三年（1088）閏十二月二十三日，朝廷頒布詔令：「五路不習進
士新人，今後令應新科明法，許習《刑統》。仍於《易》、《詩》、《書》、《春秋》、
《周禮》、《禮記》內各專一經，兼《論語》、《孝經》。發解及省試分為三場，

<hr>

〔註48〕（宋）李燾：《續資治通鑑長編》卷三百七十一，哲宗元祐元年三月壬戌，中
　　　　華書局，2004 年，第 8974～8979 頁。此條亦見於（宋）馬端臨著：《文獻通
　　　　考》卷一百六十七，《刑考六》，（元）脫脫等：《宋史》卷一百五十五，《選舉
　　　　一》，中華書局，1977 年，第 3620 頁。

第一場試《刑統》義五道,第二場試本經義五道,第三場《論語》、《孝經》義各兩道,以三場通定高下。及以諸科額十分為率,留一分解本科舊人,一分解新科明法新人。不及十人處亦准此。如無人赴試及無合格人,即存留,更不許添解進士第。若向去銷盡諸科舉人,即當留二分解新科明法新人。」〔註49〕這一詔令的頒布,將宋神宗創立的「新科明法」考試修改得面目全非,同時也大大降低了「新科明法」的考試地位。從此以後,「新科明法」增加了經義的內容,考生必須具備一定的經義知識。同時,「新科明法」的錄取人數也大大減少了。哲宗元祐四年(1089)四月十九日,朝廷又頒布詔令,除原元祐二年(1087)以前應「新科明法」曾赴解試、省試之人,仍可以參加「新科明法」考試之外,不許新人參加「新科明法」考試。「元祐二年以前諸科舉人改應新科明法,聽取應外,自今更不許改。其獲冒應人,仍增舊賞。」〔註50〕至此,「新科明法」考試開始走入衰落期。直至崇寧初年,「新科明法」終被廢置,其解額和省額劃歸於禮部。〔註51〕

(3)「新科明法」的復興時期

宋室南渡,高宗銳意復興。建炎二年(1128),在大理少卿吳璹的建言下,「新科明法」又在廢置二十餘年後,又得以復置。吳璹上言:「神宗熙豐間,將舊科明法念誦無用之科,改為「新科明法」。今來此學浸廢,法官闕人。乞復立明法之科。許進士曾得解貢人就試,多取人數,增立恩賞,誘進後人,以備採擇。」〔註52〕由是知,「新科明法」得以復置的契機在於「法官闕人」。吳璹的這一建議得到高宗皇帝的批准。「建炎三年,復明法新科,進士預薦者聽試。」〔註53〕此次復置,基本恢復了熙、豐「新科明法」考試之舊制,考

〔註49〕 （清）徐松輯,劉琳、刁忠民等點校:《宋會要輯稿》選舉一四,上海古籍出版社,2014 年,第 5531 頁。

〔註50〕 （清）徐松輯,劉琳、刁忠民等點校:《宋會要輯稿》選舉一四,上海古籍出版社,2014 年,第 5532 頁。此條亦見於（宋）李燾:《續資治通鑒長編》卷四百二十五,哲宗元祐四年四月己未,中華書局,2004 年,第 10285～10286 頁。

〔註51〕《文獻通考》有云:「新科明法者,熙寧間改舊明法科為之。崇寧初廢,取其解省額歸禮部。」參見（宋）馬端臨著:《文獻通考》卷三十二,《選舉考五》,中華書局,2011 年。

〔註52〕 （清）徐松輯,劉琳、刁忠民等點校:《宋會要輯稿》選舉一四,上海古籍出版社,2014 年,第 5532 頁。此事亦見於（宋）馬端臨著:《文獻通考》卷三十二,《選舉考五》,中華書局,2011 年,第 935 頁。

〔註53〕 （元）脫脫等:《宋史》卷一百五十七,《選舉三》,中華書局,1977 年,第 3674 頁。

試內容「皆不兼經義。」〔註54〕

　　據《宋史》載：紹興「十五年，罷明法科，以其額歸進士。」〔註55〕而據《宋會要》記載，「新科明法」的第二次廢置是在紹興十六年（1146）二月三十日。禮部言：「熙寧以來，詔罷諸科，許令曾應明經及諸科舉人，依法官例試斷案、《刑統》義。至崇寧元年，上件解省額盡歸為進士解省額訖。兼見今自有官人許試刑法，其新科明法欲自後舉廢罷。」〔註56〕《文獻通考》亦載：「十六年二月，遂罷之，迄今不復置矣。」〔註57〕《建炎以來朝野雜記》所載與《宋會要輯稿》、《文獻通考》同。「十六年二月遂罷之，迄今不復設矣。」〔註58〕至此，「新科明法」考試短暫復置了十八年之後又再次遭廢置。

　　那麼文獻中明確聲明「迄今不復置矣」的時間，是否是「新科明法」的最終廢置時間？《宋登科記考》認為不然：此書在紹興十六年（1146年）「罷新科明法」條下，注出按語：「淳熙後復置。」〔註59〕同時，又於淳熙七年庚子（1180年）條下輯出：「六月二十一壬寅，復雍熙舊制，明法科許試經義。」〔註60〕按書中斷定「明法科」於淳熙七年復置的依據，乃是《皇宋中興兩朝聖政》中的一處記載：「進呈秘書郎李巘言：『竊觀國朝太平興國元年，詔學究兼習律令而廢明法科。至雍熙二年，復設明法科，以三小經附。則知祖宗之意，未嘗不使經生明法，亦未嘗不使法吏通經也。謂宜略倣祖宗舊制，使試大法者兼習一經，及小經義共三道為一場。』上曰：『古之儒者以經術決疑獄，若以俗吏，必流於深刻。宜如所奏。然刑與禮實相為用，且事涉科舉，可令禮部條具來上。』既而禮部條具：『欲從臣僚所請，第四場經義，大專一，

〔註54〕（宋）李心傳撰，徐規點校：《建炎以來朝野雜記》甲集卷十三，中華書局，2000年，第269頁。

〔註55〕（元）脫脫等：《宋史》卷一百五十七，《選舉三》，中華書局，1977年，第3674頁。

〔註56〕（清）徐松輯，劉琳、刁忠民等點校：《宋會要輯稿》選舉一四，上海古籍出版社，2014年，第5532頁。

〔註57〕（宋）馬端臨著：《文獻通考》卷三十二，《選舉考五》，中華書局，2011年，第935頁。

〔註58〕（宋）李心傳撰，徐規點校：《建炎以來朝野雜記》甲集卷十三，中華書局，2000年，第269頁。

〔註59〕傅璇琮主編：《宋登科記考》，南京：江蘇教育出版社，2009年，第779頁。

〔註60〕傅璇琮主編：《宋登科記考》，南京：江蘇教育出版社，2009年，第1041頁。

小經二。』詔從之。」〔註61〕筆者以為，《宋登科記考》所論有誤。李巘之言是借北宋初年的「明法科」之經驗而論「試刑法」的考試規則。文中所提的「試大法」，其實是指「試刑法」考試，而非「明法科」。〔註62〕「新科明法」考試退出歷史舞臺的確切時間，當以《宋會要輯稿》、《文獻通考》記載的紹興十六年（1146）年為是。

第三節 「明法科」應試者資格

《通典》有載：「大唐貢士之法，多循隋制。上郡歲三人，中郡二人，下郡一人，有才能者無常數。其常貢之科，有秀才，有明經，有進士，有明法，有書，有算。自京師郡縣皆有學焉。每歲仲冬，郡縣館監課試其成者，長吏會屬僚，設賓主，陳俎豆，備管絃，牲用少牢，行鄉飲酒禮，歌鹿鳴之詩，徵耆艾、敘少長而觀焉。既餞，而與計偕。其不在館學而舉者，謂之鄉貢。舊令諸郡雖一、二、三人之限，而實無常數。到尚書省，始由戶部集閱，而關於考功課試，可者為第。」〔註63〕由是觀之，唐代參加常科考試的考生主要有兩個來源，一是生徒，二是鄉貢。宋代的情況也大抵如此。因此，參加「明法科」考試的人員主要有兩類，一是「在館學而舉」者，即律學館學習的生員；二是「不在館學而舉」者，即州縣逐級選拔出來的鄉貢考生。

一、唐代「明法科」應試者資格

（一）律學生

「律學昉於晉、梁，復於貞觀六年之二月，又復於龍朔二年之五月。」〔註64〕律學是為中央國子監六學之一。隋朝時期，律學隸屬於大理寺，有博士八人。唐朝武德初年，律學隸附於國子監，尋廢。貞觀六年復置，顯慶三年

〔註61〕（宋）佚名撰，孔學輯校：《皇宋中興兩朝聖政輯校》卷五十八，中華書局，2019 年，第 1336 頁。此事亦見於（元）脫脫等：《宋史》卷一百五十七，《選舉三》，中華書局，1977 年，第 3674 頁。（宋）馬端臨著：《文獻通考》卷三十二，《選舉考五》，中華書局，2011 年，第 935～936 頁。

〔註62〕相關論著可參閱趙晶：《宋代明法登科人員綜考》，《華東政法大學學報》，2011 年第 3 期。

〔註63〕（唐）杜佑：《通典》卷十五，《選舉三》，中華書局，1988 年，第 353 頁。

〔註64〕（宋）王應麟：《唐七學記》，收錄於張曉飛點校：《四明文獻集》卷一，中華書局，2010 年版，第 18 頁。

又廢，以博士以下隸大理寺。龍朔二年復置。〔註65〕龍朔三年，又規定律學隸屬於詳刑寺，即大理寺。〔註66〕

　　《通典》有載：「西京國子監領六學：（生徒皆尚書省補。）一曰國子學，生徒三百人。（分習五經，一經六十人。以文武官三品以上及國公子孫、從二品以上之曾孫為之。）二曰大學，生徒五百人。（每一經百人。以四品五品及郡縣公子孫及從三品之曾孫為之。）三曰四門學，生徒千三百人。（分經之制，與大學同。其五百人以六品七品及侯伯子男之子為之，其八百人以庶人之俊造者為之。）四曰律學，生徒五十人。（取年十八以上，二十五以下，以八品九品子孫及庶人之習法令者為之。）五曰書學，生徒三十人。（以習文字者為之。）六曰算學，生徒三十人。（以習計數者為之。）凡二千二百一十人。州縣生徒有差。（州縣學生門蔭與律、書、算學同。諸生皆限年十四以上，十九以下，皆郡縣自補。京都八十員，大都督、中都督府、上郡各六十員，下都督府、中郡各五十員，下郡四十員，京縣五十員，上縣四十員，中縣三十員，下縣二十員也。）」〔註67〕

　　從人數上看，在國子監學習的律學生的人數比例很少。國子監六學總生員名額為二千二百一十人，其中律學館的學生員額僅為五十人。當然，律學館生員的名額也並非一定，五十人的名額只是制度規定的理想狀態。在唐朝國力最盛的時期，國子監生員最多達到八千餘人。而安史之亂之後，學館傾廢，生徒流散，在館學生的數量也大大減少。據《新唐書》載，龍朔二年，律學館有學生二十人，典學二人。元和初，東都律學館學生員額僅為五人。〔註68〕

　　從學生的身份上看，律學生的出身較為寒微。唐宋時期，科舉考試以「取士不問家世」著稱，考生應試科舉不以家庭出身為限，但就中央學府國子監生員的出身而言，仍有嚴格的限制。一般說來，國子學、太學生員的家庭出身較高，庶人子弟不得染指。而律學生的家庭出身較低，一般「以八品九品子孫及庶人之習法令者為之。」庶人子弟中習法律者亦可入學。國子監下設的不同學

〔註65〕（宋）歐陽修、宋祁等：《新唐書》卷四十八，《百官三》，中華書局，1975年，第 1267 頁。

〔註66〕（宋）歐陽修、宋祁等：《新唐書》卷四十四，《選舉志上》，中華書局，1975年，第 1163 頁。

〔註67〕（唐）杜佑：《通典》卷五十三，《禮十三》，中華書局，1988年，第 1468 頁。

〔註68〕（宋）歐陽修、宋祁等：《新唐書》卷四十八，《百官三》，中華書局，1975年，第 1267 頁。

館之生員的身份等級不同，其所享受的待遇也有所區別。這種區別待遇甚至還體現在他們朝參服飾之上。據《新唐書》記載：「黑介幘者，國官視品、府佐謁府、國子大學四門生俊士參見之服也。簪導，白紗單衣，青襟、褾、領，革帶，烏皮履。未冠者，冠則空頂黑介幘，雙童髻，去革帶。書算律學生、州縣學生朝參，則服烏紗帽，白裙、襦，青領。未冠者童子髻。」〔註69〕

從學習內容上看，律學生在館以「律令為顓業，兼習格式法例。」〔註70〕全面學習現行朝廷頒布的法律條文。在具體學習律令法典的過程中，律學生要詳細理解每條律令背後所蘊含的法意。正是由於律學教育的需要，直接促成了《永徽律疏》的修撰與頒布。永徽三年（652）五月，高宗詔曰：「律學未有定疏，每年所舉明法，遂無憑準，宜廣召解律人修義疏奏聞，仍使中書門下監定。」〔註71〕令太尉長孫無忌、司空李勣、尚書左僕射于志寧、刑部尚書唐紹、大理卿段寶元、尚書右丞劉燕客、御史中丞賈敏行等共同修撰。律疏逐條逐句對原有律文進行了統一的權威性法律解釋，既解決了律學生對原有律文理解不一的問題，為「明法科」考試的判卷工作提供了統一標準，同時也指導了司法審判實務的開展。這部《永徽律疏》也是我們現今所能看到的《唐律疏議》，從《唐律疏議》的內容來看，當時律學館的教學內容具有很強的系統性和專業性。除了對律令的學習之外，律學生還要學習當時頒布的格、式等其他形式的法律規範。

從學生的年齡上看，律學生的年齡要較其他學生年長。「凡生，限年十四以上，十九以下。律學十八以上，二十五以下。」〔註72〕律學生年齡一般要比其他生員年長四到六歲。此外，律學館較其他學館的學習年限要短，其他學館的生徒的學習年限一般為九年，而律學生則以六年為限。〔註73〕對律學生的年齡與學習年限進行特別規定，是一個值得深思的舉措。有學者認為，律學生要較其他科目學生年長的原因在於：「律學教育側重邏輯思辨，並且要

〔註69〕（宋）歐陽修、宋祁等：《新唐書》卷二十四，《車服》，中華書局，1975年，第522頁。

〔註70〕（宋）歐陽修、宋祁等：《新唐書》卷四十八，《百官三》，中華書局，1975年，第1267頁。

〔註71〕（宋）王溥：《唐會要》卷三十九，《定格令》，中華書局，1955年，第702頁。

〔註72〕（宋）歐陽修、宋祁等：《新唐書》卷四十四，《選舉志上》，中華書局，1975年，第1160頁。

〔註73〕（唐）李林甫等：《唐六典》卷二十一，《國子監》，中華書局，1992年，第558～559頁。

求學生擁有相應的社會實踐經驗。18 至 25 歲的年輕人在接受傳統儒家經典教育的同時，多已成家立業，初諳人情世故，基本具備從事法學專業學習的主、客觀條件。」〔註74〕這一解釋主要從律學生自身的角度出發，認為年長的學生更適合唐代的法律教育固然有一定的合理性，但筆者以為，這些特別規定或許與律學生學習內容的特殊性有著更為直接的關聯。儘管與前代相比，唐代統治者更為重視法律，創立「明法科」這一單獨而專門的法律考試，但士人心中仍然堅信，儒學經義的地位遠比法律技能神聖而崇高。而法家之學則是速成之科，儒學經書的學習難度也遠比法家之學要大。在這樣的社會背景之下，統治者或許認為：律學生學習法律條文的時間不須太久即可掌握要領。對律學生的年齡與學習年限作出特殊規定，或許也正是體現了統治者對儒學經義的推崇。

　　律學生的學制一般以六年為限。律學生學有所成者，可以參加國子監每年舉辦的例行考試。據《唐六典》記載：「凡六學生每歲有業成上於監者，以其業與司業、祭酒試之：明經帖經，口試，策經義。進士帖一中經，試雜文，策時務，徵故事。其明法、明書、算亦各試所習業。登第者，白祭酒，上於尚書禮部。（其試法皆依考功，又加以口試。明經帖限通八已上，明法、明書皆通九已上。）主簿掌印，勾檢監事。凡六學生有不率師教者，則舉而免之。其頻三年下第，九年在學及律生六年無成者，亦如之。」〔註75〕律學館的日常例行考試一般由國子監丞與司業、祭酒共同擔任考官。律學生的考試內容主要是平時所學，如果考核通過，就取得了參加尚書禮部主持的「明法科」考試的資格。如果律學生平時不遵守紀律，限滿而學無所成者就有可能被退學。

　　唐朝前期，地方州、縣學校是不能進入國子監學習的其他學生進入四門學的預備階段。據《唐會要》載：「開元二十一年五月敕：『諸州縣學生，年二十五已下，八品九品子，若庶人生年二十一已下，通一經已上，及未通經，精神通悟，有文詞史學者，每年銓量舉選，所司簡試，聽入四門學，充俊士。即諸州人省試不第，情願入學者聽。國子監所管學生，尚書省補。州縣學生，長官補。諸州縣學生，專習正業之外，仍令兼習吉凶禮。公私禮有事處，令示儀

〔註74〕參見陳璽：《唐代律學教育與明法考試》，《西南大學學報（社會科學版）》2008年第 1 期。

〔註75〕（唐）李林甫等：《唐六典》卷二十一，《國子監》，中華書局，1992 年，第558～559 頁。

式，餘皆不得輒使。許百姓任立私學，欲其寄州縣受業者，亦聽。』」〔註76〕
低級文官與庶人子弟可以進入州、縣學學習，然後通過一定的考試，進入四
門學學習。然而這一敕令並沒有針對地方學生進入律學館學習作出具體規定。

（二）鄉貢考生

當然，有資格參加「明法科」考試的考生並非都是律學生。據《新唐書》
記載：「唐制，取士之科，多因隋舊，然其大要有三。由學館者曰生徒，由州
縣者曰鄉貢，皆陞於有司而進退之。……此歲舉之常選也。其天子自詔者曰
制舉，所以待非常之才焉。」〔註77〕由是觀之，除了業滿合格的在館學生能
參加「明法科」考試之外，其他不經學館考試而由州、縣逐級選拔推薦的優
秀人才亦可應試赴舉。

據《唐六典》記載：「凡貢舉人有博識高才，強學待問，無失後選者，為
秀才。通二經已上者，為明經。明閑時務，精熟一經者，為進士。通達律令
者，為明法。其人正直清修，名行孝義，旌表門閭，堪理時務，亦隨賓貢為孝
悌力田。凡貢人，上州歲貢三人，中州二人，下州一人。若有茂才異等，亦不
抑以常數。凡貢人行鄉飲酒之禮，牲用少牢。」〔註78〕據此可知，鄉貢考生
不能任意選擇考試科目。如前文所述，秀才科廢絕時間較早，因此，鄉貢考
生能參加的考試科目主要是明經、進士和明法。同時，州縣貢舉的考生人數
也有一定限制。

具體說來，唐朝前期士子取得鄉貢資格的程序如下：首先，士子必須「懷
牒自列於州縣。」〔註79〕即必須自己向州縣報名。其次，報名的州縣必須是
本貫所在地。「諸州貢舉，皆於本貫籍分信明者。然依例，不得於所附貫，便
求申送。如有此色，所由州縣即便催科，不得遞相容許。」〔註80〕再次，士
子報名後須先後通過縣、州舉行的考試，合格者給予解狀，然後才能送至尚

〔註76〕（宋）王溥撰：《唐會要》卷三十五，《學校》，中華書局，1955年，第634~
　　　　635頁。
〔註77〕（宋）歐陽修、宋祁等：《新唐書》卷四十四，《選舉志上》，中華書局，1975
　　　　年，第1159頁。
〔註78〕（唐）李林甫等：《唐六典》卷三十，《三府督護州縣官吏》，中華書局，1992
　　　　年，第558~559頁。
〔註79〕（宋）歐陽修、宋祁等：《新唐書》卷四十四，《選舉志上》，中華書局，1975
　　　　年，第1161頁。
〔註80〕（宋）王溥：《唐會要》卷七十六，《貢舉中》，中華書局，1955年，第1384
　　　　頁。

書省參加考試。唐朝後期，士子取解不受籍貫限制。韓愈曾云：「今之舉者，不本於鄉，不序於庠，一朝而群至乎有司，有司之不之知也宜矣。」〔註81〕並且，士子投牒之後，一般只參加州一級考試，有時甚至可以不經考試，就能得到解狀。

　　州縣長官推薦的鄉貢考生必須品行端正、名實相副，不能弄虛作假，否則將承擔相應的法律責任。如《唐律疏議》就規定：「諸貢舉非其人及應貢舉而不貢舉者，一人徒一年，二人加一等，罪止徒三年。（非其人，謂德行乖僻，不如舉狀者。若試不及第，減二等。率五分得三分及第者，不坐。）」〔註82〕條文後面的《疏議》中還詳細列舉了此條的具體定罪量刑。

　　開元之前，國子監學生參加科舉考試，錄取幾率較大。「監司每年應舉者，嘗有千數，簡試取其尤精，上者不過二三百人。省司重試，但經明行修，即與擢第，不限其數。」〔註83〕士大夫以科舉進者，大多都有在兩監學習的經歷。以至於社會上形成了一種輿論：「進士不由兩監者，深以為恥。」〔註84〕開元年間，國子監學生應試及第的比重開始下降。「天下明經進士及第，每年不過百人，兩監惟得一二十人。」〔註85〕與此同時，鄉貢考生登第者的比例也在逐年上升。以京兆府為例，開元、天寶時期，京兆府解送人數多達百餘人，其中前十名，一般都能試中。「神州解送，自開元、天寶之際，率以在上十人，謂之『等第』，必求名實相副，以滋教化之源。小宗伯倚而選之，或至渾化，不然，十得其七八。」〔註86〕

　　儘管鄉貢考生人數與錄取比例不小，但鄉貢考生大多參加的是明經、與進士等考試科目，參加「明法科」考試的考生極少。因此，由鄉貢而明法及第者更可以說是鳳毛麟角。

〔註81〕（唐）韓愈：《進士策問十三首》，收錄於（唐）韓愈著，劉真倫、岳珍校注《韓愈文集匯校箋注》卷四，中華書局，2010 年，第 436 頁。

〔註82〕劉俊文點校：《唐律疏議》卷九，《職制》，法律出版社，1999 年，第 199 頁。

〔註83〕（唐）楊瑒：《諫限約明經進士疏》，收錄於（清）董誥等：《全唐文》卷二百九十八，中華書局，1983 年，第 3027 頁。

〔註84〕（五代）王定保撰，陽羨生校點：《唐摭言》卷一，《兩監》，中華書局，2012 年，第 3～4 頁。

〔註85〕（唐）楊瑒：《諫限約明經進士疏》，收錄於（清）董誥等：《全唐文》卷二百九十八，中華書局，1983 年，第 3027 頁。

〔註86〕（五代）王定保撰，陽羨生校點：《唐摭言》卷二，《京兆府解送》，中華書局，2012 年，第 9 頁。

二、宋代「新科明法」應試者資格

從史料文獻的記載來看，宋代舊「明法科」的應試資格並沒有特別規定，應該與唐代「明法科」應試者來源相似：一由律學生，二由鄉貢考生。但熙寧四年（1071），舊「明法科」改為「新科明法」之後，「新科明法」的應試者則有所不同，除原有的律學生與鄉貢考生之外，應該還有其他不能改習進士業的諸科考生。

從「新科明法」的設置目的來看，一方面固然是為了促進士子習學法律，另一方面，也為不能改習進士科業的諸科考生提供了一條入仕途徑。《宋史》有云：「又立新科明法，試律令、刑統、大義、斷案，所以待諸科之不能業進士者。」〔註87〕又，元祐八年（1093）四月二十二日，吏部上言時引大名府新科明法侯弼等狀：「先朝罷廢明經及諸科，舉人許改應新科明法，自不許新人取應，欲銷盡明經及諸科舊人。當日務從朝廷之意，而改應新科者十有七八。」〔註88〕可見，朝廷創置「新科明法」的目的也在於解決歷史遺留問題，將原本應諸科考試的舉人逐漸「銷盡」，為勸誘諸科攻習進士科業提供了一條平穩過渡方式。此外，對於特奏名的「明法及第人」，朝廷也允許其參加「新科明法」考試。元豐二年（1079）三月十三日，詔：「今歲特奏名明法改應新科明法人，試大義三道。」〔註89〕勸誘其他諸科參加新科明法考試的舉措也收到了良好的效果，絕大部分的舊應諸科考生都改為攻習「新科明法」。由此可見，較之以往，「新科明法」應試者範圍稍有擴大。

第四節 「明法科」的考試內容與合格標準

據史料文獻的記載，唐宋時期「明法科」的考試內容與合格標準代有釐革，大致分為如下四個發展階段：

〔註87〕 （元）脫脫等：《宋史》卷一百五十五，《選舉一》，中華書局，1977 年，第3618 頁。

〔註88〕 （清）徐松輯，劉琳、刁忠民等點校：《宋會要輯稿》選舉一四，上海古籍出版社，2014 年，第5532 頁。此條亦見於（宋）李燾：《續資治通鑑長編》卷四百八十三，哲宗元祐八年四月戊辰，中華書局，2004 年，第11486 頁。

〔註89〕 （清）徐松輯，劉琳、刁忠民等點校：《宋會要輯稿》選舉一四，上海古籍出版社，2014 年，第5531 頁。此條亦見於（宋）李燾：《續資治通鑑長編》卷二百九十七，神宗元豐二年三月辛巳，中華書局，2004 年，第7220 頁。

一、唐代「明法科」的考試內容與合格標準

按《新唐書・選舉志》記載:「凡明法,試律七條、令三條,全通為甲第,通八為乙第。」〔註90〕可見,唐朝初年的「明法科」考試要試律七條,令三條。通八條以上方為合格。而到後來,「明法科」又增加了試策和貼經的考試內容。據《唐大詔令集》記載的高宗永隆二年(681)八月的一條敕令所云:「如聞明經射策,不讀正經,抄撮義條,才有數卷。進士不尋史籍,惟誦文策,銓綜藝能,遂無優劣。自今已後,明經每經帖十得六以上者,進士試雜文兩首識問律者,然後令試策。其明法並書、算舉人,亦准此例,即為例程。」〔註91〕由此看來,永隆二年之前,「明法科」只有律令的考試內容,而至此詔令頒布後,「明法科」又增加了帖經與試策,如此一來,攻習「明法科」的舉子也必須具備一定的儒學經義知識。但到唐玄宗時期,「明法科」考試似乎又廢除了帖經與試策的內容。據《唐六典》記載,「明法科」的考試內容,主要是律、令各一部。「識達義理、問無疑滯者為通。(粗知綱例、未究指歸者為不。所試律、令,每部試十帖。策試十條:律七條,令三條。全通者為甲,通八已上為乙,已下為不第。)」〔註92〕《唐六典》成書於開元二十六年(738),由李林甫等編撰。據此可見,開元年間的「明法科」以律令為考試內容,其考試內容在律學館授業範圍之內。及第者必須答對十分之八以上的考題。考生作答時,必須用詞準確,如所答模棱兩可,含糊不清,則不能給分。「明法科」考試方式也開始趨於靈活,要求考生不僅熟悉記誦律令條文,而且能夠做到貫通法意。

二、五代時期「明法科」的考試內容與合格標準

五代時,「明法科」歷兵火之亂而廢置無常。據《舊五代史》記載,後唐長興二年(931)「六月丁巳朔,復置明法科,同開元禮。」〔註93〕此事《五代會要》亦載:「後唐長興二年七月一日敕:『其明法科,今後宜與開元禮科

〔註90〕 (宋)歐陽修、宋祁等:《新唐書》卷四十四,《選舉志上》,中華書局,1975年,第1162頁。

〔註91〕 (宋)宋敏求:《唐大詔令集》,商務印書館,1959年,第549頁。

〔註92〕 (唐)李林甫等:《唐六典》卷二,《尚書吏部》,中華書局,1992年,第45頁。

〔註93〕 (宋)薛居正等:《舊五代史》卷四十二,《明宗紀八》,中華書局,1976年,第580頁。

同。其選數兼赴舉之時，委貢院別奏請，會諸法試官，依格例考試。』」〔註94〕
而這時「明法科」的復置是應刑部員外郎和凝的建議而決定的。《全唐文》中
將和凝當時的奏狀記錄了下來，其文有云：「臣竊見明法一科，久無人應。今
應令請減其選限，必當漸舉人。謹案考課令諸明法試律令十條，以識達義理
問無疑滯者為通，所貴懸科待士，自勤講學之功。為官擇人，終免曠遺之咎，
況當明代，宜舉此科。」〔註95〕和凝，字成績，汶陽須昌人。歷後唐、後晉、
後漢、後周朝。後晉天福五年（940）曾拜中書侍郎通中書門下平章事。從這
則奏狀可以看出，五代時期的「明法科」考試幾乎形同虛設，幾乎無人應考。
為改變這種現狀，和凝上書請求降低參加「明法科」考試的選限，以鼓勵舉
子應試明法科。按照和凝的建議，「明法科」以試律令十條為考試內容，其合
格標準與唐開元時期相同，「以識達義理，問無疑滯者為通。」最終，後唐朝
廷接受了和凝的建議覆置了「明法科」，復置後的「明法科」考試制度也大體
與「開元禮」科相同。

　　據《五代會要》記載，後晉天福六年（941）五月十五日，曾頒敕令：「明
法一科，今後宜令五選集合格，注官日仍優與處分。」〔註96〕由此可見，後晉
時期亦有「明法科」考試，且「明法科」考試制度也在不斷的改革。後周時期，
朝廷對「明法科」的考試內容曾進行了一定的調整。「周廣順三年正月，戶部
侍郎、權知貢舉趙上交奏：『明法元帖律令各十五帖，對義二十道。今欲罷帖
律令，試墨義六十道。』從之。至其年八月，刑部侍郎、權知貢舉徐臺符奏：
『卻准元格帖律令各十五道，對墨義二十道。』從之。」〔註97〕按權知貢舉趙
上交的意見，「明法科」考試只試墨義六十道，完全沒有試律令的內容，如此
一來，「明法科」考試則失去了考察法律知識的本意，考試內容居然完全與法
律無關。然而，這一荒唐的改革很快就被重新更正。後周廣順三年（953）八
月，朝廷又恢復了原來「明法科」帖律令各十五帖，對墨義二十道的考試內容。

　　又據《宋史》記載：「陶字大均，初事李煜，以明法及第，補常州錄事參

〔註94〕（宋）王溥：《五代會要》卷二十三，《明法》，上海古籍出版社，2006年，第
　　　　371頁。

〔註95〕（五代）和凝：《請減明法科選限奏》，收錄於（清）董誥等編：《全唐文》卷
　　　　八百五十九，中華書局，1983年，第9005頁。

〔註96〕（宋）王溥：《五代會要》卷二十三，《明法》，上海古籍出版社，2006年，第
　　　　371頁。

〔註97〕（宋）王溥：《五代會要》卷二十三，《明法》，上海古籍出版社，2006年，第
　　　　371頁。

軍。歸朝，詔大理評事，試律學。」〔註98〕查陶曾為南唐後主李煜舊臣，曾試中「明法科」，授任常州錄事參軍。由是推知，南唐亦曾設「明法科」之制。

　　就考試內容來看，五代的「明法科」考試的難度較唐代低，唐代「明法科」除帖律令各十道之外，還需要策試律七條，令三條。帖律令的形式相當於現在的填空題，主要講求記誦。而策試律令的要求則高得多，除記誦之外，更要求應試者通曉法理。並且，唐代「明法科」除唐高宗永隆二年（681）八月曾一度規定要帖經和試策之外，其餘的時段，「明法科」皆以法律知識為主要內容。而從後周時期的明法科改革來看，「明法科」考試內容中的法律知識所佔比重也有所降低。

　　綜上所述，由於兵火之亂，五代時期的「明法科」考試時有廢置，考試內容中，法律知識所佔比重較輕，士人應試的熱情也不高。此階段的「明法科」考試並沒有得到太大的發展。

三、宋代舊「明法科」的考試內容與合格標準

　　宋朝初年的「明法科」考試，不僅要試律令，也要試經義。《宋史・選舉志》記載了宋朝初年的「明法科」考試內容：「凡明法，對律令四十條，兼經並同《毛詩》之制。」〔註99〕所謂「毛詩之制」，是指「《毛詩》對墨義五十條，《論語》十條，《爾雅》、《孝經》共十條，《周易》、《尚書》各二十五條。」〔註100〕

　　太宗太平興國四年（979）十一月，「明法科」因「於諸書中所業非廣」，由是被廢。〔註101〕雍熙二年（985），太宗又認識到「法家之學，最切於時。」〔註102〕於是又復置此科，同時也重申了「明法科」考試兼試小經的規定：「明法亦附三小經。」〔註103〕由是知，「明法科」在試律義的同時還要考察《論

〔註98〕　（元）脫脫等：《宋史》卷一百九十六，《查陶傳》，中華書局，1977 年，第9880 頁。

〔註99〕　（元）脫脫等：《宋史》卷一百五十五，《選舉一》，中華書局，1977 年，第3605 頁。

〔註100〕（元）脫脫等：《宋史》卷一百五十五，《選舉一》，中華書局，1977 年，第3605 頁。

〔註101〕（宋）李燾：《續資治通鑒長編》卷二十，太宗太平興國四年十一月丙戌，中華書局，2004 年，第 464 頁。

〔註102〕（宋）錢若水修，范學輝校注：《宋太宗皇帝實錄校注》卷三十三，雍熙二年四月丙子，中華書局，2012 年，第 314 頁。

〔註103〕（宋）李燾：《續資治通鑒長編》卷二十六，太宗雍熙二年四月丙子，中華書局，2004 年，第 595 頁。

語》、《孝經》、《爾雅》三小經知識。

真宗景德二年（1005）十二月己卯，禮部貢院又上言請求調整「明法科」考試規則：「尚書周易學究，近年並為一科，欲請試本經日，每十道義，二經各問二道，仍雜問疏義五道，經注五道，以為定式。向來明法止試六場，今請依《尚書》例試七場，第一場、第二場試律，第三場試令，第四場、第五場試小經，第六場試令，第七場試律，仍於試律日雜問疏義五道。《三禮》、《三傳》經業稍大，難為精熟，請每十道義中，問經注六道，疏義四道，以六通及疏通二、經注通三為合格。」〔註104〕於是，朝廷詔令翰林學士邢昺與國子監官同議可否，邢昺等人認為：「尚書周易學究、明法，經籍不多，望各問疏義六道，經注四道，六通者為合格。其三禮、三傳請如貢院所奏」，朝廷最終採納了邢昺的建議。從更定後的內容來看，儘管律令仍然是明法科考試的主要內容，七場考試中有五場都要試律令，但考察方式更為靈活。此外，經義也是明法科考試的重要組成部分，「試小經」，就是考察《周禮》、《論語》、《爾雅》、和《孝經》知識。在試經的同時還需試疏義六道，經注四道，合格標準為六通。

天聖八年（1030）五月乙巳，朝廷又下令進一步提高明法科的合格標準，將六通提高為七通。「詔禮部貢院，治《尚書》、《周易》二經者，自今皆分場考試，明法以七同以上為合格。時言者謂《書》、《易》本兩科，先朝並為一，每經各問義五道，舉人或偏習一經，對及五同已為合格。又明法科所對，止取六同，書少而易習，請益以一經。故更定之。」〔註105〕

仁宗慶曆四年（1044），在宋祁等人的建議下，朝廷對貢舉制度進行了一次較大改革。就明法科考試而言，考試內容在原有考試制度的基礎上增加了試斷案。「明法科願對大義者，並立甲乙罪犯，引律令斷罪。每道所斷與律令相合，文理可采者為通，五通為合格。其中深明律義，文理俱優者，仍為上等。」〔註106〕試律令主要考察考生對律令的記誦，而試斷案則更為靈活。其考試方式是「假立甲乙罪」，即假設案件，讓考生運用相適應的律令條文進行

〔註104〕（宋）李燾：《續資治通鑑長編》卷六十一，真宗景德二年十二月己卯，中華書局，2004年，第1376頁。

〔註105〕（宋）李燾：《續資治通鑑長編》卷一百九，仁宗天聖八年六月乙巳，中華書局，2004年，第2540頁。

〔註106〕（清）徐松輯，劉琳、刁忠民等點校：《宋會要輯稿》選舉三，上海古籍出版社，2014年，第5299頁。

擬判。「合律令，知法意，文理優，為上等。」〔註107〕要求考生作答時使用律令條文合理，並且通曉法意，文理通順。

四、宋代「新科明法」的考試內容與合格標準

《郡齋讀書志》有云：「《元豐廣案》二百卷。右皇朝元豐初，置新科明法，或類其所試成此書。」〔註108〕由此可見，「新科明法」的試題曾被結集成書，為《元豐廣案》二百卷。如此書尚存，將是我們現今研究宋代法律考試的重要文獻材料，可惜此書至明代已不傳。而宋代「新科明法」考試的內容究竟如何，我們只能通過史料文獻中的零散記載對此做一大體上的勾勒。

據前文所述，舊明法科考試不僅要試律令，還要考經義，到仁宗慶曆四年（1044）才增加了試斷案的考試內容。而熙寧六年（1073）年創置「新科明法」後，其考試內容也發生了重大變化。據《長編》記載：哲宗元祐元年（1086）閏二月，侍御史劉摯言：「臣伏見近制，明法律舉人，試以律令、刑統大義及斷案，謂之新科。」〔註109〕由此可見，「新科明法」取消了經義的考試內容，一律試以與法律直接相關的科目，即律令、《刑統》大義及斷案，強化了考試的專業性。以往明法科常常被士人認為：「徒能誦其文而已，亦罕通法意。」〔註110〕針對明法科的這一弊病，朝廷又對「新科明法」的考試方式進行改革。元豐二年（1079）七月十八日，朝廷頒布詔令：「應新科明法舉人試斷案，許以律、令、敕自隨。」〔註111〕由是知，自元豐二年起，參加新科明法的考生在試斷案時，可以自備法條。由此可見，試斷案的考試方式十分靈活，應試

〔註107〕　（宋）李燾：《續資治通鑑長編》卷一百四十七，仁宗慶曆四年三月乙亥，中華書局，2004年，第3565頁。

〔註108〕　（宋）晁公武撰，孫猛校證：《郡齋讀書志校證》卷八，《刑法類》，上海古籍出版社，1990年，第334頁。

〔註109〕　（宋）劉摯撰，裴汝誠、陳曉平點校：《忠肅集》卷四《論取士並乞複賢良科》，中華書局，2002年，第95頁。此條亦見於（宋）李燾：《續資治通鑑長編》卷三百六十八，哲宗元祐元年閏二月庚寅，中華書局，2004年，第8854～8863頁。

〔註110〕　（元）脫脫等：《宋史》卷一百五十五，《選舉一》，中華書局，1977年。此條亦見於（宋）李燾：《續資治通鑑長編》卷二百二十三，神宗熙寧四年五月丙申，中華書局，2004年，第5424頁。

〔註111〕　（清）徐松輯，劉琳、刁忠民等點校：《宋會要輯稿》選舉一四，上海古籍出版社，2014年，第5531頁。此條亦見於（宋）李燾：《續資治通鑑長編》卷二百九十九，神宗元豐二年七月甲申，中華書局，2004年，第7272～7273頁。

者必須明晰法意，徒有記誦而不知法理者肯定很難過關。

　　只可惜，「新科明法」的盛況不常。哲宗即位，反對設置「新科明法」科的司馬光當政。「新科明法」雖未廢置，但考試內容又發生了重大改變。哲宗元祐三年（1088）閏十二月二十三日，朝廷頒布詔令：「五路不習進士新人，今後令應新科明法，許習《刑統》。仍於《易》、《詩》、《書》、《春秋》、《周禮》、《禮記》內各專一經，兼《論語》、《孝經》。發解及省試分為三場，第一場試《刑統》義五道，第二場試本經義五道，第三場《論語》、《孝經》義各兩道，以三場通定高下。及以諸科額十分為率，留一分解本科舊人，一分解新科明法人。不及十人處亦准此。如無人赴試及無合格人，即存留，更不許添解進士第。若向去銷盡諸科舉人，即當留二分解新科明法新人。」〔註112〕由是，「新科明法」考試中的法律部分大大減弱，三場考試中僅有一場是法律專業考試，原有的試律令和試斷案考試被廢止，只保留了試《刑統》大義。與此同時又大大增加了經義考試的比重。第二場試本經義五道，第三場還要試《論語》、《孝經》大義兩道，三分之二的考試內容都是經義。

　　哲宗元祐四年（1089）七月二十九日，朝廷又重新修訂了御試「新科明法」的考試內容及合格標準。「今後御試本經義二道，《刑統》義三道，考校分為五等。其經義、《刑統》義兩處考校，初、覆考訖，即詳定官合以兩處等第參定。所有發解及省試刑法考試官，止是考定得《刑統》義通、粗、否，其去留自合是考試經義官以三場通定去留高下。」〔註113〕由此可見，御試「新科明法」時，「新科明法」的考試內容為試本經義二道，《刑統》大義三道，御試成績分為五等。試《刑統》大義的成績只分為通、粗、否三等，且法律考試的成績只是最終錄取的參考條件。而經義則是「新科明法」考試的重點，考生的考試成績與是否錄取，都由考試經義官決定。據《宋會要輯稿》載：哲宗元祐六年（1091）正月九日，詔「五路進士及新科明法人就試終場，零分不滿十人許解一人，仍取文理優長者。」〔註114〕由是知，「新科明法」的錄取條件又增加了一項標準，即文理優長。

〔註112〕（清）徐松輯，劉琳、刁忠民等點校：《宋會要輯稿》選舉一四，上海古籍出版社，2014 年，第 5531 頁。

〔註113〕（清）徐松輯，劉琳、刁忠民等點校：《宋會要輯稿》選舉一四，上海古籍出版社，2014 年，第 5532 頁。

〔註114〕（清）徐松輯，劉琳、刁忠民等點校：《宋會要輯稿》選舉一四，上海古籍出版社，2014 年，第 5532 頁。

　　南宋「新科明法」復置之後，「新科明法」考試也回復了熙豐時期的原貌。紹興十一年（1141）七月四日，禮部建議「新科明法」考試錄取者按成績分為兩等：「將來御試新科明法，合賜出身，御藥院擬定第一等本科及第，第二等本科出身。」〔註115〕就具體的考試內容而言，只試法，「皆不兼經義。」〔註116〕據《宋會要輯稿》載：紹興十四年（1144）七月十八日，臣僚言：「所試斷案、刑名粗通，以十分為率。斷及五分，所試《刑統》義文理全通為合格。若不合格，雖有人數，亦不許收取。雖《刑統》義全通，斷案不及分數，許行駁放。仍自後舉兼經。」〔註117〕由是，「新科明法」考試的考試內容主要是試斷案與試《刑統》大義。考試的合格標準較高：試斷案以十分為滿分，考生必須得到五分以上，而《刑統》大義必須達到全通。若成績不合格，即使有剩餘的省額也不錄取。

　　綜上所述，唐宋時期「明法科」考試的內容主要內容與合格標準發生了如下幾個方面的變化：

　　從考試內容的變化來看，唐宋時期「明法科」考試一般主要考察考生的法律知識。但自唐高宗一度要求「明法科」增試經義之後，「明法科」考試內容的改革就開始與是否試經義有關。要之，終唐之世，「明法科」一般都以律令知識為考試的全部內容。五代時期，法律知識在考試內容中所佔比重開始降低。時至宋代，只有熙寧變法時期，「新科明法」考試只考察法律知識，不試經義。其餘時期，「明法科」都要試經義。

　　從具體的法律知識考察方式來看，唐、五代時期「明法科」考試的考察方式較為單一，主要以帖律令為主。試帖，相當於現在的填空題，旨在考察考生的記誦能力。而宋代「明法科」考試的考察方式則更為靈活，不僅要求考生熟悉律令條文，更要求考生掌握實際運用的能力。宋仁宗時期，「明法科」開始增試斷案。要求考生運用相應的律令條文對假設案件進行擬判。熙寧年間，「新科明法」考試甚至允許考生在試斷案考試時，攜帶律令條文。這種考察方式無疑更貼合實際。

〔註115〕（清）徐松輯，劉琳、刁忠民等點校：《宋會要輯稿》選舉一四，上海古籍出版社，2014年，第5532頁。

〔註116〕（宋）李心傳撰，徐規點校：《建炎以來朝野雜記》甲集卷十三，中華書局，2000年，第269頁。

〔註117〕（清）徐松輯，劉琳、刁忠民等點校：《宋會要輯稿》選舉一四，上海古籍出版社，2014年，第5532頁。

第五節 「明法及第人」的授官待遇

北宋熙寧變法之前，「明法科」一直位列下科，錄取人數少，授官待遇也不優厚。因此，士子攻習「明法科」的熱情不高。但在熙寧變法之後，「新科明法」一躍成為最為榮寵的考試科目，應試者大大增加。大體說來，「明法及第人」的授官待遇分為如下三個發展階段：

一、唐代「明法及第人」錄取人數與授官待遇

唐代「明法科」的錄取員額沒有定數，一般人數較少。每年錄取人數大約只有三五名，有的年份甚至出現空闕的現象。這種情況的出現與「明法科」社會地位較低有關。《唐摭言》有云：「進士科始於隋大業中，盛於貞觀、永徽之際。縉紳雖位極人臣，不由進士者，終不為美，以至歲貢常不減八九百人。」〔註118〕《文獻通考》亦云：「唐眾科之目，進士為尤貴，而得人亦最為盛，歲貢常不減八九百人。縉紳雖位極人臣，而不由進士者，終不為美。」〔註119〕儘管唐代科舉考試中，以明經、進士二科為士人所重。但諸科出身中又唯有明法出身者有可能做到高官。按規定：唐代「明法及第人」的授官等級與進士登科者相同。據《舊唐書》載：「進士、明法出身，甲第，從九品上。乙第，從九品下。」〔註120〕由是知，明法及第與進士登科者的敘階一致，登甲第者一般為從九品上階，登乙第者一般為從九品下階。由此可見，明法科雖不為士人所重，但「明法及第人」的銓敘待遇還是較為優厚的。

據《冊府元龜》記載，德宗貞元二年（786）記載：「《開元禮》國家盛典，列聖增修。今則不列學官，藏在書府，使效官者昧於郊廟之儀，治家者不達冠婚之義，移風固本，合正其源。自今已後，舉選人有能習《開元禮》者，舉人同一經例，選人不限選數許集，但問大義一百條，試策三道。全通者超資與官，義通七十條策通二道已上者放及第，已下不在放限。其有試官能通者，亦依正員官例處分。其明經舉人，有能習律一部以代《爾雅》者，如帖義俱通，於本色減兩選，令即日與官。其明法舉人，有能兼習一小經，帖義通者，

〔註118〕 （五代）王定保撰，陽羨生校點：《唐摭言》卷一，《散序進士》，中華書局，2012年，第3頁。

〔註119〕 （宋）馬端臨著：《文獻通考》卷二十九，《選舉考二》，中華書局，2011年，第840頁。

〔註120〕 （後晉）劉昫等：《舊唐書》卷四十二，《職官一》，中華書局，1975年，第1806頁。

依明經例處分。」〔註121〕據此可見，若參加明法科考試的舉子還能通一小經，則可以與明經及第的舉子一樣享受敘階優待。

據唐武宗會昌五年（845）頒布的《加尊號後郊天赦文》記載：「職局官常，各宜歸正，詳刑決獄，豈可容奸。……向後諸州府推事，並須差見任官仍在兩考內者，其刑部大理法直，並以明法出身人充。據律已去任者，公罪流已下勿論。」〔註122〕由是知，為提高中央司法機構官員的專業法律素養，朝廷特別規定明法及第者可以優先除授刑部和大理寺的法直官。

二、宋代舊「明法科」錄取人數與授官待遇

從史料文獻的記載來看，宋代舊「明法科」的錄取人數並不多。真宗大中祥符二年，「九經、五經、三禮、學究、明法及第者四十八人。」〔註123〕由此可見，每年「明法及第人」應該不會超過十人。

《宋史・選舉志》中記載了宋朝初年的銓選之制：「凡入官，則進士入望州判司、次畿簿尉，《九經》入緊州判司、望縣簿尉，《五經》、《三禮》、《通禮》、《三傳》、《三史》、明法入上州判司、緊縣簿尉，學究有出身人入中州判司、上縣簿尉，太廟齋郎入中下州判司、中縣簿尉，郊社齋郎、試銜無出身人入下州判司、中下縣簿尉，諸司入流人入下州判司、下縣簿尉。」〔註124〕由是知，明法及第者授官的一般規則是：授任為較大州的諸司參軍，或者是較緊切縣的主簿或縣尉。在具體實踐中，一些較為特殊的職務則特別要求由明法及第者出任。如真宗咸平三年（1000）五月丙寅，朝廷頒布詔令：「法官之任，人命所懸，太宗嘗降詔書，諸州司理、司法，峻其秩，益其俸。今吏部擬授之際，但問資歷相當，精律令者或令捕盜，懵章程者或使詳刑，動至紛拿，即議停替，小則民黎負屈，大則旱暵延災。欲望自今司理、司法，並擇明法出身者授之，不足，即於見任司戶、簿、尉內選充，又不足則選嫻書判、練格法者考滿無私過，越資擬授。庶臻治古之化，用闡太平之

〔註121〕（宋）王溥撰：《唐會要》卷七十六，《貢舉中》，中華書局，1955 年，第 1399 頁。

〔註122〕（清）董誥等：《全唐文》卷七十八，《加尊號後郊天赦文》，中華書局，1983 年，第 818 頁。

〔註123〕（宋）李燾：《續資治通鑑長編》卷七十一，真宗大中祥符二年六月己酉，中華書局，2004 年，第 1616 頁。

〔註124〕（元）脫脫等：《宋史》卷一百五十八，《選舉四》，中華書局，1977 年，第 3694～3695 頁。

基。」〔註125〕由於諸州司理、司法參軍之職於人命官司最為緊切，朝廷特下詔令，要求諸州司理、司法參軍必須選擇具備一定法律素養且有實際政務能力的人擔任。具體而言，就是在司理、司法參軍職務注授方面，首先應選擇明法出身者，沒有滿足條件的明法出身者，方可以其他人員擔任。大中祥符五年（1012）六月壬申，又有臣僚上言論及諸州司法參軍的授任問題。「諸州軍司法參軍多不得其人，致刑法差枉，望令吏部銓謹擇明法出身者授之。」經群臣討論後，真宗最終採納了王旦的建議：「明法雖習律文，亦須有才識。頃法官闕，多取屬縣簿、尉習刑名者代之，今請令銓司參酌施行。」〔註126〕

三、宋代「新科明法」的錄取人數與授官待遇

（一）「新科明法」及第人的政治地位

「新科明法」考試制度發展的興衰，也直接影響著新科明法人的地位升降。

「新科明法」創立之初的熙、豐時期，明科及第人可謂是朝中炙手可熱的人物。據《宋會要輯稿》載，熙寧六年（1073）四月朝廷頒布詔令：「比許應明法舉人止願依法官條試斷案大義者聽。如合格，仍編排在本等人之上，令定所試場第及考格式樣行之。」〔註127〕「新科明法中者，吏部即注司法，敘名在及第進士之上。」〔註128〕

哲宗即位之後，新科明法及第人的地位開始下降。紹聖四年（1097）四月丙午，在御史蔡蹈的建言下，新科明法人注授官職的特權開始取消。蔡蹈言：「吏部差注新賜進士諸科及第官，用元豐三年指揮，司法闕，先注新科明法，次注明法人。竊詳先朝既廢罷明經、學究科，特設新科明法，以變革舊業，故優為恩例，使趨新習。以至賜第之後，率先進士並注法司，蓋變法之

〔註125〕（宋）李燾：《續資治通鑑長編》卷四十七，真宗咸平三年五月丙寅，中華書局，2004年，第1021頁。

〔註126〕（宋）李燾：《續資治通鑑長編》卷七十八，大中祥符五年六月壬寅，中華書局，2004年，第1774～1775頁。

〔註127〕（清）徐松輯，劉琳、刁忠民等點校：《宋會要輯稿》選舉一四，上海古籍出版社，2014年，第5531頁。

〔註128〕（元）脫脫等：《宋史》卷一百五十五，《選舉一》，中華書局，1977年，第3620頁。此條亦見於（宋）馬端臨著：《文獻通考》卷三十一，《選舉考四》，中華書局，2011年。

初，所以示勸。經今二十年，舊人為新科者十消八九，恩例之優，宜亦少損。欲乞明法與其餘判司闕衰同從上差。」〔註129〕

（二）「新科明法」及第人的錄取人數

據元祐三年（1088）閏十二詔：「五路不習進士新人，今後令應新科明法，……及以諸科額十分為率，留一分解本科舊人，一分解新科明法人。不及十人處亦准此。如無人赴試及無合格人，即存留，更不許添解進士第。若向去銷盡諸科舉人，即當留二分解新科明法新人。」〔註130〕據此可知，新科明法的解額、省額是原本諸科名額的十分之一。那麼原本諸科的解額與省額是多少呢？

宋初解額並無常數。太宗朝時每舉約為一萬人，而淳化元年（990）解額曾達兩萬人之多。龐大的參考人數給朝廷帶來了極大的壓力，宋真宗大宗祥符二年（1009）開始限制「歲貢之常數」。「令禮部於五年最多數中，特解及五分。」〔註131〕自此，宋代解額開始形成定制，人數大約為七千人左右。治平三年（1066）科舉考試改為三年一試，每舉的解額大約也為六七千餘人。南宋解試也大約為七千人。至於省額，宋初亦無定制。宋仁宗天聖五年（1027）開始限定省試合格人數：「進士奏名勿過五百人，諸科勿過千人。」〔註132〕皇祐五年（1053）又詔令「進士限四百人，諸科毋過其數。」治平三年（1066）年科舉考試改為三年一試，同時也規定：「吏部奏名進士以三百人為額，明經、諸科不得過進士之數。」〔註133〕

由是，以諸科省額三百人計之，熙寧六年（1073）年，創立之初的「新科明法」每年及第人數大約為諸科的十分之一，即三十人左右。直至元祐三年（1088）年，其他諸科舉人逐漸銷盡，「新科明法」的解額也隨之增加增加。「新科明法」每年及第人數大約在三十至六十人之間。當然，這只是依規定而推定的錄取人數範圍。而實際上，「新科明法」每年的錄取人數與當年的報

〔註129〕　（宋）李燾：《續資治通鑑長編》卷四百八十六，哲宗紹聖四年四月丙午，中華書局，2004 年，第 11548 頁。

〔註130〕　（清）徐松輯，劉琳、刁忠民等點校：《宋會要輯稿》選舉一四，上海古籍出版社，2014 年，第 5531 頁。

〔註131〕　（清）徐松輯，劉琳、刁忠民等點校：《宋會要輯稿》選舉一四，上海古籍出版社，2014 年。

〔註132〕　（宋）李燾：《續資治通鑑長編》卷一百五，仁宗天聖五年正月己未，中華書局，2004 年，第 2435 頁。

〔註133〕　（清）徐松輯，劉琳、刁忠民等點校：《宋會要輯稿》選舉三，上海古籍出版社，2014 年，第 5304～5309 頁。

考人數有著直接關係。《文獻通考》有云:「新科明法,始就諸道秋試,每各五人解一,省試十取其一。」〔註134〕據此,「新科明法」每年的解額數量是「新科明法」發解試報考總人數五分之一,而每年「新科明法」的錄取人數則為參加「新科明法」省試總人數的十分之一。

「新科明法」考試最為興盛的熙、豐年間,每年錄取的新科明法人已經遠遠大於規定的解額。據《宋會要輯稿》記載,元豐二年(1079)三月二十二日,御試編排官李承之等言:「熙寧九年御試,新科明法正奏名三十九號,止以通粗、資次編排,今一百四十六號,比前數倍,欲以二通為合格,分兩等。」〔註135〕由此可見,熙寧九年(1076)年,新科明法及第者已達三十九人,時隔三年,元豐二年(1079)新科明法及第者人數暴增,多達一百四十六人。元豐二年(1079)九月八日,朝廷又下詔令:「五路吏部進士與新科明法人通理人數均取。」〔註136〕此條詔令似乎是說自今以後,每榜考試進士科與明科明法錄取人數各占一半,那麼由此可推知,從理論上講,每年「新科明法」錄取人數最多可達三百人。

當然,這是「新科明法」考試最為興盛時的情況。可惜好景不長,據史料文獻記載,哲宗即位之初,在侍御史劉摯就馬上建言減少「新科明法」的錄取人數。「欲乞新科明法並如《論語》、《孝經》大義,登科之額裁剪其半,及注官之日並依科目資次。」〔註137〕經朝廷集議,哲宗元祐三年(1088)閏十二月二十三日,詔令大額縮減新科明法錄取人數:「及以諸科額十分為率,留一分解本科舊人,一分解新科明法人。不及十人處亦准此。如無人赴試及無合格人,即存留,更不許添解進士第。若向去銷盡諸科舉人,即當留二分解新科明法新人。」〔註138〕

〔註134〕(宋)馬端臨著:《文獻通考》卷三十二,《選舉考五》,中華書局,2011年,第935頁。

〔註135〕(清)徐松輯,劉琳、刁忠民等點校:《宋會要輯稿》選舉一四,上海古籍出版社,2014年,第5531頁。此條亦見於(宋)李燾:《續資治通鑑長編》卷二百九十七,神宗元豐二年三月辛卯,中華書局,2004年,第7226頁。

〔註136〕(清)徐松輯,劉琳、刁忠民等點校:《宋會要輯稿》選舉一四,上海古籍出版社,2014年,第5531頁。此條亦見於(宋)李燾:《續資治通鑑長編》卷三百,神宗元豐二年九月癸酉,中華書局,2004年,第7299～7300頁。

〔註137〕(宋)劉摯撰,裴汝誠、陳曉平點校:《忠肅集》卷四《論取士並乞複賢良科》,中華書局,2002年,第95頁。

〔註138〕(清)徐松輯,劉琳、刁忠民等點校:《宋會要輯稿》選舉一四,上海古籍出版社,2014年,第5531頁。

哲宗元祐四年（1089）四月十九日，朝廷頒布詔令：「元祐二年以前諸科舉人改應新科明法，聽取應外，自今更不許改。其獲冒應人，仍增舊賞。」〔註139〕按此令，除原元祐二年（1087）以前應「新科明法」曾赴解試、省試之人，仍可以參加「新科明法」考試之外，不許其他新人參加「新科明法」考試。但又據哲宗元祐四年（1089）七月二十九日頒布的詔令來看，朝廷並沒有完全禁絕新人參加「新科明法」考試，只是重新修訂了「新科明法」的錄取規則，進一步減少了新科明法人的錄取人數。「立到五路不習進士新科明法新人，欲與諸科改應進士及五路進士新科明法舊人袞同均取分數，並考校等第。應諸科奏名每十一人取一人，剩額以舊應諸科改應新科明法及新科明法新人並改應進士、五路進士（每路作一項）。到省人袞同通紐分數均取。（謂如剩額三百人，到省通計一千九百人，即每九人五分取一人之類。）餘分奏新科明法舊人。」〔註140〕由是可知，除進士省額外的其他省額由以下幾類考生分配：一是應諸科考生、二為五路不習進士科而參加「新科明法」考試新人，三為舊應諸科後改應進士之人，四為五路進士「新科明法」舊人。首先，優先錄取參加諸科考試之考生，每十一人取一人。〔註141〕其次，如有剩額，再錄取舊應諸科後改應「新科明法」之人以及「新科明法」改應進士之人。最後，如果還有剩額，再錄取「新科明法」舊人。

哲宗元祐八年（1093）四月二十二日，禮部言：「名府新科明法侯弼等狀：『先朝廢罷明經及諸科舉人，許改應新科明法，自不許新人取應，欲銷盡明經及諸科舊人。當日務從朝廷之意，而改應新科者十有七八。昨於元祐三年，又准朝旨置籍拘定人數，更不許新人取應。今來五路都將新科舉人與進士一例，須要就試終場人十人已上方許解發一名，顯是立法不均。欲乞依諸科例，十分中留一分解額，解發新舉人。』看詳存留一分解額，有礙條制。如朝廷早要銷盡，各人許留一分解額，乞自朝廷指揮。」詔五路新科明法舉人，今從取

〔註139〕（清）徐松輯，劉琳、刁忠民等點校：《宋會要輯稿》選舉一四，上海古籍出版社，2014年，第5532頁。此條亦見於（宋）李燾：《續資治通鑑長編》卷四百二十五，哲宗元祐四年四月己未，中華書局，2004年，第10285～10286頁。

〔註140〕（清）徐松輯，劉琳、刁忠民等點校：《宋會要輯稿》選舉一四，上海古籍出版社，2014年，第5532頁。

〔註141〕筆者按：熙寧四年諸科考試被廢置，不許新人參加諸科考試。但以應諸科曾赴解試、省試之人，仍可以參加諸科考試。因此，元祐四年（1089）仍有考生參加諸科考試，這是歷史遺留問題。

應人係就試終場，每實及七人許解發一人，如取應終場人止有六人已下，亦許解一人。〔註142〕又，紹聖四年（1097）二月四日，詔貢院考校五路進士，據合得分數人，二分五路通取，三分與府、監、諸路通取。新科明法依諸科例，每十一人取一名。〔註143〕由是觀之，衰落時期的「新科明法」錄取人數可謂是寥寥可數了。

　　南宋「新科明法」復置後，儘管朝廷極力恢復了熙豐時的考試制度原貌，也再難重現當年「新科明法」考試之盛況。紹興十四年（1144）七月十八日，臣僚言：「新科明法得解人亦許取應，更不兼經。白身得官，其科反易於有官試法。禮部看詳前舉立定取解格，發（解）五人取一名，省試七人取一名，零分亦取一名。比之進士，取解太寬。欲發解及省試各遞增二人，其發解內本路若就試人不及七人，止有五人已上，亦許收試取一名。其省試零分不及，不在收試之限。」〔註144〕按此，新科明法的解額一般是當年發解試報考總人數七分之一，而每年「新科明法」的錄取人數則為參加「新科明法」省試總人數的九分之一。

〔註142〕（清）徐松輯，劉琳、刁忠民等點校：《宋會要輯稿》選舉一四，上海古籍出版社，2014年，第5532頁。此條亦見於（宋）李燾：《續資治通鑑長編》卷四百八十三，哲宗元祐八年四月戊辰，中華書局，2004年，第11486頁。

〔註143〕（清）徐松輯，劉琳、刁忠民等點校：《宋會要輯稿》選舉一四，上海古籍出版社，2014年，第5532頁。

〔註144〕（清）徐松輯，劉琳、刁忠民等點校：《宋會要輯稿》選舉一四，上海古籍出版社，2014年，第5532頁。

第二章　唐宋時期吏部銓選中的 法律考試——「試判」

　　唐代法律考試制度主要包括科舉制度中的「明法科」考試與吏部銓選中的「試判」考試。儘管「明法科」的創置，標誌著古典中國法律考試制度的正式確立。但從實際影響上來看，唐宋吏部銓選「試判」考試的社會影響更大。洋州刺史趙匡在《選舉議》中就明確的指出：「不習經史，無以立身。不習法理，無以傲職。人出身以後，當宜習法。」〔註1〕「明法科」只是科舉考試中的一個考試科目，每年錄取人數不過寥寥數人，而吏部「試判」考試的應試者要遠遠多於「明法科」。舉子出官以及六品以下秩滿待遷之文職官員敘官都要參加吏部主持的「試判」考試。吏部銓選「試判」之制也為宋初統治者所承襲，但很快就遭到廢置。本章試對唐宋時期吏部銓選與「試判」考試的關係以及唐宋「試判」考試制度的發展沿革進行全面梳理。

第一節　「試判」與吏部銓選的關係

　　「試判」是唐代吏部主持的旨在考察選人的法律素養以及行政能力的一種考試。綜觀史料文獻之記載，「試判」一詞主要有兩種義項：一是作為一種考試制度，它是由吏部主持的旨在考察選人判文寫作能力的選官考試；二是作為一種寫作文體，它是選人在吏部主持的試判考試中完成的文學作品，以及為參加吏部主持試判考試而私下完成的練習作品。「試判」考試的主要內容，

〔註1〕（唐）杜佑：《通典》卷十七，《選舉五》，中華書局，1988年，第98頁。

就是要求選人模擬官員身份，為可能遇到的各類獄訟案件撰寫判詞。綜觀史料文獻之記載，唐宋時期吏部銓選中以「試判」為主要內容的考試主要有吏部常選中的「試身言書判」，以及吏部科目選中的「書判拔萃」科和「平判入等」科。

一、唐宋吏部銓選考試科目

（一）唐代吏部銓選考試科目

唐代吏部銓選考試系統主要包括兩個部分：一是常選；二是科目選。

唐代，獲得出身的及第舉子與六品以下秩滿待遷的文職官員，須參加吏部常選考試，合格者方可授官。這種考試一般年年都舉行，所以稱為吏部常選。據《唐六典》載，唐代吏部常選的主要內容有四項，即身、言、書、判，也被稱為「銓選四事」。「以四事擇其良：一曰身，二曰言，三曰書，四曰判。」〔註2〕《通典》上亦詳細記載了「銓選四事」的具體標準：「其擇人有四事：一曰身，取其體貌豐偉；二曰言，取其詞論辯正；三曰書，取其楷法遒美；四曰判，取其文理優長。四事可取，則先乎德行。德均以才，才均以勞。其六品以降，計資量勞而擬其官。五品以上，不試，列名上中書、門下，聽制敕處分。凡選，始集而試，觀其書判。已試而銓，察其身、言。已銓而注，詢其便利，而擬其官。」〔註3〕根據規定：所謂「身」，要求選人的形象端莊，體魄健康；所謂「言」，要求選人言辭流暢，思路清晰；所謂「書」，要求選人書法秀美，筆墨遒勁；所謂「判」，要求選人既通文學，又習法理。實際上，「身」與「言」只是象徵性的考察，只要不是重大殘疾，這兩關還是容易通過。而「書」與「判」，則是銓選的考察重點，而其中，「判」是銓選考試的關鍵。《文獻通考》有云：「吏部則試以政事，故曰身，曰言，曰書，曰判。然吏部所試四者之中，則判為尤切，蓋臨政治民，此為第一義，必通曉事情，諳練法律，明辨是非，發摘隱伏，皆可以此覘之。」〔註4〕《通典》亦云：「判者，斷決百事，真為吏所切，故觀其判，則才可知矣。彼身、言及書，豈可同為銓序哉！」〔註5〕

〔註2〕（唐）李林甫：《唐六典》卷二，《尚書吏部》，中華書局，1992年，第27頁。
〔註3〕（唐）杜佑：《通典》卷十五，《選舉三》，中華書局，1988年，第360頁。
〔註4〕（宋）馬端臨著：《文獻通考》卷三十七，《選舉十》，中華書局，2011年，第1092～1093頁。
〔註5〕（唐）杜佑：《通典》卷十七，《選舉五》，中華書局，1988年，第98頁。

　　唐代科目選考試也是吏部銓選的組成部分，而科目選中也有試判考試。據《冊府元龜》載：「又有吏部科目，曰宏詞、拔萃、平判，官皆吏部主之。又有三禮、三傳、三史、五經、九經、開元禮等科，有官階出身者，吏部主之，白身者禮部主之。」〔註6〕由此可見，唐代吏部自設的科目選主要有博學宏詞科、書判拔萃科、平判科。此外還有三禮、三傳、三史、五經、九經、開元禮等科目。這些科目中，「書判拔萃」科與「平判」科的考試內容主要是試判，與試者可以不拘選限直接參考。科目選中試判考試的設置，體現了朝廷對書判的重視。選人參加「書判拔萃」和「平判入等」考試登科後，可以不拘選限立即獲任美官，大大激發了士子應試科目選的熱情。這正如吳宗國先生所說：「獲得出身的進士、明經，竟趨於宏詞和拔萃。」〔註7〕

　　吏部試判，最早起自於流外銓試判。據《通典》載：「初，吏部選才，將親其人，覆其吏事，始取州縣案牘疑議，試其斷割，而觀其能否，此所以為判也。（按：顯慶初，黃門侍郎劉祥道上疏曰：『今行署等勞滿，唯曹司試判，不簡善惡，雷同注官。』此則試判之所起也。）」〔註8〕行署，是指在京各司供職役使的小吏，是為流外官。據高宗顯慶二年（657）黃門侍郎劉祥道所奏可知，流外官遷轉時要參加曹司（即吏部郎中）主持的試判考試。杜佑認為，這是吏部試判之始端。但流外銓試判考試並不嚴格，也不區分等第，因此，這種考試很大程度上只是流於形式。

　　就現今所見的材料中，唐代吏部選人試判之制至遲出現在高宗、武則天時期。《兵部尚書代國公贈少保郭公行狀》有云：「公名震，字元振，本太原陽曲人也。……十八擢進士第，其年判入高等。時輩皆以校書正字為榮，公獨請外官，授梓州通泉尉。」〔註9〕又，據墓誌載，郭震卒於開元元年（公元713年），時年五十八。由此可推知，郭震十八歲試判入等的時間為高宗咸亨四年，即公元673年。這是現今所見史料文獻中有關吏部選人試判的最早之記載。

〔註6〕（宋）王欽若等編撰，周勳初等校訂：《冊府元龜》卷六三九，《貢舉部總序》，鳳凰出版社，2006年，第7382頁。

〔註7〕參見吳宗國：《唐代科舉制度研究》，瀋陽：遼寧大學出版社，1992年，第109～112頁。

〔註8〕（唐）杜佑撰，王文錦、王永興等點校：《通典》卷十五，《選舉三》，中華書局，1988年，第361頁。

〔註9〕（唐）張說：《兵部尚書代國公贈少保郭公行狀》，收錄於（清）董誥等：《全唐文》卷二百三十三，中華書局，1983年，第2353頁。

由上文梳理來看，唐代吏部常選考試中，試判考試是最為重要的考試內容。但在中唐以後，朝廷為刁難選人，試題也日益冷僻，多有怪題出現。同時就答題風格來看，也日益講求辭藻的華麗。試判考試也逐漸失去了原本考察選人法律知識與為政能力的本意。

（二）宋代吏部銓選考試的內容

宋承五季之亂，試判考試久廢，吏部銓選亦不再有常選與科目選之分。由於人才凋零，北宋初年的及第舉子可不經吏部銓試直接釋褐拜官。直至宋太祖建隆三年（962）年，應朝臣之請求，朝廷下令「今後應求仕及選人，並試判三道，仍復書判拔萃科。」〔註10〕由此可見，北宋初年，吏部主持的選官考試中亦有試判考試，儘管宋代的試判考試在參酌唐制的基礎上制定而成，但由於時代不同，其內涵也有了一定的變化。並且，吏部選人試判制度也在七十多年後，於景祐元年（1034）退出了歷史的舞臺。〔註11〕

據《文獻通考・選舉考》記載：「舊制，凡設試以待命士，而入之銓注者，自廕補、銓試之外，有進士律義、武臣呈試材武及刑法等官，而銓試所受為特廣。廕補初赴選，皆試律暨詩。已任而無勞績、舉薦及無免試恩，皆試判。熙寧更制以後，概試律義、斷案義，後又增試經義。中選者皆得隨銓擬注，是銓試之凡也。」〔註12〕按照馬端臨的說法，宋初的選官考試主要有兩種：一是廕補人出仕考試，按照規定廕補人出官須試律和詩。另一種就是吏部銓試，曾有官而無勞績、無人舉薦的以及不能享受免試恩例的選人都需要試判。當然，其他的選官考試還有進士試律義、選拔武官的「呈試」以及「試刑法」等考試。

而熙寧時期，在朝臣的建議下，統治者對官員選任制度進行重大調整。據《宋史》記載：當時中書省上言：「選人守選，有及三年方遇恩放選者，或適歸選而遽遇恩，既為不均，且廕補免試注官，以不習事多失職，試者又止試詩，豈足甄才。已受任而無勞績，舉薦及免試恩法，須再試書判三道，然亦虛文。」〔註13〕

〔註10〕（宋）王栐：《燕翼詒謀錄》卷一，《吏銓試書判》，中華書局，1981年，第2頁。

〔註11〕（清）徐松輯，劉琳、刁忠民等點校：《宋會要輯稿》選舉一〇，上海古籍出版社，2014年，第5454頁。

〔註12〕（宋）馬端臨著撰，裴汝誠點校：《文獻通考》卷三十八，《選舉考十一》，中華書局，2011年。

〔註13〕（元）脫脫等：《宋史》卷一百五十八，《選舉四》，中華書局，1977年，第3705頁。

改革後的吏部銓試不再試判，而一概試以律義和斷案，後來又增加了經義的內容。由此可見，宋代銓試又以熙寧變法時期為轉折點，其考試內容也發生了重大變化，吏部「試判」之制也就此走向了終結。

（三）宋代「試身言書判」的發展

「試身言書判」本來是唐代吏部常選的考試方式。但時至宋代，「試身言書判」的內涵也發生了重大變化。此外，據史料文獻記載，宋代朝廷舉辦「試身言書判」考試的頻率並不高，似乎也只是在北宋初年短暫存在過。

據《宋會要輯稿》載：「天禧三年十一月十九日，南郊赦書：『應在銓曹未注擬幕職、令、錄及初入令、錄人，兩任五考無公私過犯，三任八考無贓罪者，令銓司檢會以聞。當命近臣與判銓官同試身言書判，考校歷任，並以所試進呈取旨。』（乾興元年二月一日御樓，天聖二年十一月十三日、五年十一月十七日、八年十一月十九日南郊赦，並降此制。）」〔註14〕由此看來，宋代的試「身言書判」似乎是一種不定期舉行的考試。這一考試的應試者主要是「淹廢之人」，即未被吏部銓曹注擬的幕職、令、錄及初入令、錄人，兩任五考無公私過犯，三任八考無贓罪者。同時，宋代的試「身言書判」考試一般都在郊赦後舉行，由此可見，試「身言書判」考試的舉行是對銓選落下者一種恩惠，是朝廷寄予他們的再次參加選官考試的機會。

由《宋會要輯稿》的記載來看，宋代舉行試「身言書判」考試的次數並不多，僅有七次，即：天禧三年（1019）、乾興元年（1022）、天聖三年（1025）、天聖六年（1028）、天聖八年（1030）、天聖九年（1031）、熙寧三年（1070）。〔註15〕

同時，宋代試「身言書判」的考試程序也與其他試判考試不同。以乾興元年四月十三日舉辦的試「身言書判」考試為例：「翰林學士李諮等以准敕試幕職、令、錄六十五人身言書判，等第來上，引對便殿。前懷安軍判官宗文禮等六人，並除京官、知縣；前武安軍節度推官王瑜等二人各循一資，與家便官；前連州桂陽縣令劉希孟等十六人，並除節度推官；前知鄆州觀察支使王信臣等四人，加階、勳、檢校官、試銜。自希孟而下，入遠者與近地，入近者

〔註14〕（清）徐松輯，劉琳、刁忠民等校點：《宋會要輯稿》選舉一○，上海古籍出版社，2014年，第5451頁。

〔註15〕（清）徐松輯，劉琳、刁忠民等校點：《宋會要輯稿》選舉一○，上海古籍出版社，2014年，第5451～5454頁。

與家便。前密州錄事參軍孫士衡等三十二人，入遠者與近，仍循一資，入近者與家便，循兩資。前泉州觀察支使蒲傳慶等五人與近地。詔曰：『國家思皇政經，詳覆吏治。念茲常調，慮或淹才，爰因渥霈之路。其右宿官具久，慎行寡尤，載軫服勞，庶從振滯。惟三銓之著式，本四事以程能，特命從臣，同加精試，覽其第奏，申以對敫，表錄善之無遺，溥推恩而有次。或序遷賓職，或擢寘幕庭，至於優以常資，處之便地，階勳假秩，並示甄升。體予責實之方，勉乃自公之節。宜令李諮等與流內銓同注擬，仍並用成資闕。』〔註16〕由此看來，主持試「身言書判」考試的考官是翰林學士，有時翰林學士也會與吏部銓司一同主持。參加試「身言書判」考試之合格者，還須引見於皇帝，再由皇帝親試。最終試中者按成績優劣，依次由皇帝親自詔令授官。

從應試者的資格與考選程序來看，宋代試「身言書判」考試的性質與唐代吏部常選迥異，不再是一門制度化舉行的常規考試了。而這種考試形式，終因「不足以見人材」而被熙寧變法之後的吏部銓選之法所替代。

二、科舉考試與吏部銓選的區別

吏部銓選中的科目選考試與科舉制度中制舉考試都下設有不同的科目，有的科目名較為相似，如科目選中有「書判拔萃」科，制舉中又有「拔萃出類」科。若不仔細考辨，有時很容易將二者混淆。綜觀史料文獻的記載，科舉考試與吏部銓選的區別主要體現在以下兩個方面：

（一）主考機關不同

吏部銓選考試由吏部主持。按《唐會要》之記載：「吏部尚書、侍郎之職，掌天下官吏選授、勳封、考課之政令。凡職官銓綜之典，封爵策勳之制，權衡殿最之法，悉以諮之。」〔註17〕吏部官員主掌天下文官選授，舉子及第後須先經過關試獲取選人資格，然後再參加吏部常選或吏部科目選，方可注官。《冊府元龜》有云：「又有吏部科目，曰宏詞拔萃，平判官皆吏部主之。」〔註18〕

〔註16〕（清）徐松輯，劉琳、刁忠民等校點：《宋會要輯稿》選舉一○，上海古籍出版社，2014年，第5452頁。

〔註17〕（唐）李林甫：《唐六典》卷二，《尚書吏部》，中華書局，1992年，第27頁。

〔註18〕（宋）王欽若等編纂，周勳初等校訂：《冊府元龜》卷六三九，貢舉部總序，鳳凰出版社，2006年，第7382頁。

而科舉常科考試則由禮部主持，而制舉考試則是皇帝下詔親試。「皆試於殿廷，乘輿親臨觀之。」〔註19〕

（二）應試者身份不同

唐代六品以下的文職官員考滿停秩後，也須經守選後再經吏部考試授官。據《通典》記載：「（貞元）五年五月敕：自今以後，諸色人中有習《三禮》者，前資及出身人依科目選例，吏部考試。白身依貢舉例，禮部考試。」〔註20〕可見，科舉考試與吏部銓選的區別還在於：應考人的資格不同，主持考試的機關也不一樣。有官階、有出身者歸吏部考試，白身者歸禮部考試。科舉考試是由禮部主持的，是士子獲得出身資格的考試；而吏部主持的選官考試，只允許有出身、有官者赴試，沒有出身的白身人不能直接參加吏部選官考試。

以唐代為例，法律考試與科舉考試、吏部銓試之間關係，正如下圖所示：

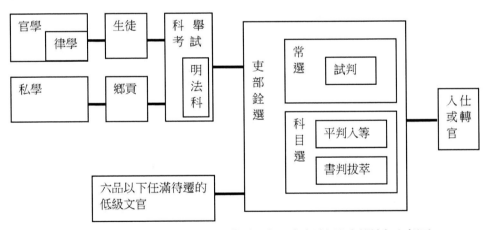

圖 2-1　唐代法律考試與科舉考試、吏部銓選之關係示意圖

第二節　吏部常選中的法律考試

唐初至北宋初年，吏部常選考試的主要內容就是「試判」。唐宋時期，吏部常選考試考試發展沿革如以下所述：

〔註19〕　（宋）王欽若等編纂，周勳初等校訂：《冊府元龜》卷六三九，貢舉部總序，鳳凰出版社，2006 年，第 7382 頁。

〔註20〕　（唐）杜佑：《通典》卷十五，《選舉三》，中華書局，1988 年，第 358 頁。

一、吏部常選的考試時間

（一）唐代吏部常選的考試時間

唐初，吏部銓選的舉辦是「三年一大集，每年一小集。」〔註21〕隨後逐漸形成每年舉辦的定制。安史之亂後，受兵火、饑荒的影響，吏部銓選改為三年一集。直至貞元年間，國事稍定。吏部銓選又恢復舊制，定為每年一選。《舊唐書・陸贄傳》曾記載了貞元年間，陸贄推動吏部恢復銓選舊制之事：「國朝舊制，吏部選人，每年調集。自乾元已後，屬宿兵於野。歲或凶荒，遂三年一置選。由是選人停擁，其數猥多，文書不接，真偽難辨，吏緣為奸，注授乖濫，而有十年不得調者。贄奏吏部分內外官員為三分，計闕集人，每年置選。故選司之弊，十去七八，天下稱之。」〔註22〕由此亦可見，吏部銓試每年一集是制度常態。

吏部銓選一般於冬季舉行。《通典》有云：「凡選，始於孟冬，終於季春。（先時，五月頒格於郡縣，示人科限而集之。）〔註23〕《唐六典》亦載：「凡選授之制，每歲孟冬，以三旬會其人：去王城五百里之內，集於上旬。千里之內，集於中旬。千里之外，集於下旬。」〔註24〕從文獻記載來看，每年五月間就必須將銓選的時間頒布於地方，使眾周知。每年孟冬時節（即十月），選人從地方雲集京城。因路程遠近不同，選人向吏部報到的時間也不一樣，路程遠的可稍遲報到。

選人要想參加當年的銓選考試，須先履行一系列手續。《通典》載：「初，皆投狀於本郡或故任所，述罷免之由，而上尚書省，限十月至省。乃考核資緒、郡縣鄉里名籍、父祖官名、內外族姻、年齒形狀、優劣課最、譴負刑犯，必具焉。以同流者五五為聯，以京官五人為保，一人為識，皆列名結款，不得有刑家之子、工賈殊類及假名承偽、隱冒升降之徒。應選者有知人之詐冒而糾得三人以上者，優以授之。」〔註25〕據此，考滿待敘的官員參加當年銓試前，須先親自向本郡地方官提交文書，申明罷免的緣由。地方官員再將有關

〔註21〕（宋）王溥撰：《唐會要》卷七十四，《選部上》，中華書局，1955年，第1333頁。

〔註22〕（後晉）劉昫等：《舊唐書》卷一百三十九，《陸贄傳》，中華書局，1975年，第3803～3804頁。

〔註23〕（唐）杜佑：《通典》卷十五，《選舉三》，中華書局，1988年，第360頁。

〔註24〕（唐）李林甫：《唐六典》卷二，《尚書吏部》，中華書局，1992年，第27頁。

〔註25〕（唐）杜佑：《通典》卷十五，《選舉三》，中華書局，1988年，第360頁。

文書上報尚書省。考滿待敘的官員本人必須在當年十月向尚書省報到，並提交家狀和保狀。所謂「家狀」，是記載有應選者姓名年齡、籍貫住所，三代名諱，家庭出身、曾任官職考課成績以及是否有刑事犯罪歷史等情況的文書材料。所謂「保狀」，是保人擔保應選者有關情況屬實的文書材料，按照規定，每二十五人須有京官五人做保，此外，還須有一名與這些應選者都認識的官員作為識官。保官和識官都必須在保狀上簽名落款，以保證所保識的應選者不是出身於受刑、工商業之家，不是假冒頂替之人。「每試判之日，皆平明集於試場，識官親送。」〔註26〕識官必須在試判當天親自送應選者進入考場。應選者如能檢舉揭發他人假冒代筆三人以上，還可以從優授官。

應選者文書材料經吏部審核完畢後，大約十二月左右舉行試判。《唐會要》載：「天寶元年冬選，六十四人判入等。時御史中丞張倚男奭判入高等，有下第者嘗為薊令，以其事白於安祿山，祿山遂奏之。至來年正月二十一日，遂於勤政樓下，上親自重試。」〔註27〕據此可知，天寶元年（742），吏部試判就是在年底前舉行的，因這次試判有弄虛作假的嫌疑，由是玄宗皇帝在來年（743）正月又舉行了重試。

（二）宋代吏部銓選的考試時間

《燕翼詒謀錄》有文論及北宋初年的試判考試時間。「先是諸道州府參選者，每年冬集於吏銓，乾德二年正月甲申，詔選人四時參選。待之者甚厚，責之者甚至，真得馭臣之柄矣。」〔註28〕由是可見，試判考試復置之處仍然沿用唐制，每年冬季選人要集合於吏部銓司報到。至乾德二年（964）起，選人試判考試改為一年四次，選人四時參選之制也就此形成定制。

《宋史》記載了選人四時參選之制的具體內容：「初定四時參選之制：凡本屬發選解，並以四孟月十五日前達省，自千里至五千里外，為五等日期離本處。若違限及不如式，本判官罰五十直，錄事參軍、本曹官各殿一選。諸州四時具員闕報吏部，逾期及漏誤，判官罰七十直，錄事參軍以下殿一選。在京百司發選解及送闕，違期亦有罰。諸歸司官奏年滿，俟敕下，準格取本司

〔註26〕（唐）李林甫：《唐六典》卷二，《尚書吏部》，中華書局，1992 年，第 27 頁。

〔註27〕（宋）王溥撰：《唐會要》卷七十四，《選部上》，中華書局，1955 年，第 1346 頁。

〔註28〕（宋）王栐：《燕翼詒謀錄》卷一，《吏銓試書判》，中華書局，1981 年，第 2 頁。

文解赴集，流外銓則據其人自投狀申奏，亦依四時取解參選。」〔註29〕

熙寧四年（1071），朝廷在廢除試判考試的同時，也對吏部銓試法進行了全面改革。新的銓試法規定，選人「限二月八日以前投狀，至次月差官同銓曹主判官員同試。」〔註30〕由此可見，原本的四時參選之制改為每年春秋兩試。考試於每年二月、八月各舉行一次。

二、吏部常選的應試資格

（一）唐代吏部常選的應試資格

據史料文獻記載，所謂「選人」，主要是指及第舉子或六品以下秩滿待敘的官員，他們有資格參加吏部銓試。《通典》有云：「其選授之法，亦同循前代。……五品以上皆制授。六品以下、守五品以上及視五品以上，皆敕授。凡制、敕授及冊拜，皆宰司進擬。自六品以下旨授。其視品及流外官，皆判補之。凡旨授官，悉由於尚書，文官屬吏部，武官屬兵部，謂之銓選。」〔註31〕《唐六典》亦云：「吏部尚書、侍郎之職，掌天下官吏選授、勳封、考課之政令。凡職官銓綜之典，封爵策勳之制，權衡殿最之法，悉以諮之。……五品已上以名聞，送中書門下，聽制授焉。六品已下常參之官，量資注定。」〔註32〕唐人陸贄在《請許臺省長官舉薦屬吏狀》中將吏部銓選的對象描述得更為具體：「國朝之制，庶官五品已上，制敕命之。六品已下，則並旨授。制敕所命者，蓋宰相商議奏可而除拜之也。旨授者，蓋吏部銓材署職，然後上言，詔旨但畫聞以從之，而不可否者也。」〔註33〕由此可見，唐代五品以上官員的選拔不由吏部負責，而由宰相主管。六品以下文職官員考滿罷秩後，其銓選工作則由吏部負責。

就及第舉子而言，經禮部貢舉考試獲得功名後，還須通過吏部主持的關

〔註29〕參見（元）脫脫等：《宋史》卷一百五十八，《選舉四》，中華書局，1977年，第3695頁。

〔註30〕（清）徐松輯，劉琳、刁忠民等校點：《宋會要輯稿》選舉一三，上海古籍出版社，2014年，第5522～5523頁。《長編》亦載此條。（宋）李燾：《續資治通鑒長編》卷二百二十七，神宗熙寧四年十月壬子朔，中華書局，2004年，第5520～5521頁。

〔註31〕（唐）杜佑：《通典》卷十五，《選舉三》，中華書局，1988年，第360頁。

〔註32〕（唐）李林甫：《唐六典》卷二，《吏部尚書》，中華書局，1992年，第27頁。

〔註33〕（唐）陸贄：《請許臺省長官舉薦屬吏狀》，（清）董誥等：《全唐文》卷四百七十二，中華書局，1983年，第4818頁。

試，方可成為吏部的選人。關試，是禮部將及第舉子移交給吏部的一種考試形式。明人胡震亨曾在《唐音癸籤》一書中，清楚的記載了唐代關試的有關情況。「關試，吏部試也。進士放榜敕下後，禮部始關吏部，吏部試判兩節，授春關。始屬吏部守選。」〔註34〕由此可見關試的一般程序是：禮部放榜後，將舉子的有關材料移交給吏部，舉子們經吏部考試兩道判詞合格後，即可成為吏部選人。據《唐摭言》記載，主持關試的考官為吏部員外郎。「吏部員外，其日於南省試判兩節，諸生謝恩，其日稱門生，謂之『一日門生』。自此方屬吏部矣。」〔註35〕值得一提的是，關試以「試判兩節」的形式考察舉子的法律素養，這也是一種法律考試。但關試試判的難度並不大，所試之判詞也很短小，因此也被稱為「短行」。關試成績不分等第，只有通過與不通過之別。在王勳成先生看來，「關試只是新及第舉子向吏部履行報到的一種手續，是吏部接納新選人的一種方式，並不真要考出什麼水平，也不存在及格與否的問題，既不入等第，又不分名次，及第舉子以後參加銓試所授品階官職更不與關試好壞有關，也就是說，關試沒有成績，只要參加，就都能通過。」〔註36〕

雖然舉子的品階由科舉出身的科目和等第相關，舉子們對關試也不甚重視。但如果關試判文的成績太差，也會影響其參加銓試。《冊府元龜》載唐玄宗開元三年（715）敕令：「其明經進士擢第者，每年委州長官訪察，行業修謹，書判可觀者，三選聽集。並諸色選人者，若有鄉閭無景行，及書判全弱，選數縱深，亦不在選限。」〔註37〕這就是說，明經和進士出身的舉子，如果參加關試時試判成績優秀，守選三年後就可以參加銓試；其他出身的選人如果品行不正，或關試試判成績太差，守選期滿也不能參加銓試。

在科舉考試實行之初，舉子及第後可立即授官。然而隨著科舉制度的發展，及第舉子的數量也越來越多，及第舉子與六品以下考滿待選的官員的數量超出了官闕，從而出現了選人守選的現象。所謂選人守選，就是指舉子及第後，以及六品以下文職官員考滿停秩後都不能立即授官，必須等候一定的

〔註34〕（明）胡震亨：《唐音癸籤》卷十八，《詁簽三・進士科故實》，上海古籍出版社，1981年，第198頁。

〔註35〕（五代）王定保撰，陽羨生校點：《唐摭言》卷三，《關試》，中華書局，2012年，第18頁。

〔註36〕王勳成：《唐代銓選與文學》，中華書局，2001年，第6頁。

〔註37〕（宋）王欽若等編撰，周勳初等校訂：《冊府元龜》卷六三五，《銓選部・考課一》，鳳凰出版社，2006年，第7344頁。

期限，方可參加吏部銓試。

選人參加銓選考試，一方面要符合選格要求，另一方面還需要取得州府頒發的解狀。「每歲五月，頒格於州縣，選人應格，則本屬或故任取選解，列其罷免、善惡之狀，以十月會於省，過其時者不敘。」〔註38〕每年吏部選格頒布後，已滿選限且符合選格條件的及第舉子可以向籍貫所在地的州府提出申請，陳述自己的個人情況。考滿待選的六品以下文職官員可以向前任職所在地的州府提出申請，陳述自己的罷官因由以及任官情況。州府經審查合格後，將解狀頒發給選人，以作為向吏部證明選人情況的憑證。選人取得解狀後，就可以赴京參加吏部舉行的銓選集會了。

（二）宋代吏部銓選的應試資格

宋初，由於人才凋零，選人不須通過考試即可出官。發展到後來，選人數量增加，吏部銓試也開始出現守選現象。由是，吏部銓選也繼承了唐代吏部試判的考試方式，選人赴選也必須試判。

熙寧四年（1071）吏部銓試法頒布之後，吏部銓選的應試者範圍擴大。按《宋會要輯稿》之記載：「應得替合守選幕職、州縣官，並許逐年春秋於流內銓投狀乞試，或斷公案二道，或律令大義，各聽取便乞試。」〔註39〕於此，《文獻通考》亦有言：「是時進士、選人之守選者，亦皆試而後放，然特詳於蔭補云。」〔註40〕由此可見，蔭補出身的選人、秩滿待遷的幕職州縣官以及進士出身的選人都可以不拘選限參加考試。其中，「歷任有京官、職官、縣令舉主共及五人者，亦與免試放選注官。其差替、衝替、放離任等人，亦許依得替人例，投狀注官者亦准此。」〔註41〕即曾出任京官、職官、縣官的已出官

〔註38〕（宋）歐陽修、宋祁等：《新唐書》卷四十五，《選舉志下》，中華書局，1975年，第1171頁。

〔註39〕（清）徐松輯，劉琳、刁忠民等校點：《宋會要輯稿》選舉一三，上海古籍出版社，2014年，第5522～5523頁。《長編》亦載此條。（宋）李燾：《續資治通鑑長編》卷二百二十七，神宗熙寧四年十月壬子朔，中華書局，2004年，第5520～5521頁。

〔註40〕（宋）馬端臨著：《文獻通考》卷三十八，《選舉考十一》，中華書局，2011年，第1111頁。

〔註41〕（清）徐松輯，劉琳、刁忠民等校點：《宋會要輯稿》選舉一三，上海古籍出版社，2014年，第5522～5523頁。《長編》亦載此條。（宋）李燾：《續資治通鑑長編》卷二百二十七，神宗熙寧四年十月壬子朔，中華書局，2004年，第5520～5521頁。

人若有五人以上舉主，可以免試。此外，曾因事而被差替、衝替及放罷的官員復敘之時，也要參加吏部銓試。

三、吏部常選的考試內容與合格標準

（一）唐代吏部常選的考試內容與合格標準

據前文所引，唐代吏部常選試判的數量是兩道。儘管與關試一樣，考題數量都是兩道，但常選試判的難度要大得多。

據《通典》記載：「初，吏部選才，將親其人，覆其吏事，始取州縣案牘疑議，試其斷割，而觀其能否，此所以為判也。……後日月浸久，選人猥多，案牘淺近，不足為難，乃採經籍古義，假設甲乙，令其判斷。既而來者益眾，而通經正籍又不足以為問，乃徵僻書、曲學、隱伏之義問之，惟懼人之能知也。」〔註42〕《大唐新語》亦載：「國初因隋制，以吏部典選，主者將視其人，核之吏事。始取州、縣、府、寺疑獄，課其斷決，而觀其能否，此判之始焉。後日月淹久，選人滋多，案牘淺近，不足為準。乃採經籍古義，以為問目。其後官員不充，選人益眾，乃徵僻書隱義以試之，唯懼選人之能知也。」〔註43〕由是知，試判的目的是考察選人的吏治才幹。正如馬端臨所言，試判乃是「臨政治民」的第一要義。要求選人處理地方州縣長官在實際生活中出現的實際疑難案件，的確能考察選人的「諳練法律，明辨是非」的實際政務能力。〔註44〕唐人沈亞之云：「今吏部之補吏，歲調官千餘，其試以偶文儷語之書，程以二百字為準，考之能否，以定取捨。」〔註45〕可知，試判考題的作答也不必太長，一般在兩百字左右。

隨著試判考試的發展，由於考題的重複性，考題難度也不斷下降。來源於實際政務的考題已經不足為難。於是，主考官不得不假擬案件，採經書古義以為考題。到後來，考官為了為難學生常常於僻書隱義之中出偏題、怪題。

〔註42〕（唐）杜佑撰，王文錦、王永興等點校：《通典》卷十五，《選舉三》，中華書局，1988年，第361頁。

〔註43〕（唐）劉肅撰，許德楠，李鼎霞點校：《大唐新語》卷十，《釐革第二十二》，中華書局，1984年，第153～154頁。

〔註44〕（宋）馬端臨著：《文獻通考》卷三十七，《選舉十》，中華書局，2011年，第1092～1093頁。

〔註45〕（唐）沈亞之：《對賢良方正直言極諫策》，收錄於（清）董誥著：《全唐文》卷七百三十四，中華書局，1983年，第7579頁。

至此，試判考試也失去了初衷，這樣的試題也無法考察選人的實際政務能力。馬端臨曾對吏部試判提出批評：「今主司之命題，則取諸僻書曲學，故以所不知而出其所不備。選人之試判，則務為駢四儷六，引援必故事，而組織皆浮詞。然則所得者，不過學問精通、文章美麗之士耳。蓋雖名之曰判，而與禮部所試詩賦、雜文無以異，殊不切於從政，而吏部所試為贅疣矣。陵夷至於五代，干戈侵尋，士失素業，於是所謂試判，遂有一詞莫措，傳寫定本，或只書『未詳』，亦可應舉。蓋判詞雖工，亦本無益，故及其末流，上下皆以具文視之耳。」〔註46〕由是知，後期的試判考試不僅出題怪異，而且還要求考生必須按規定的文風作答，即必須以四六駢文的文體書寫。這種文體要求引經據典，講究辭藻的華麗。張鷟《龍筋鳳髓判》中所收錄的判文就是典型的四六駢文文體，也是供當時選人準備參加試判考試的範本。如是，試判登科者往往都是文學之士，而相對缺乏處理實際政務的能力。

後期銓選試判的命題方式，也受到當時不少有識之士的質疑。天寶十年（751），選人劉迺曾獻議於知銓舍人宋昱，文中就嚴厲批評了當時試判之弊。「近代主司，獨委一二小冢宰，察言於一幅之判，觀行於一揖之內，何其易哉。古今遲速，何不侔之甚哉。夫判者，以狹詞、短韻、語有定規為體，亦猶以一小冶而鼓眾金，雖欲為鼎為鏞，不可得已。故曰判之在文，至局促者。夫銓者，必以崇衣冠、自媒耀為賢，斯又士之醜行，君子所病。若引周公、尼父登之於銓庭，則雖有圖書、《易》象之大訓，以判體挫之，曾不及徐、庾。雖有淵默罕言之至德，以喋喋取之，曾不若嗇犬。」〔註47〕劉迺的批評一針見血地指出了銓選試判的弊端所在，判文過於講究文體規範，辭藻華麗，務虛而不務實，不能真正達到求賢的目的。

吏部銓選考試成績也是有等級之分的。前文所述的始於武后時期的糊名試判制度，就是為了判卷時能夠公平的區分成績等級而設立。據《唐六典》記載：「侍郎出問目，或有糊名，學士考為等第。」〔註48〕可見。擔任主考官的吏部侍郎的主要任務是出題，而試卷的判定工作則由學士擔任。大曆八年

〔註46〕（宋）馬端臨著：《文獻通考》卷三十七，《選舉十》，中華書局，2011年，第1092～1093頁。
〔註47〕（宋）王溥：《唐會要》卷七十四，《選部上》，中華書局，1955年，第1339～1330頁。
〔註48〕（唐）李林甫等：《唐六典》卷二，《尚書吏部》，中華書局，1992年，第27頁。

（773）十月敕：「中書舍人常袞、諫議大夫杜亞、起居郎劉灣、左補闕李翰，考吏部選人判。」〔註49〕除考官外，有時中書門下還要派遣覆考判官對試卷進行考覆。據文獻記載，貞元十六年（800）前，吏部試判有覆判考官專任考覆工作。而此後，其制遂廢。「（貞元）十六年十二月，罷吏部覆考判官。先是，每歲吏部選人試判，別奏官考覆，第其上下。考訖，中書門下覆奏，擇官覆定，浸以為例。至是，中書侍郎平章事齊抗奏言：『吏部尚書、侍郎，已朝廷精選，不宜別考重覆。』其年，他官考判訖，俾吏部侍郎自覆問。後一歲，遂除覆考判官。蓋因抗所建白也。」〔註50〕

　　《新唐書》有云：「凡試判登科謂之『入等』，甚拙者謂之『藍縷』。」〔註51〕由是知，吏部試判登科者被稱為試判入等，而成績甚差者則被稱為藍縷。試判藍縷者不得授官。天寶十一年（752）敕令：「吏部選人書判藍縷，及雜犯不合得留者，不限選數並放。」〔註52〕這就是說，試判藍縷者即使已滿守選年限，也不能授官。書判入等者也有等級之分，排名靠前者得授優官。洋州刺史趙匡曾在《選舉議》中提出，吏部試判考試應當按所試判文優劣依次分為四等，「其判問，請皆問以時事、疑獄，令約律文斷決。其有既依律文，又約經義，文理弘雅，超然出群，為第一等。其斷以法理，參以經史，無所虧失，粲然可觀，為第二等。判斷依法，頗有文采，為第三等。頗約法式，直書可否，言雖不文，其理無失，為第四等。此外不收。但如曹判及書題如此則可，不得拘以聲勢文律，翻失其真。故合於理者數句亦收，乖於理者詞多亦捨。」〔註53〕當然，趙匡的建議最後是否被朝廷採納，我們不得而知，但從此建言可以大致瞭解評判試卷的具體要求。由引文可知，試判考試的首要要求是「約律義斷決」，其次是「約以經義」，最後是「文理弘雅。」試判入等者必須能夠做到據法而斷，即便判卷言不成文，但只要能夠不失律文，也能夠入等。銓選試判的等級，雖然名義上設有第一等，但輕易不肯授予人。因此

〔註49〕（宋）王欽若等編撰，周勳初等校訂：《冊府元龜》卷六三五，《銓選部·考課一》，鳳凰出版社，2006年，第7344頁。

〔註50〕（宋）王欽若等編撰，周勳初等校訂：《冊府元龜》卷六三○，《銓選部·條制二》，鳳凰出版社，2006年，第7285～7286頁。

〔註51〕（宋）歐陽修、宋祁等：《新唐書》卷四十五，《選舉志下》，中華書局，1975年，第1172頁。

〔註52〕（宋）王欽若等編撰，周勳初等校訂：《冊府元龜》卷六三○，《銓選部·條制二》，鳳凰出版社，2006年，第7280頁。

〔註53〕（唐）杜佑：《通典》卷十七，《選舉五》，中華書局，1988年，第98頁。

試判考試往往以第二等為最高。如武后時吏部糊名考判時，劉憲、王適、司馬鍠、梁載言判入第二等。〔註54〕

　　據《通典》記載，「凡選，始集而試，觀其書判。已試而銓，察其身、言。已銓而注，詢其便利，而擬其官。」〔註55〕由是知，銓試試判之後，吏部再從「身」、「言」兩方面對書判入等者進行考察，再根據試判成績注擬官職。「其官好惡，約判之工拙也。」〔註56〕銓選試判的成績是吏部量才注官的重要依據。據《唐會要》記載：大足元年正月十五日敕令：「選人應留，不須要論考第。若諸事相似，即先書上考。如書判寥落，又無善狀者，雖帶上考，亦宜量放。」〔註57〕由此可見，吏部注授官職時，選人的試判成績比考課成績更具有參考性。即便是考課成績優異，但若書判成績太差，也不能授官。

（二）北宋初年吏部銓選的考試內容與合格標準

　　據《宋會要輯稿》記載，太祖建隆三年（962）八月，詔：「吏部流內銓選人並試判三道，只於正律及疏內出判題，定為上、中、下三等。其超降準元敕指揮，仍限敕出後一年，依此施行。流外出身不在此限。」同年十月，朝廷又詔：「銓司與門下省考官定舊格及前後制敕，要當條約堪久行者，余皆刪去。有司言：參定《循資格》一卷，《長定格》一卷，併入格及刪去外，見行敕條共二十二道，編為一卷。」〔註58〕這就是說，吏部常選試判制度大約是在建隆三年才開始確定，其制是在參酌唐代《循資格》和《長定格》的基礎上刪修而成，共編為總數為二十二道的敕令一卷。就具體考試內容而言，唐代吏部銓選試判的數量是二道，而宋代的試判數量是三道。試判的題目主要出自於律令和注疏，似乎不是「假設甲乙」之罪的案狀。試判的成績分為上、中、下三等，而等級的高低直接影響到選人所授官職的優劣。乾德六年（968）六月，朝廷又規定了選人試判的具體程序：「銓司應有南曹判成選人，自初到銓引納

〔註54〕（宋）歐陽修、宋祁等：《新唐書》卷二百二，《劉憲傳》，中華書局，1975年，第5753頁。

〔註55〕（唐）杜佑：《通典》卷十五，《選舉三》，中華書局，1988年，第360頁。

〔註56〕（唐）杜佑：《通典》卷十七，《選舉五》，中華書局，1988年，第98頁。

〔註57〕（宋）王溥撰：《唐會要》卷七十五，《雜處置》，中華書局，1955年，第1359頁。

〔註58〕（清）徐松輯，劉琳、刁忠民等校點：《宋會要輯稿》選舉二四，上海古籍出版社，2014年，第5700頁。

家狀告示，逐旋磨勘，便令試判並覆闕注擬，寫省歷及進黃並引對，謝辭等，都給限一十五日。」〔註59〕

太宗時期選人試判的要求有所提高。試判成績優異者可以超資注官，而試判成績太差者則有相應的處罰。太宗太平興國二年（977）十二月，詔曰：「流內銓常選人所試判，自來不較臧否並判下者。自今選任所試判三道，定為四等：二等全通，一道稍次，而文翰俱優者，為上等；一道全通，二道稍次，或二道通，一道全不通，而文翰稍精者，為中等；一道通及稍次，二道全不通，或三道全次，而文翰無取者，為中下等；三道全不通，而文翰紕繆者，為下等。判上者，即與超一資注擬，如入職事官，即不超資，與加一階。判中者，即依資注擬。判中下者，注同類官，黃衣人即降一資。如初入令、錄，止於令、錄資內降一資注擬，至下州下縣不降。判下及全不對者，落下殿一年，侯殿滿日赴集。凡兩經試判皆中下者，擬同類官。」〔註60〕淳化元年（990），朝廷又規定選人還必須有京朝官一人做保，方可赴調。「吏部南曹現任自今赴調所投牒，並須於京朝官內求一人為識，官書姓名，用府縣、諸寺監印。違者有司弗求。」〔註61〕

真宗景德元年（1004），朝廷再次加大了試判考試對官員注擬的影響，要求選人引對時，要同時將書判試卷呈交御覽。「詔流內銓，凡引選人，齎所試書判，以備親覽。」〔註62〕景德二年（1005）二月，真宗閱試判卷時發現前深州饒陽主簿張上達判詞荒謬，且書不成字，令宰相調查此事。判銓呂祐之上言：「先准敕，銓司選人試判三道，定為四等。昨考校張上達判三道，第一道稍次，第三道不通，第二道雖判詞不應題目，然論刑名即是，故書稍次。伏以放選以來，赴調者擁併，難於獨力，嘗乘間面陳，亦曾奏請矣。今蒙制問，甘伏其罪。」〔註63〕皇帝雖然最終赦免了對判銓呂祐之的懲罰，然而這一事

〔註59〕（清）徐松輯，劉琳、刁忠民等校點：《宋會要輯稿》選舉二四，上海古籍出版社，2014年，第5700頁。

〔註60〕（清）徐松輯，劉琳、刁忠民等校點：《宋會要輯稿》選舉二四，上海古籍出版社，2014年，第5700～5701頁。

〔註61〕（清）徐松輯，劉琳、刁忠民等校點：《宋會要輯稿》選舉二四，上海古籍出版社，2014年，第5701頁。

〔註62〕（清）徐松輯，劉琳、刁忠民等校點：《宋會要輯稿》選舉二四，上海古籍出版社，2014年，第5701頁。

〔註63〕（清）徐松輯，劉琳、刁忠民等校點：《宋會要輯稿》選舉二四，上海古籍出版社，2014年，第5701頁。

件也反映了當時選人眾多，判銓實務繁重。儘管是嚴格按照規定判卷，亦難免所求非人。為防止這種情況的出現，當年九月，真宗又要求流內銓在選人引對的前日將選人的歷任功過以及出身以來的事蹟先進程御覽，以便皇上有充裕的時間詳細考察選人的才能，同時也督促判銓官慎重閱卷，保證試判的公平性。〔註64〕

仁宗天聖元年（1023）九月，朝廷進一步細化了吏部銓選試判的合格標準，試判成績由三等變為五等。「准太平興國二年十二月敕，並景德三年三月指揮，看詳上件條貫，所定刑名通與稍次及不通三等體式未明，致考校之時，難於區別。今欲乞以每道刑名全合者為通，刑名及七分者為粗，不及三分者為不。仍於逐卷頭定詞理書札優、稍優、次、低次、紕繆，為五等：以二通一粗而詞理書札俱優者為上等；一通二粗或二通一不，而詞理書札並稍優為中等；三粗及二粗以不、二不以粗，而詞理書札俱次或低次、紕繆者為中下等；三不而詞理書札俱紕繆者為下等。其全無詞理者，縱刑名通、書札優，亦只入中下等。其上件四等，超資、加階、循資、降資、殿年並依舊例外，更取判中下內二不以粗及詞理書札俱低次、紕繆者，並注久缺官處，所冀稍申旌別，以合舊規。」〔註65〕

要之，宋朝初年的吏部選人試判制度大體上承襲了唐朝舊制，儘管在具體細節上稍有不同，但其以試判的方式考選官員的目的與唐代是一致的。

（三）熙寧變法之後的吏部銓試法

經由唐、五代時期的發展，儘管宋朝初年的吏部銓選就體制上而言是較為成熟的，但由於在實際操作過程中，科場舞弊之風屢禁不止，考評不嚴、請人代作甚至寫紙球出賣的現象亦有之。而時至熙寧年間，原有的吏部銓選試判考試的弊端就更為凸顯。其一，試判考試經過長時間的發展，因循積弊，已成虛文。此外，蔭補初出官之人須試詩一首，亦無法選拔真才實學之人。其二，選人無論賢愚一律守選實及三年方得赴選，無以旌勸能吏。王安石變法時期，熙寧四年（1071）十月，朝廷終於痛下決心，對綿延四百餘年的吏部常選試判制度進行改革。

〔註64〕（清）徐松輯，劉琳、刁忠民等校點：《宋會要輯稿》選舉二四，上海古籍出版社，2014年，第5701頁。

〔註65〕（清）徐松輯，劉琳、刁忠民等校點：《宋會要輯稿》選舉二四，上海古籍出版社，2014年，第5702頁。

　　《宋會要輯稿》記載了改革後的吏部銓試法的主要內容:「應得替合守選幕職、州縣官,並許逐年春秋於流內銓投狀乞試,或斷公案二道,或律令大義,各聽取便乞試。限二月八日以前投狀,至次月差官同銓曹主判官員同試。應約束事件並依試法官條約指揮,其試公案,即令所差試官旋撰文案,每道不得過七件刑名,須明具理斷歸著及所引用條貫斷遣刑名,逐一開說。其律文大義,即須具引律令,分明條對。如不能文詞,直引律令文義對答者,亦聽其試義,即須援引經典法令,質正是非,明述理趣。以上並許齎所習文字入試,考校編排,作上中下三等,申中書看詳。如得允當,即取上等第之人,依名次與免選注官。內考入優等者,別作一項開說,當議看詳,與依判超例升資,內無出身者與賜出身。如經試不中,或不能就試,得替實及三年者,亦許經南曹投狀,並特與放選,即不得入縣令及司理司法差遣,其錄事參軍、司理司法,今後更不免選。應條貫內理為勞績事件,亦令編敕所取索類聚,相度事理可與免選者,先次詳定。今後遇赦恩更不放選,合注官人更不試判,即歷任有京官、職官、縣令舉主共及五人者,亦與免試放選注官。其差替、衝替、放離任等人,亦許依得替人例,投狀注官者亦准此。所有試公事及大義,並依法官例差官撰立式樣,頒降施行。應奏補京朝官及選人年二十以上,並許逐年經審官東院、流內銓投狀,依進士例試所習經書大義十道者亦聽。如所試及得合放選人等第,便與差遣,入優等者亦與賜出身。仍並與上條合試選人一處差官考試,通定等。如試不中或不能就試,候年及三十,方與差遣。內元奏授時已年三十以上,即候奏授及三週年,方得出官。以上京朝官仍展三年監當,如歷任於合用舉主外更有舉主二人,即與免展年。以上自來合試詩者,更不試詩。如係熙寧四年以前奏授者,見年十五以上不能就者,且依舊條施行。京朝官仍依上條展年。」〔註66〕

　　此條記載信息量十分豐富,現條分縷析如下:

　　其一,考試由吏部與朝廷差官共同主持,且依照「試刑法」考試章程開展。

　　其二,考試的內容更為豐富且更務實際,不再試詩,也不再試判。選人

<hr>

〔註66〕（清）徐松輯,劉琳、刁忠民等校點:《宋會要輯稿》選舉一三,上海古籍出版社,2014年,第5522~5523頁。《長編》亦載此條。（宋）李燾:《續資治通鑑長編》卷二百二十七,神宗熙寧四年十月壬子朔,中華書局,2004年,第5520~5521頁。

可以自行選擇考試的內容，要麼試斷案二道、試律令大義五道或議三道。

其三，允許與試者攜帶相關資料進入考場，其考察的方式更為靈活，不再要求死記硬背。試斷案考試由朝廷差官出題，每道不得過七件刑名。要求與試者逐一說明理斷的原因與所涉及的刑名。試律文大義則要求與試者具引律文。如試律文大義不成，則可以試議五道，試義亦須援引經典法令，質正是非，明述理趣。

其四，考試合格準備分為三等：第一等可以免選注官，成績優異者可以超資注擬，無出身者可賜出身。如試不中者或不能就試之人，則須守候選限，選滿後方可注官。同時，這類人注官時亦不得授予縣令、司理參軍和司法參軍的職務。

其五，此外，應奏補京朝官及選人，須年滿二十以上，並且還須向審官東院、流內銓投狀，可以依進士例試所習經書大義十道。如考試成績入等，則可授予差遣，考試成績優秀者還可以賜與出身。如果試不中，則須年滿三十之後，才可授予差遣。廕補人出官的考試與選人銓試一起差官考試，定成績。

由於吏部銓試之制與「試刑法」都以斷案和律令大義為考試內容，若不細察，二者也難以辨別。徐道鄰先生在《宋朝的法律考試》一文在論及熙寧刑法六場格式時，就將上文所引的熙寧四年銓試之制與「試刑法」考試混淆了。其文稱：「共分六場。五場考斷案——刑名十事至十五事為一場，後來四年（1071）十月，減為『每道不得過七件刑名』；六年（1073）三月，又改為『七件以上，十件以下』——一場律義。」〔註67〕查徐道鄰先生稱試斷案「每道不得過七件刑名」所據之詔令：「應得替合守選幕職、州縣官，並許逐年春秋於流內銓投狀乞試。或斷公案二道，或律令大義，各聽取便乞試。限二月八日以前投狀，至次月差官同銓曹主判官同試。應約束事件並依試法官條約指揮。其試公案，即令所差試官旋撰文案，每道不得過七件刑名。」〔註68〕此詔令的意思是，春秋銓試的相關制度參照試法官條約的相關規定執行，而

〔註67〕徐道鄰：《宋朝的法律考試》，收錄氏著《中國法制史論集》，志文出版社，1975年。第199頁。
〔註68〕（清）徐松輯，劉琳、刁忠民等校點：《宋會要輯稿》選舉一三，上海古籍出版社，2014年，第5522～5523頁。《長編》亦載此條。（宋）李燾：《續資治通鑒長編》卷二百二十七，神宗熙寧四年十月壬子朔，中華書局，2004年，第5520～5521頁。

「每道不得過七件刑名」是對銓選中試斷案的試題數量的特別規定，並非「試刑法」考試每場試斷案的試題數量。

四、吏部常選的考試規則

（一）唐代吏部常選考試規則

試判考試當日天剛亮時，選人必須在考場集合。「每試判之日，皆平明集於試場。」〔註69〕《通典》云：「其試之日，除場援棘，譏察防檢，如禮部舉人之法。」〔註70〕具體說來，禮部主持貢舉考試時的考場紀律十分嚴格。「閱試之日，皆嚴設兵衛，薦棘圍之，搜索衣服，譏訶出入，以防假濫焉。」〔註71〕考場周圍有衛兵把手，為防止攜帶小抄，選人進入考場前還必須經過搜身檢查。此外，選人須由識官親自送進考場，仔細核驗身份，以防代筆替考。

《新唐書》有云：「侍郎主試判而已。」〔註72〕試判考試的主考官由吏部侍郎擔任。據《唐六典》記載，「侍郎出問目，試判兩道。」〔註73〕試判考試之初，試判題目亦由吏部侍郎負責擬定，足見侍郎之職重。後來為防止考場徇私舞弊，朝廷也會委派其他有學識的官員同為考官。《舊唐書》所載苗晉卿之傳記就曾記載：「選人既多，每年兼命他官有識者同考定書判，務求其實。」〔註74〕考試當日，主考官須親自監考。「試時，長吏親自監臨，皆令相遠，絕其口授及替代。」〔註75〕

雇人代考，是最為士子所不恥的事情。如有假冒頂替的情況，則會招致榜示懲戒。「其倩人暗判，人間謂之『判羅』，此最無恥，請榜示以懲之。」〔註76〕儘管考場規則制定得很嚴格，但試判考試營私舞弊的現象還是層出不窮。正如《新唐書》所云：「試之日，冒名代進，或旁坐假手，或借人外助，多非

〔註69〕（唐）李林甫：《唐六典》卷二，《尚書吏部》，中華書局，1992年，第27頁。

〔註70〕（唐）杜佑：《通典》卷十五，《選舉三》，中華書局，1988年，第360頁。

〔註71〕（唐）杜佑：《通典》卷十五，《選舉三》，中華書局，1988年，第360頁。

〔註72〕（宋）歐陽修、宋祁等：《新唐書》卷四十五，《選舉志下》，中華書局，1975年，第1177頁。

〔註73〕（唐）李林甫：《唐六典》卷二，《尚書吏部》，中華書局，1992年，第27頁。

〔註74〕（後晉）劉昫等：《舊唐書》卷一百一十三，《苗晉卿傳》，中華書局，1975年，第3349頁。

〔註75〕（唐）杜佑：《通典》卷十七，《選舉五》，中華書局，1988年，第98頁。

〔註76〕（唐）杜佑：《通典》卷十七，《選舉五》，中華書局，1988年，第98頁。

其實。」〔註77〕天寶二年（743），吏部侍郎苗晉卿、宋遙主持試判考試就因徇私而招致貶官。御史中丞張倚的兒子張奭無真才實學，而苗晉卿與宋遙為攀附張倚，將張奭定為第一。後來被人告發，玄宗皇帝親自主持重試。重試之日，張奭「手持試紙，竟日不下一字。試謂之『曳白』。」〔註78〕因此，苗晉卿被貶為安康郡太守，宋遙被貶為武當郡太守。同為考官的禮部郎中裴朏、起居舍人張烜、監察御史宋昱、左拾遺孟國朝也一併貶官。〔註79〕

　　試判是選人決定去留的關鍵考試，應試者眾，競爭十分激烈。儘管判題難度不斷加大，但還是無法遏制考官與選人串通作弊的現象。為保證試判考試的公平性和客觀性，武則天時期開始實行糊名考判制度。唐人劉餗在《隋唐嘉話》中曾提及這此試判改革。「武后以吏部選人多不實，乃令試日自糊其名，暗考以定等第。判之糊名，自此始也。」〔註80〕《舊唐書》亦有載：「初則天時，敕吏部糊名考選人判，以求才彥，憲與王適、司馬鍠、梁載言相次判入第二等。」〔註81〕所謂「糊名考判」，就是將試卷上的考生姓名進行密封掩蓋，而糊名的具體操作是讓選人自己完成。糊名考判制度的施行，使試判考試能夠較為客觀、公正地考察選人的真實水平，使才學之士能夠脫穎而出。然而，糊名考判制度的施行也影響了官僚集團的實際利益，朝廷為收攬人心，糊名考判制度也是時廢時續。天冊萬歲元年（695），武則天曾下令停止糊名考判制度。「品藻人物，銓綜士流，委之選曹，責成斯在。且人無求備，用匪一途，理當才地並昇，輪轅兼授。或收其履歷，或取其學行。糊名考判，立格注官，既乖委任之方，頗異銓衡之術。朕屬精思化，側席求賢，必使草澤無遺，方員曲盡。改弦易調，革故鼎新，載想緝熙之崇。式佇清通之效。其常選人自今已後，宜委所司依常例銓注。其糊名入試，及令學士考判，宜停。」〔註82〕時至玄宗開元十

〔註77〕（宋）歐陽修、宋祁等：《新唐書》卷四十五，《選舉志下》，中華書局，1975年，第1175頁。

〔註78〕（後晉）劉昫等：《舊唐書》卷一百一十三，《苗晉卿》，中華書局，1975年，第3349頁。

〔註79〕（宋）王溥撰：《唐會要》卷七十四，《選部上》，中華書局，1955年，第1346頁。

〔註80〕（唐）劉餗撰，程毅中點校：《隋唐嘉話》下，中華書局，1979年，第35頁。

〔註81〕（後晉）劉昫等：《舊唐書》卷一百九十中，《劉憲傳》，中華書局，1975年，第5017頁。

〔註82〕（宋）王溥撰：《唐會要》卷七十五，《選部下》，中華書局，1955年，第1358頁。

五年（727），朝廷又正式下令恢復糊名考判制度。「今年吏部選人，宜依例糊名試判，臨時考第奏聞。」〔註83〕

（二）五代時期吏部試判之弊

由於唐代及第舉子與低級文官的入仕、升遷之路中的各個環節，都需要試判。因此唐代舉子對試判寫作極為重視。《容齋隨筆》有云：「唐銓選擇人之法有四：一曰身，謂體貌豐偉。二曰言，言辭辯正。三曰書，楷法遒美。四曰判，文理優長。凡試判登科謂之入等，甚拙者謂之藍縷，選未滿而試文三篇謂之宏辭，試判三條謂之拔萃。中者即授官。既以書為藝，故唐人無不工楷法，以判為貴，故無不習熟，而判語必駢儷，今所傳《龍筋鳳髓判》及《白樂天集甲乙判》是也。自朝廷至縣邑，莫不皆然，非讀書善文不可也。」〔註84〕由於試判成績的優劣直接關係到選人的政治前途，故唐代士子特別重視書判的寫作。為應對試判考試，士子們要進行大量的書判練習。既要熟悉律令，也須提高自身的文學修養，注意語言修辭與句式對仗。試判考試鼓勵了士人讀書習法，其在吏部銓選中的作用也日益重要。

試判考試本身的目的在於考察選人的政務能力，然而，隨著試判制度的發展，其弊端也日益明顯。「日月浸久，選人猥多，案牘淺近，不足為難，乃採經籍古義，假設甲乙，令其判斷。既而來者益眾，而通經正籍又不足以為問，乃徵僻書、曲學、隱伏之義問之，惟懼人之能知也。」〔註85〕中唐以後的試判題目，也不再注重考察選人處理實際政務的能力，而成為了一種無聊的文字遊戲。五代時期，雖承襲了唐代試判制度，但在實際運作中並沒有取得良好的社會效果。

《文獻通考‧選舉考》記載了五代時期後唐明宗時的幾則材料：

其一，中書奏：「吏部流外銓諸色選人試判兩節，並不優劣等第與官資。其業文者，任徵引古今。不業文者，但據事理判斷可否，不當罪在有司。」由此可見，試判考試的重要性的下降。雜色入流考試中雖然也要試判兩道，但不作為差注官闕的依據。作答的隨意性較高，可以任徵古今。文字能力較差

〔註83〕（宋）王溥撰：《唐會要》卷七十五，《選部下》，中華書局，1955年，第1361頁。

〔註84〕（宋）洪邁撰，孔凡禮點校：《容齋隨筆》卷十，《唐書判》，中華書局，2005年，第129頁。

〔註85〕（唐）杜佑：《通典》卷十五，《選舉三》，中華書局，1988年，第360頁。

的，依常理判斷亦可。

其二，「吏部南曹關：『今年及第進士內，《三禮》劉瑩等五人，所試判語皆同。勘狀稱：晚逼試期，偶拾得判草寫淨，實不知判語不合一般者。』敕：『貢院擢科，考詳所業。南曹試判，激勸效官。劉瑩等既不攻文，只合直書其事，豈得相傳稿草，侮瀆公場。及至定期覆試，果聞自懼私歸，宜令所司落下放罪，許再赴舉。』」由是知，五代時期吏部銓選試判舞弊之風盛行。在這一年的吏部銓選試判考試中，居然有五位選人的答卷一模一樣。試判考試當然需要選人自行撰寫判語，選人不但不認罪，反而辯稱是偶然拾到判語並抄寫到卷子上。朝廷雖然認為這五人之行為有辱公場，但並未深究他們的責任，還允許他們再次赴舉。

其三，其年十月，敕：「訪聞每年及第舉人牒試、吏部關試，判題雖有，判語全無，只見各書未詳，仍或正身不至。如斯乖謬，須議去除。此後關送舉人，委南曹官吏準格考試。如是進士並經學及第人，曾親筆硯，其判語即須緝構文章，辨明治道。如是委無文章，許直書其事，不得只書未詳。如開試時，正身不到，又無請假文書，卻牒貢院，申奏停落」。由是知，五代時期吏部關試時試判考試的嚴肅性也有所下降。及第舉子參加關試時有的只抄寫了判題，卻無判語。還有甚者居然無故不親自到場，關試考試也淪為了走過場。

馬端臨在按語中也說到：「唐以試判入仕，五季因之，然以此三條觀之，其為文具可知也。有如流外銓，必胥吏之徒，非以文學進身者，則所對不責其引徵古今，但據事理判斷，誠是也。至於及第進士，而乃一詞莫措，傳寫定本，雷同欺誑，至煩國家立法，明開曾親筆硯、委無文章兩途以處之，則烏取其為進士乎。況正身多不至，則所謂試者，不過上下相與為欺耳，可無試也。」〔註86〕

第三節　吏部科目選中的法律考試

一、守選制與科目選考試的設立

吏部科目選的設立與守選制的建立有著非常密切的聯繫。所謂守選制，是指及第舉子與文職六品以下秩滿官員須按照規定守候吏部的銓選期限，方

〔註86〕（宋）馬端臨著：《文獻通考》卷三十八，《選舉考十一》，中華書局，2011年，第1100頁。

可參加銓試的制度。

　　唐朝初年，選人不必守選即可授官。據《新唐書》載：「初，吏部求人不以資考為限，所獎拔惟其才，往往得俊乂任之，士亦自奮。」〔註87〕《唐摭言》曾記載了唐初及第舉子授官情況：「高祖武德四年四月十一日，敕諸州學士及白丁，有明經及秀才、俊士，明於理體，為鄉曲所稱者，委本縣考試，州長重複，取上等人，每年十月隨物入貢。至五年十月，諸州共貢明經一百四十三人，秀才六人，俊士三十九人，進士三十人。十一月引見，敕付尚書省考試。十二月吏部奏付考功員外郎申世寧考試，秀才一人，俊士十四人，所試並通，敕放選與理入官。其下第人各賜絹五疋，充歸糧，各勤修業。自是考功之試，永為常式。」〔註88〕按這段記載所云，武德五年（622）秀才及第一人、進士四人，此五人並未守選，及第之後隨即授予官職。

　　然而，隨著政治穩定，經濟的繁榮，吏部銓選中逐漸開始出現守選現象。「初，武德中，天下兵革方息，萬姓安業，士不求祿，官不充員，吏曹乃移牒州府，課人應集，至則授官，無所退遣。四五年間，求者漸多，方稍有沙汰。貞觀時，京師穀貴，始分人於洛州選集，參選者七千人，而得官者六千人。」〔註89〕時至貞觀元年（627），參加銓選冬集的及第舉子與秩滿待選的官員總數約為七千餘人，其中未得銓敘的選人約有一千人，他們只能等候下一年的銓選機會。顯慶二年（661），黃門侍郎、知吏部選事劉祥道曾上疏言：「今之選司取士，傷多且濫。每年入流，數過一千四百人，是傷多也。雜色入流，不加銓簡，是傷濫也。古之選者，不聞為官擇人，取人多而官員少也。今官員有數，而入流無限，以有數供無限，遂令九流繁總，人隨歲積。謹約准所須人，量支年別入流者，令內外文武官一品以下、九品以上一萬三千四百六十五員，舉大數當一萬四千人。壯室而任，耳順而退，取其中數，不過支三十年。此則一萬四千人，支三十年而略盡。若年別入流者五百人，三十年便得一萬五千人定數。頃者，一萬三千四百六十五人，足充所須之數。況三十年之外，在官者猶多，此便有餘，不慮其少。今年當入流者，遂逾一千四百，計應須數外，

〔註87〕（宋）歐陽修、宋祁等：《新唐書》卷一百八，《裴光庭傳》，中華書局，1975年，第4090頁。

〔註88〕（五代）王定保撰，陽羨生校點：《唐摭言》卷十五，《雜記》，中華書局，2012年，第106頁。

〔註89〕（唐）杜佑：《通典》卷十五，《選舉三》，中華書局，1988年，第362～363頁。

常餘兩倍。又常選者仍停六七千人，更復年別新加，實非處置之法。望請釐革，稍清其選。」〔註90〕從劉祥道的奏文可以看出，高宗時期吏部銓試落選之人已達六七千，龐大的落選數字已給朝廷帶來了巨大的壓力。時至玄宗開元年間，選人數量更是大大超出了員闕，以致於出現「八、九人爭官一員」〔註91〕的緊張局面。每年落選的人越積越多，已成為當時的一大社會問題。「每歲選者，動以萬計，京師米物為之空虛。」〔註92〕數萬人暫居於京城，給城市的物資、住宿、交通、治安等造成了極大的壓力。

要從根本上解決員多闕少問題，只有兩個方法：一是增加官闕，二是減少選人數量。但囿於國力，官員的編制不可能大幅增加。在這種情況下，要解決員多闕少的矛盾，必須從制度上作出調整以減少選人數量。據《登科記考》記載，唐朝自開科設舉以來的二百多年間，貢舉考試停辦了十六次。其中八次就出現在選人劇增的高宗時期。然而，就選人的構成而言，及第舉子所佔比例其實很小，六品以下秩滿待選的文官占絕大多數，因此，停舉並不能達到預期目的，要從根本上解決問題，必須先從減少六品以下秩滿待選的文官數量著手。開元十八年（730），在侍中裴光庭的建議下，朝廷對六品以下秩滿待選的官員參加銓選的條件作出了限制性規範。「以選人既無常限，或有出身二十餘年而不獲祿者，復作『循資格』，定為限域。凡官罷滿以若干選而集，各有差等，卑官多選，高官少選，賢愚一貫，必合乎格者，乃得銓授。自下升上，限年躡級，不得逾越。」〔註93〕「循資格」規定：官員的選授與升遷必須嚴格依據年限和資歷，秩滿者必須守選若干年才能參加銓選。《新唐書》有云：「凡一歲為一選，自一選至十二選。視官品高下以定其數，因其功過而增損之。」〔註94〕守選年限的一般規則是：「卑官多選，高官少選。」即官職低者守選的年限較長，職位高者守選年限較短。「循資格」制度的建立，對選人參加吏部銓選的資格進行了詳細規定，使得守選進一步制度化、規範化，同時也大大減輕了吏部銓選工作的壓力。

〔註90〕（宋）王溥撰：《唐會要》卷七十四，《選部上》，中華書局，1955年，第1334頁。

〔註91〕（唐）杜佑：《通典》卷十五，《選舉三》，中華書局，1988年，第362頁。

〔註92〕（唐）杜佑：《通典》卷十七，《選舉五》，中華書局，1988年，第413頁。

〔註93〕（唐）杜佑：《通典》卷十五，《選舉三》，中華書局，1988年，第361頁。

〔註94〕（宋）歐陽修、宋祁：《新唐書》卷四十五，《選舉志下》，中華書局，1975年，第1174頁。

　　「循資格」針對的是六品以下秩滿待選的文官守選。那麼，及第舉子的守選情況又是如何？因文獻匱乏，詳細情況不得而知。但在史料記載的一鱗半爪中，可得知進士及第的守選年限一般為三年。玄宗開元三年（715）六月詔令云：「其明經、進士擢第者，每年委州長官訪察，行業修謹，書判可觀者，三選聽集。並諸色選人者，若有鄉閭無景行，及書判全弱，選數縱深，亦不在選限。」〔註95〕文中所稱「三選聽集」，就是指明經與進士及第舉子經關試合格取得選人資格後必須守選三年，才可參加於孟冬十月舉辦的銓選集會。《冊府元龜》載大和九年（835），中書門下奏疏云：「伏以國家取士，遠法前代，進士之科，得人為盛。然於入仕，須更指揮，必使練達，固在經歷。起來年，進士及第後三年任選，委吏部依資盡補州府參軍，緊縣簿、尉，官滿之後，來年許選。三考後聽諸使府奏用，便入協律郎四衛佐。未滿三考，不在奏改限。」〔註96〕由是亦可見，當時新及第進士也須守選三年才能參加吏部銓選。

　　「循資格」的設立之初，時論於此就頗有爭議，認為守選制有失國家掄才之方。〔註97〕「其庸愚沉滯者皆喜，謂之「聖書」，而才俊之士無不怨歎。宋璟爭之不能得。」〔註98〕不論才能超群還是庸愚沉滯，選人都必須遵守選限，選限期滿才可以參加吏部銓試。「循資格」的建立，推遲了選人的出仕時間，大大打擊了才學之士的報國熱情，也引起了當時朝臣的紛紛抗議。正因為「循資格」弊端，也使得裴光庭樹敵甚多。三年之後裴光庭身死，中書令蕭嵩便馬上奏請廢除「循資格」。開元二十一年（733）六月，朝廷正式詔令：「古者，諸侯舉士，必本於鄉曲。府庭署吏，亦先於行能。所以人自檢修，官無敗政。及乎魏承漢弊，權立九品。今之吏部，用是因循，入仕浸多，為法轉密。然於濟治求才，未聞深識。持衡處事，徒具繁文。朕寤寐永懷，每以惆悵。夫琴瑟不調者，改而更張。法令不便者，義復何異。頃者，有司限數，及拘守循資，遂令銓衡不得揀拔天下賢俊，屈滯頗多。凡人三十始可出身，四十乃得從事，更造格限，分品為差。若如所制之文，六十尚不離一尉，有材能

〔註95〕（宋）王欽若等編撰，周勳初等校訂：《冊府元龜》卷六三五，《銓選部·考課一》，鳳凰出版社，2006年，第7344頁。

〔註96〕（宋）王欽若等編撰，周勳初等校訂：《冊府元龜》卷六四一，《貢舉部·條制三》，鳳凰出版社，2006年，第7403頁。

〔註97〕（唐）杜佑：《通典》卷十五，《選舉三》，中華書局，1988年，第361頁。

〔註98〕（宋）司馬光編著：《資治通鑑》卷二百一十三，《唐紀二十九》，開元十八年夏四月己丑，中華書局，1956年，第6789頁。

者，始得如此，稍敦樸者，遂以終身。由是取人，豈為明恕。自今以後，選人每年總令赴集，依舊以三月三十日為限。其中有才優業異，操行可明者，一委吏部臨時擢用。貴於取實，何限常科。雖遠郡下僚，名跡稍著，亦須甄拔，令其勸勉。俾人思為善之利，俗知進取之途。朕所責成，實在吏部，可舉其大略，令有所依。比者，流外奏甲，仍引過門下。簿書堆盈於瑣闥，胥吏填委於掖垣，豈是合宜，過為煩碎。自今以後，亦宜依舊。」〔註99〕據此可知，朝廷以「循資格」不能「揀拔天下賢俊」為由，恢復選人每年赴集之舊制，廢除了「循資格」。然而實際上，這一政令並未真正執行。據《資治通鑒》記載：「夏，六月，癸亥，制『自今選人有才業操行，委吏部臨時擢用。流外奏用不復引過門下。』雖有此制，而有司以『循資格』便於己，猶踵行之。」〔註100〕《文獻通考》亦云：「然有其制而無其事，有司但守文奉式，循資例而已。」〔註101〕陳鐵民先生認為：「六品以下的文官，定期分批地輪流休官，以此減少每年參加吏部銓選的選人數量，減輕京師物資供應的壓力，緩解社會的矛盾，由於這個制度符合社會的實際需要，所以雖不斷有人想廢除它，但最終還是罷除不了。」〔註102〕

　　的確如此，「循資格」頒布之初，一定程度上緩解了員多闕少的矛盾，也較為合理地解決了選人雲集京城所引發的社會問題，減輕了選人長途奔波之苦，同時也為選人提供了熟悉吏治、洞察民情，增長實際政務能力的良好時機。但從長遠上看，「循資格」只是暫時拖延了選人參加銓試的時間，沒有從實際上減少選人的數量。員多闕少的現實依然存在，並不能從根本上解決問題。

　　「循資格」雖一直實行，但為拔擢高材異能之士，使真正有才華的人早日脫穎而出，朝廷創設了打破選格限制的科目選考試制度。據《通典》載：「選人有格限未至，而能試文三篇，謂之『宏詞』。試判三條，謂之『拔萃』，亦曰『超絕』。詞美者，得不拘限而授職。」〔註103〕又據《唐會要》云：「其

〔註99〕（宋）王溥撰：《唐會要》卷七十四，《選部上》，中華書局，1955年，第1348頁。

〔註100〕（宋）司馬光編著：《資治通鑒》卷二百一十三，《唐紀二十九》，開元二十一年六月癸亥，中華書局，1956年，第6802頁。

〔註101〕（宋）馬端臨著：《文獻通考》卷三十七，《選舉考十》，中華書局，2011年，第1080頁。

〔註102〕陳鐵民：《唐代守選制的形成與發展研究》，《文史》2011年第2輯。

〔註103〕（唐）杜佑：《通典》卷十五，《選舉三》，中華書局，1988年，第362頁。

年五月，中書門下奏「內外常參官改轉，伏以建官蒞事，曰賢與能。古之王者，用此致治，不聞其積日以取貴，踐年而遷秩者也。況常人自有常選，停年限考，式是舊規。然猶慮拘條格，或失茂異，遂於其中，設博學宏詞，書判拔萃、三禮、三傳、三史等科目以待之。今不限選數聽集，是不拘年數考數，非擇賢能之術也。」〔註 104〕由是知，科目選正是吏部為彌補「循資格」失才之弊而創立的旨在使異能茂才早日脫穎而出的選拔考試。科目選的設立為及第舉子和秩滿待選官員打破選限，提前獲官提供了一條特殊的捷徑。

科目選考試與常選考試的應選者都是吏部的選人，但具體要求不同。吏部常選要求選人必須嚴格按照規定守選，限滿後方可參加。而科目選的設置就在於為才華出眾的選人提供能夠早日脫穎而出的特殊渠道，允許選人打破選格限制參加。未滿選限的及第舉子和六品以下文職官員可以參加科目選考試。而已滿選限的及第舉子和六品以下文職官員，既可以參加常選，也可以參加科目選，但不能同時參加。

二、「書判拔萃」科始於何時

「書判拔萃」與「平判入等」科置於何時？因為它牽涉到書判拔萃科設置的目的與用意，也牽涉到相關制度與人物的考證，因此這是一個必須解決的首要問題。

吏部科目選中，最為士人所重的是「博學宏詞」科與「書判拔萃」科兩門考試。其中，「試判三條，謂之拔萃，亦曰超絕。」〔註 105〕唐代「書判拔萃」考試又稱為「書判超絕」考試，其主要內容也是試判，是選人超資授官的重要渠道。

史料文獻中，「拔萃」一詞有多種含義。與考試有關的「拔萃」一詞也並非僅指書判拔萃考試。與此相關的考試還有制舉考試中的「拔萃出類」科，此外，書判拔萃也很容易與吏部舉辦的其他試判考試，如吏部常選、「平判入等」等混淆。因此要考證書判拔萃科創立於何時，必須辨明史料文獻中出現的「拔萃」一詞的具體含義。

清人徐松《登科記考·凡例》有云：「宏詞試文三篇，拔萃試判三條，是

〔註 104〕　（宋）王溥撰：《唐會要》卷五十四，《省號上》，中華書局，1955 年，第 929～930 頁。
〔註 105〕　（唐）杜佑：《通典》卷十五，《選舉三》，中華書局，1988 年，第 362 頁。

吏部選人之法，原無關於禮闈。惟《冊府元龜》、《唐會要》宏詞、拔萃皆與制
科類序。《文苑英華》辭賦門宏詞與省試同載，其《典同度管判》常非月名下
注，引《登科記》『月』做『自』，是《登科記》載宏詞、拔萃之證。今亦按年
序入，以備一代之制。」〔註106〕由是之，《登科記考》雖主要記載唐代禮部考
試登科者，但同時也對唐代書判拔萃登科人物進行了考證。然而，徐松在盡
力恢復唐《登科記》原貌的同時，也沒能完全辨明歷史文獻中的「書判拔萃」
考試。〔註107〕

　　《唐會要》云：「大足元年，理選使孟詵試拔萃科，崔翹、鄭少微及第。」
〔註108〕《唐語林》亦載，「大足元年置拔萃，始於崔翹。」〔註109〕徐松《登
科記考》引此載以為創設「書判拔萃」之證，並考證崔翹、裴寬、孫嘉之、邵
炅、齊汗等人於此年登書判拔萃科。然而，據岑仲勉先生考證，徐松這一論斷
有誤。史料文獻記載的大足元年（701）所置之「拔萃科」實為制舉中「拔萃
出類」考試。吏部科目選中「書判拔萃」考試也並非創設於大足元年。〔註110〕

〔註106〕（清）徐松撰，趙守儼點校：《登科記考》，中華書局，1984年，第7頁。
〔註107〕陳鐵民在《〈登科記考〉之四種「拔萃科」辨》一文中指出，徐松《登科記
　　　　考》中所考證的「拔萃科」，包含有以下四種不同的科目與內容：書判拔萃
　　　　（科目選），拔萃出類（制科），平判入等（吏部常選），「試判入等」（吏部
　　　　常選）。參見陳鐵民：《〈登科記考〉之四種「拔萃科」辨》，載《中國典籍與
　　　　文化》，2012年第2期。筆者以為，陳鐵民教授認為《登科記考》中「拔萃
　　　　科」混淆了四種考試，所論甚是，然而，陳鐵民教授的論斷也有些許瑕疵。
　　　　平判入等考試應是吏部科目選考試，而非吏部常選考試，詳見後文所述。
〔註108〕（宋）王溥撰：《唐會要》卷七十六，《貢舉中》，中華書局，1955年，第1387
　　　　頁。
〔註109〕（宋）王讜撰，周勳初校正：《唐語林校正》卷八，《補遺》，中華書局，1987
　　　　年，第713頁。
〔註110〕岑仲勉《登科記考訂補》有云：「證聖即天冊萬歲元年進士孫嘉之，引《舊
　　　　唐書·文苑傳》及孫逖《宋州司馬先府君墓誌銘》，余按《千唐》會昌元年
　　　　《故汝州司法孫審象墓誌》亦云：『曾祖府君諱嘉之，皇朝天冊中，舉進士
　　　　擢高第，久視中，應拔萃登甲科。』同卷大足元年拔萃科孫嘉之下注云：『孫
　　　　逖其（其子行）撰父嘉之《墓誌銘》，久視初預拔萃，與邵炅、齊汗同昇甲
　　　　科，按久視時無拔萃科，故附是年。』余按前條引《孫審象志》作久視中。
　　　　同年拔萃科邵炅下注云：『見上』，即為孫逖所撰父嘉之志也。余按《千唐》
　　　　天寶七載《廣平郡太守恆王府長史寇洋墓誌》云：『弱冠應材稱棟樑舉，策
　　　　居第一，又試拔萃出類科，與邵昇、齊汗同時超等』，則拔萃科之全名，應
　　　　為『拔萃出類』。拔萃乃其省稱。」參見岑仲勉：《登科記考訂補》，收錄于
　　　　氏著《郎官石柱題名新考訂》，上海古籍出版社，1984年。岑仲勉先生此處
　　　　補正，為後來學者推重。相關論著亦可參見孟二冬補正：《登科記考補正》，

岑仲勉這一抉源匡謬的補正，也受到後來學者的一致認同。〔註111〕

那麼，屬於吏部科目選的書判拔萃考試究竟始於何時？由於史料不詳，學界也是眾說紛紜。〔註112〕據唐人獨孤及《唐故朝議大夫高平郡別駕權公神道碑銘》云：「公諱徹，字幼明，隴西天水人也。……初選部舊制，每歲孟冬以書判選多士，至開元十八年，乃擇公廉無私工於文者，考校甲乙丙丁科，以辯論其品。是歲，公受詔與徐安貞、王敬從、吳鞏、裴朏、李宙、張烜等十學士參焉。凡所升獎，皆當時才彥。考判之目，由此始也。」〔註113〕從文義來看，開元十八年（730），權徹與徐安貞、王敬從、吳鞏、裴朏、李宙、張烜等十學士參與了吏部試判考試的考校工作。但問題的關鍵在於，「考判之目，由此始也」應當作何理解。唐代以試判為考試內容只有三種，即吏部常選、吏部科目選中的書判拔萃和平判入等。那麼，此處指稱的「考判之目」究竟是哪種試判考試？王勳成教授在《唐代銓選與文學》一書中，認為這段文獻所稱的「考判之目」應當是指書判拔萃科考試。〔註114〕然而，這一說法遭到陳鐵民先生的質疑。他認為，權徹神道碑銘中所描述的考判之目應當是指平判入等考試，因此書判拔萃科也並非始於開元十八年（730）。

北京燕山出版社，2003 年，第 154 頁。王勳成《唐代銓選與文學》，中華書局，2001 年 4 月版，第 273～274 頁。陳鐵民：《〈登科記考〉之四種「拔萃科」辨》，載《中國典籍與文化》，2012 年第 2 期。由於史料語焉不詳，也有學者對文獻中所指稱的「大足元年置拔萃」有著不同不理解。如吳宗國先生認為久視（700），大足（701）時，拔萃科仍使制科的一種，或者說，作為科目選的拔萃科還處在發育的過程中，尚未從制科舉中分離出來。參見吳宗國：《唐代科舉制度研究》，北京大學出版社，2010 年，第 90 頁。

〔註111〕參見陳鐵民：《〈登科記考〉之四種「拔萃科」辨》，《中國典籍與文化》2012 年第 2 期。（清）徐松撰，孟二冬補正：《登科記考補正》，北京燕山出版社，2003 年，第 154 頁。

〔註112〕除下文討論的觀點之外，吳宗國先生引《舊唐書》卷九九《張九齡傳》之記載：「九齡以才鑒見推，當時吏部試拔萃選人及應舉者，咸令九齡與右拾遺趙冬曦考其等第，前後數四，每稱平允。開元十年，三遷司勳員外郎。」據此認為《舊唐書》在這裡把拔萃選人和應舉者明確加以區分，說明開元十年（722）前，拔萃科已成為科目選。筆者以為此說亦不對，開元十八年前，「循資格」尚未出臺，科目選考試亦不可能先於「循資格」之前創置。相關論述參見：吳宗國：《唐代科舉制度研究》，北京大學出版社，2010 年，第 90 頁。

〔註113〕（唐）獨孤及：《唐故朝議大夫高平郡別駕權公神道碑銘》，收錄於（清）董誥等：《全唐文》卷三百九十，中華書局，1983 年，第 3971～3972 頁。

〔註114〕王勳成：《唐代銓選與文學》，中華書局，2001 年，第 276 頁。

　　筆者以為，陳鐵民先生的論斷尤有可商榷之處：

　　其一，陳鐵民先生認為，「所謂『選部舊制』云云，當指每年的吏部常選以書判選拔官吏。所云十學士參與『考校甲乙丙丁科』，蓋指所試判文，令『學士考為等第』，唐玄宗於開元十五年（727）即有敕云：『今年吏部選人，宜依例糊名試判，臨時考第奏聞。』〔註115〕而『試判之目，有此始也。』則謂平判入等，始於開元十八。」陳鐵民先生以神道碑文所記載的開元十八年（730）試判考試與《冊府元龜》記載的開元十五（727）年舉辦的吏部常選相比較，認為二者所述之事都是吏部銓試，從而認為神道碑文所記載的考試是平判入等考試，完全與書判拔萃科無關。當然，陳鐵民先生的這一論斷是基於肯定「平判入等也應屬於吏部常選的範圍」的認識而所作出的。〔註116〕誠然，的確如陳先生所說，神道碑所云的「選部舊制：初選部舊制，每歲孟冬以書判選多士」這一情況與吏部常選的情況相似。但神道碑文上記載的文字也隨之話鋒一轉。「至開元十八年（730），乃擇公廉無私工於文者，考校甲乙丙丁科，以辯論其品。」雖然陳鐵民先生注意到吏部常選與後者之間的聯繫，但似乎沒有留意到上下文之間的這一轉折，從而忽略了後文所記敘的始於開元十八年（730）的「考判之目」乃是一種與吏部常選性質不同的考試。因而筆者以為，權衡神道碑文所記載的「考判之目」可以排除吏部常選的可能性，只能是吏部科目選試判考試中的一種，不是書判拔萃就是平判入等。

　　其二，陳鐵民先生引《舊唐書》記載的張奭曳白之事，認為當時張奭所試為平判入等科，筆者以為此說似乎較為武斷。觀之原文：「時天下承平，每年赴選常萬餘人。李林甫為尚書，專任廟堂，銓事唯委晉卿及同列侍郎宋遙主之。選人既多，每年兼命他官有識者同考定書判，務求其實。天寶二年春，御史中丞張倚男奭參選，晉卿與遙以倚初承恩，欲悅附之，考選人判等凡六十四人，分甲乙丙科，奭在其首。」〔註117〕陳鐵民先生引用此段文獻與權衡神道碑銘所載的考校判文等第之事比較，認為兩者情況非常一致，從而斷定權衡等十學士參與考校的考試也是平判入等。筆者以為陳鐵民先生的這一論

〔註115〕（宋）王欽若等編纂，周勳初等校訂：《冊府元龜》卷六三〇，《銓選部二・條制二》，鳳凰出版社，2006年，第7279頁。

〔註116〕筆者按：平判入等考試究竟是吏部常選考試選是科目選考試，有關分析詳見第二節。

〔註117〕（後晉）劉昫等：《舊唐書》卷一百一十三，《苗晉卿傳》，中華書局，1975年，第3350頁。

斷的論證也是不洽切的，從《舊唐書》記載的張奭曳白之事來看，我們只能確定這是一場吏部主持的試判考試，語段中並沒有特別的詞句能夠說明張奭曳白時所參加的考試是平判入等。因此，儘管權徹神道碑銘所載的試判考試情況與之相似，也無法證明權徹神道碑銘所載之試判考試是為平判入等。

既然不能確定權徹神道碑中所記載的由開元十八年（730）開始的「試判之目」究竟是書判拔萃科還是平判入等科，那麼，我們只能結合文獻記載的其他有關史實來討論書判拔萃科始於何時。筆者以為，書判拔萃科考試的設置時間，當以王勳成教授所述為是，書判拔萃的首場考試工作應當是在開元十八年（730）開始籌備。

首先，根據科目選考試的創設原因，我們可以確定的是，作為科目選考試的一種，書判拔萃肯定是在「循資格」出臺之後才有設置。《資治通鑒》將「循資格」的創立係於開元十八年夏四月條後。而科目選考試與吏部銓試一樣，一般都在孟冬十月舉行，那麼，科目選考試的準備工作最早可於開元十八年冬開始進行。

其次，作為吏部科目選中最為士人所重的兩個科目，博學宏詞科與書判拔萃科應當是同時設置的。《新唐書》與《通典》都是將此二科並列一起敘述。博學宏詞科試文三篇，書判拔萃試判三篇。這兩種考試的設置初衷就在於選拔選限未滿而能力各有所長的專門人才。按《唐語林》記載：「開元十九年，置宏詞，始於鄭昕。」〔註118〕《登科記考》也在開元十九年博學宏詞科下注云：「按唐之博學宏詞科，歲舉之。」〔註119〕那麼由此可知，吏部科目選中博學宏詞科於開元十九年（731）就有人試中登科。與此相應，書判拔萃科的首場考試也應該是開元十九年（731）放榜。

需要指出的是，如前文所述，吏部銓試的準備工作一般於每年孟冬十月舉行，至來年三月三十日銓選完畢。選人參加考試後，成績一般於來年春季放榜。因此，我們回頭來看之前權徹神道碑文，文中記載的開元十八年（730）創設的「考判之目」應當是書判拔萃科。由此可知，開元十八年（730），權徹、徐安貞、王敬從、吳鞏等十學士參與了書判拔萃考試的準備工作，並制

〔註118〕（宋）王讜撰，周勳初校正：《唐語林校正》卷八，《補遺》，中華書局，2008年，第713頁。

〔註119〕（清）徐松撰，趙守儼點校：《登科記考》卷七，中華書局，1984年，第259頁。

定了評卷標準。只是囿於史料，首榜書判拔萃登科者，我們則無從考證了。

三、唐代「書判拔萃」科考試規則

（一）應考人資格

如前文所述，唐代科目選的設立與守選制有關。《通典》載：「選人有格限未至，而能試文三篇，謂之『宏詞』。試判三條，謂之『拔萃』，亦曰『超絕』。詞美者，得不拘限而授職。」〔註120〕由是知，參加書判拔萃的應試者可以是「格限未至」的選人。又據《新唐書》載：「選未滿而試文三篇，謂之『宏辭』。試判三條，謂之『拔萃』。中者即授官。」〔註121〕由是知，參加書判拔萃條件為「選未滿」。「選未滿」和「格選」未至」二者之含義略同，都是指守選年限還未滿的選人。由此可知，未滿守選年限的和已滿守選年限的及第舉子以及六品以下秩滿待遷的文職官員都可以參加書判拔萃考試。

參加科目選考試的選人也要與參加常選的選人一樣，都要取得選解。取解的程序也一樣，及第舉子要在本貫提出申請，考滿待選的六品以下文職官員在原任州府提出申請。不同的是，獲得吏部常選的選解，不必經過考試。而科目選選解，必須經過州府考試，考試合格，方能取得。

（二）主考官與考試官

主持書判拔萃考試的主考官一般由吏部尚書、吏部侍郎擔任，此外還有兩名以上的考試官。咸通六年二月，金部員外郎張乂思、大理少卿董廥曾擔任書判拔萃考試的考官。〔註122〕咸通七年十一月，禮部郎中李景溫、吏部員外郎高湘亦曾擔任過書判拔萃考官。〔註123〕考試官的責任在於評判試卷，評定等第，而最後的錄取事務由吏部定奪。吏部錄取後，也須上報中書省考覆。

（三）考試內容及要求

前文已述，書判拔萃考試的內容為試判三條。與之前的所討論的關試試

〔註120〕（唐）杜佑：《通典》，卷十五，《選舉三》，中華書局，1988年，第362頁。
〔註121〕（宋）歐陽修、宋祁等：《新唐書》卷四十五，《選舉志下》，中華書局，1975年，第1172頁。
〔註122〕（後晉）劉昫等：《舊唐書》卷十九上，《懿宗紀》，中華書局，1975年，第658～659頁。
〔註123〕（後晉）劉昫等：《舊唐書》卷十九上，《懿宗紀》，中華書局，1975年，第661頁。

判與吏部常選試判相比，試題數量要多一條。由此可見，書判拔萃考試的難度肯定在其他試判考試之上。

書判拔萃也分等第。據前引獨孤及為權徹所撰寫的神道碑銘所稱：「至開元十八年，乃擇公廉無私工於文者，考校甲乙丙丁科，以辯論其品。」按照這一說法，書判拔萃科的等第分為甲、乙、丙、丁四科。據史料文獻記載，白居易就曾在書判拔萃考試中一舉擢為上第，登甲科。「貞元末，進士尚馳競，不尚文，就中六籍尤擯落。禮部侍郎高郢始用經藝為進退，樂天一舉擢上第。明年拔萃甲科。」〔註124〕書判拔萃科考試的第一名登者，又被稱為「拔萃頭」，以示榮耀。據《廣卓異記》就曾引當時的《登科記》之記載：「王閱，天寶元年進士狀元及第，八年拔萃頭登科。」〔註125〕

書判拔萃科的難度大，並且錄取也人數很少。《登科記考》上考證得出的書判拔萃科人的數量原本就不多，更加上其中摻雜著拔萃出類、平判入等登科人，真正書判拔萃登科人更是寥若星辰。據史料文獻記載，每年博學宏詞科登科者只取三名。韓愈曾於貞元九年（793）年參加博學宏詞科考試，並在《上考功崔虞部書》有云：「凡進士之應此選者，三十有二人，其所不言者，數人而已，而愈在焉。及執事既上名之後，三人之中，其二人者，固所傳聞矣。華實兼者也，果竟得之，而又升焉。其一人者，則莫之聞矣。實與華違，行與時乖，果竟退之。如是則可見時之所與者，時之所不與者之相遠矣。」此文講述的就是韓愈參加博學宏詞科被擬錄取後，又被中書省駁回的經歷。文中稱執事上名三人，就是說博學宏詞科將所錄取的三人名字提交中書省覆省，由此可見博學宏詞科的錄取人數一般為三人。由此推論，同為科目選的書判拔萃科，其每年錄取的人數也大致在三人左右。這一推論也可以從其他文獻材料的記載中得以證實。據《唐會要》載：「大中元年二月，吏部宏辭舉人漏泄題目，為御史臺所劾。侍郎裴稔改國子祭酒，郎中周敬復罰兩月俸料，考試官刑部郎中唐扶出為虔州刺史，監察御史馮顗罰一月俸料，其登科十人並落下。」〔註126〕這段文字記載的是大中元年吏部侍郎裴稔洩露博學宏詞科試題的事件。由於泄題導致考試不公，於是「三科盡

〔註124〕　（唐）元稹：《白氏長慶集序》，收錄於（清）董誥等：《全唐文》卷六五三，中華書局，1983年，第6644頁。

〔註125〕　（宋）樂史撰：《廣卓異記》卷十九，《進士狀元卻為拔萃頭》，四庫全書本。

〔註126〕　（宋）王溥撰：《唐會要》卷七十六，《貢舉中》，中華書局，1955年，第1394～1395頁。

覆」〔註127〕。所謂「三科」指的就是當時的吏部科目選三科，即博學宏詞科、書判拔萃科和平判入等科。「三科盡覆」就是這三門科目選擬錄取的選人都要重新考覆。考覆的結果是原本擬錄取的十名選人全部駁回。科目選三門考試只錄取十人，其中書判拔萃科登科的名額大概也就三人左右。儘管書判拔萃科取人嚴峻，然而一旦登科，所授之官往往比較優厚。如，于邵登科後授任崇文館校書郎。〔註128〕白居易登科後授任秘書省校書郎。〔註129〕余從周授任秘書省正字。〔註130〕

四、宋代「書判拔萃」科考試的改革

書判拔萃科考試原本就是唐代吏部科目選的一個考試科目，據前文所論，唐代書判拔萃考試的與試者主要是未滿選限的選人。北宋初年因循唐制亦設有書判拔萃科，也以試判三道為考試內容。只不過宋代的書判拔萃科考試幾經置廢，命運比較坎坷。同時，宋代書判拔萃科雖有其名，但其性質業已發生了重大變化。〔註131〕

據文獻史料的記載，宋代書判拔萃科大約於太祖建隆三年（962）八、九月間正式設置。《宋會要輯稿》載：太祖建隆三年八月二十三日，詔曰：「書判拔萃，歷代設科，頃屬亂離，遂從停罷。將期得士，特舉舊章，宜令尚書吏部條奏以聞。」〔註132〕其年九月十六日，有司上言：「準《選舉志》及《通典》，選人有格未至而能試判三條者，謂之『拔萃』。應者各取本州府本司文解，如常選舉人例，十月三十日以前隨解赴集。有出身已授京官、使府賓佐、州縣

〔註127〕（唐）裴庭裕撰，田廷柱點校：《東觀奏記》下卷，中華書局，1994年，第125～126頁。

〔註128〕（後晉）劉昫等：《舊唐書》卷一百三十七，《于邵傳》，中華書局，1975年，第3765～3766頁。

〔註129〕（後晉）劉昫等：《舊唐書》卷一百六十六，《白居易傳》，中華書局，1975年，第4340～4358頁。

〔註130〕（唐）權寔：《唐故朝議郎行尚書刑部員外郎會稽余公夫人河南方氏合祔墓誌銘》，收錄於《唐代墓誌彙編》收錄於周紹良、趙超主編：《唐代墓誌彙編》，上海古籍出版社，1992年。

〔註131〕中山大學歷史系曹家齊教授對宋代書判拔萃科的發展、性質與考選進行了較為完整的梳理。他認為書判拔萃科在宋代兩次被廢置的命運一定程度上反映了時代的變化。參見曹家齊：《宋代書判拔萃科考》，《歷史研究》，2006年第2期。

〔註132〕（清）徐松輯，劉琳、刁忠民等校點：《宋會要輯稿》選舉一〇，上海古籍出版社，2014年，第5451頁。

官、新及第進士，並許赴集。如未有官，不得稱試設撮頭銜取解。準格差官考試，當日對訖，送知錄銓尚書侍郎同考覆聞奏。考判之制有五等：上二等超絕輩流，可非次拔擢，前代罕有其人。第三上等取理優文贍者，超資擬授；次等或理優文省，緊慢授擬。第四上等取文理切當者，依資擬授；次等不甚切當者，量緊慢擬授。第五上等放選授官，次等放選赴冬集。不及格者皆落。」〔註133〕由是知，建隆三年設置的書判拔萃科考試是參酌唐制而成，也屬於吏部銓選的一個考試科目。其考試內容也是試判三道，與試者是有出身的京官、使府賓佐、州縣官、新及第進士。未有出身者不得參加。

次年，書判拔萃科開科的首榜就錄取了四位登科人。「乾德元年（963）閏十月八日，召翰林學士、中書舍人內殿覆吏部試中應拔萃田可封、孫邁、宋白、譚利用。帝臨軒觀之，試畢稱旨，以利用為左拾遺，白為著作佐郎，各賜襲衣犀帶。可封、邁並授赤縣尉。」〔註134〕

據史料文獻的記載，北宋初年的書判拔萃科大約是在大中祥符元年（1008）首次被廢置。《長編》「大中祥符元年四月甲寅」條載：「時上封者言：『兩漢舉賢良，多因兵荒災變，所以詢訪闕政。今國家受瑞建封，不當復設此科。』於是，悉罷吏部科目。」〔註135〕由此可見，這一年本來是有臣僚上言建議罷廢賢良方正科，不料朝廷竟以此為契機，罷廢了所有的吏部科目。此處雖未明言罷廢書判拔萃科，但書判拔萃亦屬於吏部科目之列。據此，筆者以為書判拔萃科曾於此年被廢置。

書判拔萃科的第二次設置是在仁宗天聖七年（1029）閏二月。據《長編》載：「壬子，詔曰：『朕開數路以詳延天下之士，而制舉獨久置不設，意吾豪傑或以故見遺也，其復置此科。』於是，稍增損舊名，曰：賢良方正、能直言極諫科，博通墳典、明於教化科，才識兼茂、明於體用科，詳明吏理、可使從政科，識洞韜略、運籌決勝科，軍謀宏遠、材任邊寄科，凡六，以待京朝官之被舉及應選者。又置書判拔萃科，以待選人之應書者。又置高蹈邱園科、沉淪草澤科、茂材異等科，以待布衣之被舉及應書者。又置武舉，以待方略智勇

〔註133〕（清）徐松輯，劉琳、刁忠民等校點：《宋會要輯稿》選舉一〇，上海古籍出版社，2014年，第5451頁。

〔註134〕（清）徐松輯，劉琳、刁忠民等校點：《宋會要輯稿》選舉一〇，上海古籍出版社，2014年，第5451頁。

〔註135〕（宋）李燾：《續資治通鑑長編》卷六十八，大中祥符元年四月甲寅，中華書局，2004年，第1535～1536頁。

之士。其法,皆先上藝業於有司,有司較之,然後試秘閣,中格,然後天子親策之。若武舉則仍閱其騎射焉。」〔註136〕《宋會要輯稿》亦有云:「(天聖)七年閏二月二十三日,詔置書判拔萃。」〔註137〕那麼由此看來,一方面,建隆三年設置之後,書判拔萃科似乎曾有廢置,或是久未舉行;另一方面,天聖七年重置後的書判拔萃科的性質似乎也發生了變化。

首先,天聖七年(1029)重置的書判拔萃科對應試者的要求比較高,「應選人非流外者,如實負材業,不曾犯贓及私罪情輕者,並許投狀乞應上件科目。仍先錄所業判詞三十,並上流內銓。判銓官看詳,如詞理優長者,具名聞奏。」〔註138〕這就是說,從資格上看,應試者必須是流內選人,歷任不得犯贓罪,或犯私罪情節較為輕微者。同年十月,朝廷又規定書判拔萃的應試者必須歷官三考以上,如此又排除了剛及第舉子應試的可能。符合條件的應試者還須先向流內銓呈遞平時所做的判詞三十道,判詞經判銓官看詳,又將判狀詞理通順的應試者分作三等,具名上報。〔註139〕其次,書判拔萃科的考試內容也不再僅僅是試判三道那麼簡單,考試程序也更為複雜。與試者首先必須經過朝廷差官進行試判考試十道。不僅題量大大增加,同時考試還要求考生答題的字數必須在兩千字以上。「當降朝旨召赴闕,差官試判十道,以二千字以上為合格,即御試。」〔註140〕經差官試判考試合格後,應試者還必須經過皇帝御試。

據《宋會要輯稿》記載,書判拔萃考試改革後的次年就是嚴格按照這一考試程序舉辦的。天聖八年(1030)正月二十六日,「流內銓言看詳到書判拔萃分三甲余靖等二十四人,詔兩制重詳定等第以聞。」〔註141〕首先,流內銓對應試

〔註136〕 (宋)李燾:《續資治通鑒長編》卷一百七,天聖七年閏二月壬子,中華書局,2004年,第2500頁。筆者按:此條《宋史》亦有載。參見(元)脫脫等:《宋史》卷一百五十六,《選舉二》,中華書局,1977年,第3647頁。

〔註137〕 (清)徐松輯,劉琳、刁忠民等校點:《宋會要輯稿》選舉一〇,上海古籍出版社,2014年,第5452頁。

〔註138〕 (清)徐松輯,劉琳、刁忠民等校點:《宋會要輯稿》選舉一〇,上海古籍出版社,2014年,第5452頁。

〔註139〕 (清)徐松輯,劉琳、刁忠民等校點:《宋會要輯稿》選舉一〇,上海古籍出版社,2014年,第5452~5453頁。

〔註140〕 (清)徐松輯,劉琳、刁忠民等校點:《宋會要輯稿》選舉一〇,上海古籍出版社,2014年,第5452頁。

〔註141〕 (清)徐松輯,劉琳、刁忠民等校點:《宋會要輯稿》選舉一〇,上海古籍出版社,2014年,第5453頁。

者資格進行了考核，將余靖等二十四人分為三等，具名上報朝廷，允許他們參加差官考試。這是書判拔萃科考試的第一個步驟。隨後，朝廷又差官對應試者進行了初試。「五月二十五日，命龍圖閣待制唐肅、梅詢、直集賢院胥偃考試拔萃余靖等二十五人於秘閣，殿中侍御史王嘉言、直集賢院柳植封彌、謄錄。」〔註142〕同年六月，仁宗皇帝又在崇政殿親自主持了書判拔萃科考試的御試環節。考試的結果是：「宣州司理參軍餘靖考入第四等，為將作監丞、知縣；安德軍節度推官、知邵武軍光澤縣尹洙考入第五等，循一資，近地知縣。」〔註143〕

由此可見，天聖七年後的書判拔萃科不再由吏部主持，而改由皇帝親自主持御試。同時，書判拔萃科的與試者也不再是未滿選限的選人，而是已有一定資考的已出闕官人，初出官人不得與試。另外，在前文所引的《長編》記載的詔書中，亦將書判拔萃科與其他九個制科科目並列，且考選程序相同。如此看來，重置後的書判拔萃科的性質應該是制科，而不再是吏部科目選考試了。〔註144〕

《燕翼詒謀錄》有云：「國初承五季之亂，吏銓書判拔萃科久廢。建隆三年八月，因左拾遺高錫上言，請問法書十條以代試判，詔今後應求仕及選人，並試判三道，仍復書判拔萃科。先是諸道州府參選者，每年冬集於吏銓，乾德二年正月甲申，詔選人四時參選。待之者甚厚，責之者甚至，真得馭臣之柄矣。後因銓部姑應故事，不分臧否，雖文紕繆、書不成字者，亦令注官。故真宗景德元年八月，令銓司引對，齎所試書判，以備奏御。仁宗即位之初，以諸路闕官，凡守選者並與放選，以示特恩。至景祐元年正月，遂廢書判為銓試。」〔註145〕《宋會要輯稿》亦載：「景祐元年二月四日，詔書判拔萃科今後更不置。」〔註146〕其實，不論宋代書判拔萃科的性質如何，但由於其考試內

〔註142〕（清）徐松輯，劉琳、刁忠民等校點：《宋會要輯稿》選舉一○，上海古籍出版社，2014年，第5453頁。

〔註143〕（清）徐松輯，劉琳、刁忠民等校點：《宋會要輯稿》選舉一○，上海古籍出版社，2014年，第5453頁。

〔註144〕曹家齊先生曾在《宋代書判拔萃科考》一文亦認為：「天聖七年復設之書判拔萃科，性質不同於建隆三年初設置科，而同於天聖七年詔下達的賢良方正能直言極諫等諸科。」參見曹家齊：《宋代書判拔萃科考》，《歷史研究》2006年第2期。

〔註145〕（宋）王栐：《燕翼詒謀錄》卷一，《吏銓試書判》，中華書局，1981年，第2頁。

〔註146〕（清）徐松輯，劉琳、刁忠民等校點：《宋會要輯稿》選舉一○，上海古籍出版社，2014年，第5454頁。

容始終以試判為主，因此它始終都是宋代選官考試中的一種法律考試。按史料記載，由於試判考試積弊良多，不足以取人，書判拔萃科考試也於景祐元年（1034）走到了盡頭。

五、「平判入等」科的性質

在唐代史料文獻中，「平判」一詞的使用最早出現在開元二十四年（736）。據《唐語林》載：「開元二十四年，置平判入等，始於顏真卿。」〔註147〕儘管這段文獻十分清晰的表明平判入等科的設置時間是在開元二十四年（736）。但平判入等科究竟是吏部科目選考試還是吏部常選考試，學界一直存在異議，〔註148〕而異議產生的焦點主要是以下兩則材料：

《冊府元龜》云：「又有吏部科目，曰宏詞、拔萃、平判，官皆吏部主之。又有三禮、三傳、三史、五經、九經、開元禮等科，有官階出身者，吏部主之，白身者，吏部主之。其吏部科目，吏部貢舉，皆各有考官。大抵銓選屬吏部，貢舉屬禮部。」〔註149〕

《通典》云：「初吏部選才，將親其人，覆其吏事。始取州縣案牘疑議，試其斷割，而觀其能否。後日月浸久，選人猥多，案牘淺近，不足為難。乃採經籍古義，假設甲乙，令其判斷。既而來者益眾，而通經正籍又不足以為問，乃徵僻書曲學隱伏之義問之，惟懼人之能知也。佳者登於科第，謂之入等。其甚拙者謂之藍縷，各有升降。選人有格限未至而能試文三篇，謂之宏詞。試判三條，謂之拔萃，亦日超絕。詞美者得不拘限而授職。」〔註150〕

吳宗國在《唐代科舉制度研究》一書中認為：平判入等是從選人試判即吏部常選發展而來，平判入等即選人試判佳者。「《通典》雖然記載了有關科目選的敕文，但對試判入等和宏詞、拔萃又分別加以敘述，且未籠統地歸之

〔註147〕（宋）王讜撰，周勳初校正：《唐語林校正》卷八，《補遺》，中華書局，2008年，第713頁。

〔註148〕認為平判入等科是為吏部科目選考試科目之一的論著主要有：黃正建：《唐代吏部科目選》，載《史學月刊》，1992年第3期。王勳成：《唐代銓選與文學》，中華書局，2001年。認為平判入等是為吏部常選的論著主要有：吳宗國：《唐代科舉制度研究》，北京大學出版社，2010年。陳鐵民：《唐代守選制的形成與發展研究》，載《文史》2011年第2輯。

〔註149〕（宋）王欽若等編纂，周勳初等校訂：《冊府元龜》卷六三九，貢舉部總序，鳳凰出版社，2006年，第7382頁。

〔註150〕（唐）杜佑撰，王文錦等點校：《通典》卷十五，《選舉三》，中華書局，1988年，第362頁。

為科目選。《冊府元龜》則捨科目選之名而籠統稱之謂吏部科目。這說明科目選和吏部科目雖然有著相通之處，但也有著嚴格的區別。舉凡吏部主持的科目，諸如宏詞、拔萃、平判入等記憶後來設立的三禮、三傳、三史等，皆可稱之為吏部科目。而平判入等是從選人所試判中評出佳者登於科第。選人是通過正常的銓選程序參加試判的，因此不能稱之為科目選。只有不到應選年限，提前申請試文、試判的宏詞、拔萃，以及唐朝後期設立的有官有出身人按科目選例到吏部赴選的三禮、三傳、三史、五經、九經、開元禮等科目，才可以稱之為科目選。」「平判入等和拔萃科雖然在考試內容上都是試判，但是二者的區別還是很明顯的。一是應試者的情況不同，拔萃科是選限未至者，平判入等則是在應選者之中選拔。前者主動權在自己，後者主動權在吏部。二是試判道數不同，拔萃科「試判三條」，而平判入等所試即銓選時所試之判，故為二道。」〔註151〕

　　陳鐵民先生贊成吳宗國先生的見解，他以元稹的登科經歷作為例證：元稹《酬哥舒大少府寄同年科第》自注云：「同年科第，宏詞呂二炅、王十一起，拔萃白二十二居易，平判李十一復禮、呂四穎、哥舒大垣、崔十八玄亮逮不肖八人，皆奉榮養。」〔註152〕陳鐵民先生認為，元稹貞元九年（793）十五歲時明經及第，至貞元十八年（802）時，其守選年限早就滿了，按照常理他應當趨易避難參加吏部的常選，而不是科目選。基於此，陳鐵民先生得出結論：「平判入等應屬於吏部常選的範圍，是從吏部常選人所試判中選出尤佳者給及科第，並在授官上加以優待。」〔註153〕

　　筆者以為，吳宗國先生與陳鐵民先生的觀點頗有可商榷之處：

　　首先，毋庸置疑的是平判入等科與吏部常選各有一套完整的考試制度。在唐人看來，平判入等科與吏部常選之間的界限是清晰而明確的，只是現今我們囿於材料限制，平判入等科的具體制度我們所知甚簡。但可以確定的是：科目選與吏部常選之間有著嚴格的區別。《通典》這段材料記敘的是吏部常選試判的發展以及吏部科目選的起源，其中只記載了最早出現的吏部科目選，即書判拔萃與博學宏詞二科的考試內容，並未提及平判入等。博學宏詞科與

〔註151〕　參見吳宗國：《唐代科舉制度研究》，北京大學出版社，2010年，第89頁、第93頁。

〔註152〕　參見（宋）計有功撰，王仲鏞校箋：《唐詩紀事校箋》卷三十九，《崔玄亮》，巴蜀書社，1989年，第1051頁。

〔註153〕　參見陳鐵民：《唐代守選制的形成與發展研究》，《文史》2011年第2輯。

書判拔萃科始於開元十八年（730），平判入等科的設置肯定也要晚於這一時間。儘管材料中並沒有提及平判入等科，但這段材料不能作為證明平判入等並非吏部科目選考試的依據。

其次，吳宗國先生根據《冊府元龜·貢舉部》總序中有關吏部科目的記載，認為博學宏詞、書判拔萃、平判入等、三禮、三傳、三史、五經、九經、開元禮這些考試科目中除平判入等之外都是科目選考試。筆者以為，《冊府元龜》將平判入等與其他科目選科目並列陳述絕非偶然，而是依照科目創設的時間脈絡而進行的有序安排。若平判入等不是科目選科目，《冊府元龜》序言也絕不可能將其排列於第三，其位置既不靠前，也不靠後。因此，《冊府元龜》所稱的「吏部科目」就是「吏部科目選」之意。此外，還有其他文獻材料也將博學宏詞、書判拔萃和平判入等三科並列陳述。前文所引元稹《酬哥舒大少府寄同年科第》自注，亦為一證。此外，據《宋史·選舉志》記載：「太宗以來，凡特旨召試者，於中書學士舍人院，或特遣官專試，所試詩、賦、論、頌、策、制誥，或三篇，或一篇，中格則授以館職。景德後，惟將命為知制誥者，乃試制誥三道。（每道百五十字。）東封及祀汾陰時，獻文者多試業得官，蓋特恩也。時言者以為：『兩漢舉賢良，多因兵荒災變，所以詢訪闕政。今國家受瑞登封，無闕政也，安取此？』乃罷其科，惟吏部設宏詞、拔萃、平判等科如舊制。」〔註154〕宋初之制多承唐五代，此則材料明確說明：依舊制，吏部自設科目有博學宏詞、書判拔萃和平判入等。《宋史》亦將此三科並列陳述，可見，平判入等與博學宏詞、書判拔萃一樣，都是吏部科目選考試。

再次，有唐一代，吏部常選之難是有目共睹的，數十年不得官者大有人在。就連位列唐宋八大家之一的韓愈也是「四舉於禮部乃一得，三選於吏部卒無成。」〔註155〕相較之下，元稹二十四歲即登科已是幸事。儘管科目選考試要比常選難度大，但一旦登科，其授官較常選要優厚許多，也為士人所重。如杜牧為贈吏部尚書崔郾所撰的行狀記載：「（崔郾）貞元十二年中第，十六年平判入等，授集賢殿校書郎。」〔註156〕從授官情況來看，吏部常選中，明

〔註154〕（元）脫脫等：《宋史》卷一百五十六，《選舉二》，中華書局，1977年，第3647頁。

〔註155〕（唐）韓愈：《上宰相書》，收錄於韓愈撰，馬其昶校注：《韓昌黎文集校注》卷三，《書》，上海古籍出版社，1986年，第153頁。

〔註156〕（唐）杜牧：《唐故銀青光祿大夫檢校禮部尚書御史大夫充浙江西道都團練

經出身者敘階一般為從九品上，進士則為從九品下。而校書郎之職，秩在正九品上。同時，按照慣例，校書郎之職，升遷「尤佳俊捷，直登宰相，不要歷餘官也。」〔註157〕因此，「時輩皆以校書、正字為榮。」〔註158〕平判入等考試與其他科目選考試一樣，難度也非常大，否則平判入等科不可能從優授官。儘管崔郾及第四年守選滿後，仍然迎難而上選擇參加平判入等科，所求者，美官也。如此看來，元稹貞元九年（793）十五歲時已明經及第，至貞元十八年（802）時，儘管守選年限已滿，他既可以選擇參加難度較低的吏部常選，也可能避易就難選擇參加科目選。

陳鐵民先生不僅認為平判入等是吏部常選，同時他還在《登科記考之四種「拔萃科」辨》一文中探討了「平判入等」科的創置時間為開元十八年（730）。筆者並不同意陳鐵民先生的這一論斷，如前文所論，儘管平判入等與吏部常選有相似之處，但它應當是吏部科目選的考試科目之一。同時，平判入等科考試設立的時間當以通說為是。〔註159〕在沒有更有力的材料反駁的前提下，我們應當認同《唐語林》所載的真實性。「開元二十四年，置平判入等，始於顏真卿。」〔註160〕平判入等科考試的設立時間應是開元二十四年（736）。

另外，吳宗國先生與陳鐵民先生斷定平判入等是吏部常選考試，因而認定平判科的考試內容是「試判兩道」。的確，從平判入等科的名字來看，可以確定其考試內容是試判，但綜觀文獻史料之記載，並無任何材料能直接說明平判入等科的考試內容是「試判兩道」。不過，值得疑問的是，從考試內容上看，吏部常選試判兩道，而書判拔萃試判三道，平判入等的考試內容也是試判。既然三門考試科目都以試判為主要內容，那麼其中區別何在？此外，就設科目的而論，科目選考試允許選人打破選格限制而提前到吏部赴選的考試制度，其創設因由就在於為才華出眾的選人提供能夠早日脫穎

観察處置等使上柱國清河郡開國公食邑二千戶贈吏部尚書崔公行狀》，收錄於（唐）杜牧著：《樊川文集》，上海古籍出版社，1978年，第207頁。

〔註157〕 （宋）王讜撰，周勛初校正：《唐語林校正》卷八，《補遺》，中華書局，2008年，第717頁。

〔註158〕 （唐）張說：《兵部尚書代國公贈少保郭公行狀》，收錄於（清）董浩等編：《全唐文》卷二百三十三，中華書局，1983年，第2353～2356頁。

〔註159〕 認為平判入等科置於開元二十四年的論著有：吳宗國：《唐代科舉制度研究》，北京大學出版社，2010年。王勛成：《唐代銓選與文學》，中華書局，2001年。

〔註160〕 （宋）王讜撰，周勛初校正：《唐語林校正》卷八，《補遺》，中華書局，2008年，第713頁。

而出的特殊渠道。既然書判拔萃已為擅長試判者提供了提前入仕的路徑，那麼平判入等考試的設置目的又為何？由於資料匱乏，平判入等的相關考試制度只能是存疑待考了。

儘管陳鐵民先生認為平判科是吏部常選，但他在《登科記考之四種「拔萃科」辨》中又探討了「平判入等」科的創置時間。如前文所述，陳鐵民先生認為：獨孤及為權徹所撰寫的墓誌銘中所討論的開元十八年試判考試是為平判入等考試，開元十八年是平判入等的設置時間，筆者以為這種說法是值得商榷的，平判入等科考試設立的時間當以通說為是。《唐語林》有云：「開元二十四年，置平判入等，始於顏真卿。」〔註161〕學界通說以為，平判入等科考試的設立時間應當依據此段材料之記載，應是設立於開元二十四年。〔註162〕

與其他科目選考試相似，平判入等科的主考官也應當由吏部尚書、吏部侍郎二人擔任，但不一定再差有其他考官。白居易《論重考科目人狀·今年吏部應送科目及平判人所試文書等》一文中就提及科目選考試不設考官：「臣等奉中書門下牒，稱奉進旨，令臣等重考定聞奏者。臣等竊有所見，不敢不奏。伏以今年吏部科第不實考官，唯遣尚書、侍郎二人考試。吏部事至繁劇，考送固難精詳，所送文書，未免瑕病，臣等若苦考覆，退者必多。」〔註163〕另，又據《舊唐書》記載：咸通五年（864）三月，朝廷又任命兵部郎中高湜、員外於懷為考官，考試吏部平判選人。〔註164〕由此可見，平判入等科委派其他考官參與判卷是不成慣例的。

據前文討論，博學宏詞科與書判拔萃科錄取人數大約為三人。由此亦可推論，平判入等登科者的人數應該也與其他科目選差不多。白居易《論重考科目人狀·今年吏部應送科目及平判人所試文書等》一文中也曾提及吏部每年錄取的科目選登科者的人數大約為十人。「臣等又以朝廷所設科目，雖限文

〔註161〕（宋）王讜撰、周勳初校正：《唐語林校正》，中華書局，1987年，第713頁。

〔註162〕認為平判入等科置於開元二十四年的論著有：吳宗國：《唐代科舉制度研究》，遼寧大學出版社，1992年。王勳成：《唐代銓選與文學》，中華書局，2001年。

〔註163〕（唐）白居易著，顧學頡校點：《白居易集》卷第六十，《奏狀三》，中華書局，1979年，第1264頁。

〔註164〕（後晉）劉昫等：《舊唐書》卷十九上，《懿宗記》，中華書局，1975年，第655頁。

字，其間收採，兼取人材。今吏部只送十人，數且非廣，其中更重黜落，亦恐事體不宏。以臣所見，兼請不考，已得者不妨僥倖，不得者所賸無多，貴收人材，務存大體。」〔註165〕白居易認為，科目選考試錄取人數太少，不足以取人，因而建言朝廷增加錄取員額。

第四節　「試判」與法律知識的關聯

　　唐代吏部常選「試判」的考題一般為二道，「書判拔萃」科的考題一般為三道。〔註166〕宋承唐制，北宋初年，宋太祖建隆三年（962）重置的書判拔萃科考試也是試判三條。〔註167〕不過，宋仁宗天聖八年（1030）的書判拔萃考試又改為每場試判十道。〔註168〕儘管考題數量有所不同，但從出題形式上而言，「試判」考試的考題並沒有本質上的差別。據史料文獻的記載，「試判」考試主要以模擬案件的形式，要求應試者寫作判文。模擬的案件中，一般有「甲」、「乙」當事人，還有案件的前因後果。應試者在答題時，既要講究文采，又要運用法律知識和行政常識對案件作出決斷。那麼，「試判」考試出題的形式具體為何？考題涉及的題材包括哪些呢？與法律知識的關聯究竟如何？由於史料對吏部常選的「試判」考題記載甚少，如下試以史料文獻中記載的唐宋時期「書判拔萃」科的考題為證，分析唐宋時期「試判」考題與法律知識的關聯。

一、唐代「試判」考題與法律知識的關聯

　　為在試判考試中取的優秀的成績，唐代士子們也常常在平日裏練習判文寫作。優秀的判文習作也成為士子競相傳閱的範本。如白居易就在《與元九書》中說：「十年之間，三登科第，名入眾耳，跡升清貫，出交賢俊，入侍冕旒。始得名於文章，終得罪於文章，亦其宜也。日者又聞親友間說，禮、吏部舉選人，多以僕私試賦、判，傳為準的，其餘詩句，亦往往在人口中，僕恧然

〔註165〕（唐）白居易著，顧學頡校點：《白居易集》卷第六十，《奏狀三》，中華書局，1979年，第1264頁。
〔註166〕（唐）杜佑：《通典》卷十五，《選舉三》，中華書局，1988年，第361頁。
〔註167〕（清）徐松輯，劉琳、刁忠民等校點：《宋會要輯稿》選舉一○，上海古籍出版社，2014年，第5451頁。
〔註168〕（宋）曾敏行著，朱傑人標校：《獨醒雜志》卷一，上海古籍出版社，1986年，第5頁。

自愧，不之信也。」〔註169〕正因為白居易三登科名，其練筆之作也就成為了他人的參考範本。又如張鷟所撰的《龍筋鳳髓判》也是一本為士子學習書判寫作的參考範例。宋人陳振孫《直齋書錄解題》有云：「唐以書判拔萃科選士，此集凡百題，自《省臺》、《寺監》、《百司》，下及《州縣》、《類事》、《屬辭》，蓋待選預備之具也。」〔註170〕

據前文所述，《全唐文》在修撰的過程中就曾從《文苑英華》中摘錄了不少判文。這些判文中，除白居易「百道判」之類的擬判習作之外，還授有大量的同名書判，即同一個判目之下，有多人對此判目作答的判文。筆者推測，這些同名書判很有可能就是當時的考場判文。為辨明這些同名書判的性質，筆者將《全唐文》所收錄的記於書判拔萃登科人名下的判文重新置於《文苑英華》中進行逐一查證，結果如下表所示：

表 2-2　唐代書判拔萃登科人試判文整理統計表

序	《文苑英華》類別	書判名稱	作　者	《文苑英華》此判數量	《全唐文》此判數量
1	乾象‧律曆	《對習星曆判》	褚廷詢、薛重暉、郭休賢	6	6
2	乾象‧律曆	《對家僮覘天判》	薛驥	5	5
3	乾象‧律曆	《對為律娶妻判》	武同德、周之翰	3	3
4	歲時	《對元日奏事上殿不脫劍履判》	解賁	4	4
5	歲時	《對大斗酒判》	劉潤	3	3
6	歲時	《對伏日出何典憲判》	邵潤之	3	3
7	歲時‧雨雪‧儺	《對復陶以行判》	康子季	1	1
8	歲時‧雨雪‧儺	《藏冰不固判》	裴寬、裴幼卿	3	3

〔註169〕（唐）白居易著，朱金城箋校：《白居易箋校》，上海古籍出版社，1988年，第2793頁。

〔註170〕（宋）陳振孫：《直齋書錄解題》卷十六，收錄於王雲海主編：《叢書集成初編》，商務印書館1937年，第443頁。

9	歲時・雨雪・儺	《對西陸朝覲判》	潘文環、孫益、吳蒙、張巡	7	7
10	禮樂	《對國公嘉禮判》	陶朝、達奚摯	4	4
11	禮樂	《對樂請置判懸判》	康子季、萬希莊	5	4
12	禮樂	《對燕弓矢舞判》	解賁、趙陵陽	5	5
13	樂	《對樂官樂司請考判》	王智明	2	2
14	師學	《對申公杜門判》	趙不為	2	2
15	師學	《對坐於左塾判》	盧昌	2	2
16	師學	《對聚徒教授判》	胡運	2	2
17	惰教	《對投諸襖寄判》	於峴	2	2
18	師歿	《對弔服加麻判》	盧昌	2	2
19	教授・文書	《對持論攻擊判》	賈承暉	2	2
20	教授・文書	《對無鬼論判》	趙不疑	3	3
21	教授・文書	《對學書判》	郭立、員押（狎）	2	2
22	書	《對字詁判》	張巡、左光嗣、鄭宥、呂因	6	6
23	數	《對觀生束脩判》	李子珣	5	5
24	射御	《對澤宮置福判》	潘文環、蔣準	6	4
25	射御	《對張侯下綱判》	劉瓛、姚承構	5	5
26	射御	《對馬驚師徒判》	褚思光、劉璿、梁庶	7	7
27	選舉	《對舉似己者判》	陳齊卿、屈突滑	6	6
28	選舉	《對舉方正者判》	崔珪璋	3	3
29	選舉	《對鄉貢進士判》	趙品	5	5
30	選舉	《對舉賢任選判》	鄭察	2	2
31	選舉	《對被替請選判》	敬寬	3	3
32	禮賢	《對薦賢能判》	劉潤、趙子余	5	5
33	禮賢	《對寢延部人判》	劉光、員峴	3	3
34	禮賢	《對舉抱甕生判》	張景、王利器	6	6
35	祭祀	《對祭地判》	陳讜（倘）言	1	1
36	祭祀	《對祭星判》	劉廷實、程庭玉	5	5

37	祭祀	《對祭社判》	李廷暉	3	2
38	祭祀	《對祭五嶽判》	員押（狎）、張韓卿	4	4
39	祭祀	《對鬯酒不供判》	裴幼卿、趙昷	5	5
40	祭祀	《對封君祭判》	武同德、周之翰	3	3
41	祭祀	《對三命判》	盧先之、馬牷	4	4
42	祭祀	《對牢祭有違判》	張大吉、李子珣、張綬、劉系	5	5
43	雜祭祀	《對祭闕頒詣判》	薛彥國、薛大球	7	7
44	雜祭祀	《對歸胙判》	單有鄰、鄭齊望	8	8
45	喪禮	《對毀壞壓死判》	韓極	4	4
46	喪禮	《對復以冕服判》	薛彥國、薛大球	7	7
47	喪禮	《對父在凶門判》	屈突叔齊、裴廣	3	3
48	喪禮	《對輿尸謁廟判》	杜嚴、孫承先、虞進	5	5
49	田農	《對萊田不應稅判》	楚（樊）冕、樊光期（光明）、柳同、任璆	10	10
50	田農	《對初稅畝判》	尹深源、趙棲簡、杜挺、高璠	7	7
51	田農	《對履畝判》	朱濟、常日進、盧術、傅昇卿	5	5
52	田農	《對祈田判》	姚重成	2	2
53	田農	《對糞田判》	趙良玉、衛菜、袁自求	4	4
54	田農	《對學耕判》	楊崍	2	2
55	田農	《對不受徵判》	王智明、賀蘭賁、盧禧	5	5
56	田農	《對津吏告下方傷水判》	魏烜、盧韞價、李仲和	5	5
57	田農	《對給地過數判》	蘇儒、張澮	5	5
58	田農	《對工商食貨判》	何士幹	2	2
59	田稅·溝渠	《對受田兼種五菜判》	李黃中、熊季成、平超然、平伾	5	5
60	田稅·溝渠	《對徵什一稅判》	高果	3	3

61	田稅‧溝渠	《對無夫修隄堰判》	元承先、郭尚溫、孟楚瓊、劉潤	4	4
62	堤堰‧溝渠‧陂防	《對梢溝判》	湯履冰	2	2
63	堤堰‧溝渠‧陂防	《對清白二渠判》	劉仲宜、薛霽、劉晉	6	6
64	堤堰‧溝渠‧陂防	《對毀濯龍泉判》	陳齊卿、屈突湟、蘇令問	6	6
65	堤堰‧溝渠‧陂防	《對陂防判》	任璆、樊灰、於季重	5	5
66	戶貫‧帳籍	《對登夫家判》	魏季邁	2	1
67	戶貫‧帳籍	《對移鄉判》	劉庭誥	3	3
68	請命	《對請命服判》	盧藻	2	2
69	職官	《對大匠將改廳判》	員峴	2	2
70	為政	《對為人興利判》	韓極	2	2
71	為政	《對增貲就賦判》	邵潤之	3	3
72	縣令	《對夷攻蠻假道判》	于邵、史藏用、魏季龍、楊歸裕、權軼、李昕、宇文賞	9	9
73	縣令‧曹官‧小吏	《對小吏持劍判》	翟禹錫	3	3
74	縣令‧曹官‧小吏	《對卒史有文學判》	李廷暉	6	6
75	縣令‧曹官‧小吏	《對省官員判》	司馬滔	4	4
76	繼嗣‧封襲	《對太室擇嗣判》	韋巡、嚴迥、賈廷瑤、康濯、虞咸	8	8
77	繼嗣‧封襲	《對舍嫡孫立庶子判》	杜信、石倚、楊棲梧	4	4
78	孝感	《對夢得籬粟判》	員峴、楊守納	3	3
79	孝感	《對孝女抱父屍出判》	康子季	1	1
80	國城	《對城邑判》	鹿慶期、蔣勵己	4	4
81	國城	《對升高判》	王惟孝、張郊、田南砅、陳齊卿	8	8

82	關門	《對越關判》	於儒卿	3	3
83	關門	《對官門誤不下鍵判》	姚震	3	3
84	道路	《對盧樹判》	柳潤之	2	1
85	道路	《對道路判》	趙良玉	1	1
86	雜判	《對吏脫幘判》	竇翬	5	4
87	雜判	《對公廨供給判》	盧藻	2	2
88	雙關	《對行蕩甕破、奴死棄水判》	呂因	2	2
89	雙關	《對夾臾合三、所知哭寢判》	蔣勵己	1	1
90	雙關	《對襲封錄兄、女代父刑判》	高璠	1	1
91		《對圍棋判》	畢遷喬	無	2
92		《對春不修鑒判》	廉粲	無	1
93		《對矜射判》	郭行則	無	2
94		《對蠟饗不祀判》	侯上卿	無	3

如上表所列，《全唐文》所收錄的記於「書判拔萃登科人」名下的判文共九十四篇，其中僅有四篇為《文苑英華》所不載。九十四篇判文中，絕大多數的書判都有兩人以上同作。筆者以為，這些「一目多判」的判文很有可能就是試判考試中的答卷，其理由如下：

其一，據《宋會要輯稿》記載：「太平興國七年九月，命翰林學士承旨李昉、學士扈蒙、直學士院徐鉉、中書舍人宋白、知制誥賈黃中、呂蒙正、李至、司封員外郎李穆、庫部員外郎楊徽之、監察御史李范、秘書丞楊礪、著作佐郎吳淑、呂文仲、胡汀、著作佐郎直史館戰貽慶、國子監丞杜鎬、將作監丞舒雅，閱前代文集，撮其精要，以類分之，為千卷。雍熙三年十二月書成，號曰《文苑英華》。」〔註171〕由此可見，儘管《文苑英華》所收錄的文獻主要是唐人文集之精要，但這並不代表《文苑英華》中所收錄的判文都是來自於唐人文集。首先，《文苑英華》中收錄有三百多道無名書判，既是作者姓名有闕，又從何文集所來？其次，就上表所列之唐代書判拔萃登科人而言，絕大多數人除《文苑英華》錄有其所作的一兩道判文之外，史料文獻中再無其他文字

〔註171〕（清）徐松輯，劉琳、刁忠民等校點：《宋會要輯稿》崇儒五，上海古籍出版社，2014年，第2835頁。

傳世。同時，其生平亦只有《全唐文》所撰寥寥數言之小傳可徵。如此默默無名，其判文又怎會出自唐人文集之精要？由是，筆者推測，《文苑英華》所收錄的判文之來源，除唐人文集之外，其中不少亦應當是取自於檔案。宋朝初年，李昉等人受命修纂《文苑英華》，既是官修，則應有參閱唐代檔案資料之客觀條件。因此筆者以為，上表統計的「一目多判」之判文應該都是唐代試判考試中的答卷。〔註172〕

其二，除「一目多判」的判文之外，有些「一目一判」判文亦可能是當年試判考試的答卷。例如開元時擢書判拔萃科的康子季曾有三判：《對樂請置判縣判》是一目多判之判文，而《對復陶以行判》與《對孝女抱父屍出判》是一目一判。康子季其人其事，於其他文獻材料所不載。由是可知，其三篇判文很有可能都是來自於檔案資料。此處的一目一判的判文也應該是出自於康子季參加試判考試的答卷。

其三，由於唐舉子登科後，無論是否守選，都須參加試判考試方可出官。有官者秩滿後，亦須再次試判方可出官，由是常有一人多次試判登科者。並且，無論是吏部常選試判還是書判拔萃，亦或是平判入等，都須試判。因此上表所列的判文中，有的也可能不是書判拔萃考試的考題。但就史料文獻的記載來看，吏部常選、書判拔萃以及平判入等的試判考試，其文體和取材都差不多，只是判題的數量以及應試者的要求有所差別。因此，即使上表中摻雜一些其他試判考試的考題，亦不妨礙我們對書判拔萃登科考試內容的研究。

據《通鑒》記載，「試判起於唐高宗時。初吏部選才，將親其人，覆其吏事。始取州縣案牘疑議，試其斷割，而觀其能否。後日月浸久，選人猥多，案牘淺近，不足為難。乃採經籍古義，假設甲乙，令其判斷。既而來者益眾，而通經正籍又不足以為問，乃徵僻書曲學隱伏之義問之，惟懼人之能知也。」〔註173〕據此可知，唐代吏部試判的要求主要是考察應試者處理「吏事」的能力，只不過發展到後來，才漸漸涉及經籍古義。而據上表統計，「書判拔萃」科的判目涉及乾象、律曆、歲時、禮樂、詩學、教授、選舉、禮賢、祭祀、喪

〔註172〕西北師範大學譚淑娟教授亦認為《文苑英華》中有相當一部分文獻可能取自唐代國家檔案文獻，尤其是判文和其他詔、策及省試詩等公文和考試文體部分。參見譚淑娟：《唐代判文研究》，西北師範大學2009年博士論文，第62～72頁。

〔註173〕（唐）杜佑撰，王文錦、王永興等點校：《通典》卷十五，《選舉三》，中華書局，1988年，第361頁。

禮、田農、賦稅、溝渠、陂防、職官、為政、曹官、繼嗣、城關、道路等方面。其中絕大多數判目都涉及治下官吏的管理與農業生產問題，與官員的實際政務有著較為密切的聯繫。儘管這些判目與當時的刑獄案件的聯繫並不大，從現代法學意義上來說，這些判目事實上也涉及到有關行政、刑事和民事案件的處理。由此可見，「試判」考試雖旨在考察應試者的行政能力，但應試者如若不具備一定的法律知識，也很難在考試中取得優異成績。

二、宋代「試判」考題與法律知識的關聯

與唐代一樣，宋代士子參加「試判」考試也有相應的參考書。如天聖年間書判拔萃登科的尹洙，曾撰有《書判》一卷。宋人陳振孫《直齋書錄解題》對此書介紹有云：「《書判》一卷。尹洙撰。洙，天聖二年進士。後以安德軍節推試書判拔萃科，中之。前十道是程文，餘當為擬卷。本朝惟余安道亦中是科。集中有《判詞》二卷，《文鑒》亦載一二。又有王回判二道，而回不以此科進。餘未有聞。」〔註174〕只可惜，尹洙的《書判》一書現已不存，我們現今已是難尋蹤跡。不過，值得慶幸的是，宋代史料文獻中，仍留有與「書判拔萃」考題有關的歷史遺跡。

北宋初年的「書判拔萃」考試是在參酌唐制的基礎上設置的，因此，其判目所涉及的體裁也與唐代一樣，判題的數量也是三道。但據前文所論，天聖年間「書判拔萃」考試曾有一次重要的改革，其性質也由吏部科目選變為了制科。因此「書判拔萃科」的考試制度也有了相應的變化。據《宋會要輯稿·選舉》記載，天聖八年（1030）的「書判拔萃登科人」經層層選拔，前後共經歷了三次考試。第一關試判考試由流內銓於當年正月主持考校；第二關試判考試由龍圖閣侍制唐肅、梅詢、直集賢院胥偃等人於當年五月主試秘閣；而第三關則於當年六月由皇帝親自御試。〔註175〕在增加考試場數的同時，考題的數量也從三道增加為十道。

宋人曾敏行在《獨醒雜志》中曾記載了天聖八年（1030）書判拔萃的考題，其文有云：「天聖八年，應書判拔萃科者凡八人。仁宗皇帝御崇政殿試之，中選者六人，余襄公、尹師魯、毛子仁、李惇裕，其二則失其姓名。問題十

〔註174〕（宋）陳振孫：《直齋書錄解題》卷十七，收錄於王雲海主編：《叢書集成初編》，商務印書館1937年，第467頁。

〔註175〕（清）徐松輯，劉琳、刁忠民等點校：《宋會要輯稿》選舉一〇，上海古籍出版社，2014年，第5453頁。

通，一問：戊不學孫吳，丁詰之，曰顧方略如何爾。二問：丙為令長，無治聲，丁言其非百里才。壬曰君子不器，豈以小大為異哉。三問：私有甲弩，乃首云止槊一張，重輕不同，若為科處。四問：丁出見犫縲繫於路，解左驂贖之，歸不謝而入，犫請絕。五問：甲與乙隔水將戰，有司請逮其未半濟而擊之，甲曰不可。及陣，甲大敗，或讓之，甲不服。六問：應受復除而不給，不應受而給者，及其小徭役者，各當何罪。七問：乙用牛釁鐘，牽引過堂下，甲見其觳觫，以羊易之。或謂之曰：見牛不見羊。八問：官物有印封，不請所由官司，而主典擅開者，合當何罪。九問：庚請復鄉飲酒之禮，辛曰古禮不相沿襲。庚曰澄源則流清。十問：死罪囚，家無周親，上請，敕許充侍。若逢恩赦，合免死否。時襄公除將作監丞、知海陽縣，師魯武勝軍掌書記、知河陽縣，子仁鎮東軍推官、知宣城縣，惇裕大理寺丞、知華亭縣，皆以民事試之也。」〔註176〕

天聖八年（1030）的「書判拔萃登科人」余靖撰有《武溪集》傳世，其書卷十二與卷十三共錄有餘靖御試判詞十道、秘閣試判詞十道以及私試判詞十道。其中，御試判詞與秘閣試判詞應改就是余靖於天聖八年參加書判拔萃考試的答卷。並且，《武溪集》中所收錄的判題與曾敏行所載之判題完全不同。由於《武溪集》所錄之判詞明確記載為御試和秘閣試，由是筆者以為，曾敏行所錄之判題應該是當年流內銓主持的第一關考試之考題。為全面考察宋代書判拔萃科之考試內容，本文不避冗長，現將《武溪集》所錄之秘閣試判題及御試判題摘錄如下：

御試判題：一問：甲為學官，教國子以六藝，或譏其藝成而下，不伏。二問：乙為太常，請復鄉飲酒，御史以為其禮久廢，不可復行。三問：丙為大夫，浣衣濯冠以朝，或譏其隘，辭云：儉德之恭也。四問：丁盛服謁使者，門下令其解劍，辭云：君子武碑不可解。五問：戊為御史大夫，泣封具獄，或譏其過。六問：甲為京尹，耕者讓畔，行者異路，或云無益。七問：乙為刺史，薦門下吏，或以為當得山澤隱滯。辭云：山澤不必有異士。八問：丙越度官府垣籬，官司罪之，辭云隨甲而往。九問：甲私行入驛，驛官拒之，辭云：職事五品以上。十問：辛捕罪人，丁過而不救，辭云：家有急事救療。

秘閣試判題：一問：甲建議請依漢舉孝悌力田者復其身，難者以為古今

〔註176〕 （宋）曾敏行著，朱傑人標校：《獨醒雜志》卷一，上海古籍出版社，1986年，第5頁。

不同，恐生僥倖。二問：乙以贓抵罪至死，丙與之聯事，哀其母老，詣獄自稱，與乙同受，欲減其死，有司不許，曰吾不於狀外案事。三問：丙嘗與丁有舊，亡命抵丁，不遇。丁第戊年幼，因留舍之，及事泄，有司收丁戊送獄。戊曰保納舍藏者，我也。丁曰彼來求我，非弟之罪。州縣不能決，遂上讞之。四問：甲建議請依古法置銅虎符給郡守，每當發兵、遣使者，至郡合符，符合乃聽受之，所以慎重戎事。難者以為，其法久廢，行之無益。五問：乙為別將，遇強敵不戰而退，主帥責其異懦之罪，不伏。曰：見可而進，知難而退，軍之善政也。六問：乙為國將，其兄嘗為敵人丙所烹。後丙敗來降，其國君救乙曰：丙即至人馬從者，敢搖動者致族夷。乙曰：兄弟之讎不反兵。七問：丙建議以為使吏、任子弟皆驕驚，不達古今，宜明選求選，除任子之令。難者曰：諸侯繼世以象賢，仕者世祿以延賞，古之道也。八問：乙為給事中，制敕有不可者，遂於黃敕後批之。吏曰：宜別連白紙。乙曰：別以白紙，乃是文狀，豈曰批敕耶。有司劾以非事君之道，無人臣之禮。九問：甲為亳州刺史，州境有群賊剽人盧舍，劫奪貨財，累政不能擒捕。甲潛設機謀，悉知賊之巢穴，乃起兵盡誅斬之。廉使責其不先啟聞，劾以擅興之罪。甲曰，竊賊除凶，間不容息，若須啟報，恐失機宜。十問：舊制：戶絕田土皆沒入官。丙建議請給與見佃人。難者以為戶絕之家，悉是鰥寡孤獨，若給見佃之人，佃人利其土田，恐生窺伺枉害人命。〔註177〕

　　與由此可見，宋代書判拔萃科考試制度更為複雜，從一次試改為三次試。同時，每次考試的考題也由三道變為了十道。雖然宋人曾敏行認為，試判考題主要涉及「民事」內容。但以現代法學的分類標準來看，宋代書判拔萃科的考題則涉及行政、民事與刑事。

　　從形式上看，余靖所做的應試判詞與《名公書判清明集》中所收錄的實判差別甚大。余靖所做之應試判文，從整體上看，雖較為圓滿的表達了個人對判題的解答，其中也不乏引法而斷之實例。但為文風格亦遵循唐判，嚴格遵從格律，講究用詞。

　　從具體考題設計來看，較之唐代，宋代書判拔萃科的難度更大，面向也更廣，除了對治境的日常政務管理之外，還或多或少涉及到軍事防禦的內容，這可能也與當時宋遼邊事之爭有關。但其中最重要的是，宋代書判拔萃科之

〔註177〕（宋）余靖：《武溪集》卷十二，收錄於曾棗莊、劉琳主編：《全宋文》（第26冊），卷五六四，上海辭書出版社，安徽教育出版社，2006年，第354頁。

考題已經開始涉及到刑獄以及民生細故案件的處理問題，如包庇之案以及戶絕田土是否應當沒官的問題。由是觀之，宋代書判拔萃科的考題對應試者的能力要求更為全面，且更符合為官從政的實際需要。

第三章　宋代創置的法律考試科目

　　據《續資治通鑑》記載：「五代以來，州郡牧守多武人，任獄吏，恣意用法。」〔註1〕為改變五代以來法官不明律令，武人擅權弄法之現象，宋代統治者非常重視通過建立各種法律考試制度來督促官員習學用法。北宋初年，統治者在參酌唐制的基礎上，重置了科舉考試中的明法科考試以及吏部試判考試。同時創設了選任中央法司法官的「試刑法」考試。宋神宗熙寧變法時期，法律考試制度發展到了頂峰，統治者幾乎在取士與舉官的每一個環節都設置有法律考試。綜觀歷史文獻的記載，宋代統治者新創置的法律考試科目主要有以下幾種：

第一節　選拔法官的專門考試：「試刑法」

　　宋代統治者對於五代以來地方官員多用武人，擅殺亂刑的弊端有著深刻認識，因此對司法官員的擇用十分慎重，非常重視提高群臣百吏的法律素養。在加強和鞏固唐以來已有的法律考試制度的基礎上，通過建立各種方式的法律考試制度來督促官員習學用法，「試刑法」考試就是其中之一。所謂「試刑法」，是由刑部、大理寺或審刑院等司法機關主持的選拔專職司法官的考試，符合一定條件的現任及任滿待遷轉的官員，可以自己申請投考，在史籍中亦稱「試刑名」、「試斷案」及「試刑法官」。

　　「試刑法」考試的內涵包括如下四端：其一，「試刑法」的主考機關是中

〔註1〕（清）畢沅：《續資治通鑑》卷二，《宋紀二》，太祖建隆二年五月庚寅，中華書局，1957年，第32頁。

央司法機關；其二，「試刑法」考試一般要求應試者必須「明於格法」且「品行無玷」；其二，「試刑法」考試以試律義、試刑名和試斷案為主要內容；其四，成績優秀的「試中刑法人」可直接出任專職司法官之職，次優者亦可獲得法官後備人員之資格。儘管「試刑法」考試也是官員選任考試的一種，但較之「明法科」與「試判」「試刑法」考試與現代法學意義上的法律考試之內涵更為貼近。

身處變革時代的趙宋君臣已經開始認識到：單純依靠詩書禮儀已經難以維持帝國的統治秩序。一方面，為提高官員經世致用的能力和法律素養，趙宋歷代君主幾乎在選舉制度的每一個考試環節都設置了法律考試，要求所有官吏習法讀律。宋人秦觀曾直言：「臣聞古今異勢，不可同日而語。以今之天下，而純用詩書、盡去法律，則是腐儒不通之論也。」〔註2〕就連反對變法的司馬光也承認「律令敕式，皆當官者所須。」〔註3〕另一方面，趙宋君臣也認識到：「法官之任，人命所懸」。〔註4〕為選拔能夠勝任中央高級法官職務的合適人選，統治者專門設置了「試刑法」考試，以挑選通文學法理之士擔任專職司法官。

一、「試刑法」始於何時

「試刑法」考試始於何時？宋人李心傳《建炎以來朝野雜記》有云：「試刑法者，亦自熙、豐間始，舊附銓試院。」〔註5〕馬端臨在《文獻通考》中亦持此說。「試刑法者，亦自熙、豐間始。舊附銓試院，兵火後權停，紹興三年始復，後又降敕別差試官二員，專撰刑法問題，號為假案。其合格分數，例以五十五通作十分為率，五分以上入第二等下（係二十七通七釐半），四分半以上入第三等上（係二十四通七釐半），四分以上入第三等中（係二十二通以上），凡試入二等者，選人改京秩，蓋趙忠簡為相，以刑名之學其廢日久，故白上請優之，今遂為大理評、丞之選。四年制置司請每三年就類省試院別差刑法

〔註2〕（宋）秦觀撰，徐培均箋注：《淮海集箋注》卷一四，《法律下》，上海古籍出版社，1994年，第563頁。

〔註3〕（宋）李燾：《續資治通鑒長編》卷三百七十一，哲宗元祐元年三月壬戌，中華書局，2004年，第8979頁。

〔註4〕（宋）李燾：《續資治通鑒長編》卷四十七，真宗咸平三年五月丙寅，中華書局，2004年，第1021頁。

〔註5〕（宋）李心傳撰、徐規點校：《建炎以來朝野雜記》甲集卷十三，中華書局，2000年，第269頁。

官二員校試。從之。」〔註6〕

　　然而，徐道鄰在《宋朝的法律考試》一文中稱馬端臨的說法不對，他認為從太宗真宗起，就有「試刑法」。〔註7〕據徐道鄰先生考證，「試刑法」考試的開始年代最早可追溯至宋太宗雍熙三年（986）的一則詔令，詔云：「夫刑法者，理國之準繩，御世之銜勒。重輕無失，則四時之風雨弗迷；出入有差，則兆人之手足何措。念食祿居官之士，皆親民決獄之人。苟金科有昧於詳明，則丹筆若為於裁處。用表哀矜之意，宜行激勸之文。應朝臣京官及幕職州縣官等，今後並須習讀法書，庶資從政之方，以副恤刑之意。其知州通判及幕職州縣官等，秩滿至京，當令於法書內試問，如全不知者，量加殿罰。」〔註8〕其實，從這則詔令的內容來看，這是一種旨在考察朝臣京官及幕職州縣官員的法律知識，督促他們習讀法書的考試，其目的並非選拔中高級法官，這與神宗熙、豐年間所盛行的「試刑法」考試有本質的不同，因而不能算做「試刑法」考試的起源。

　　「試刑法」真正作為高級法官選拔考試的出現時間，當以莫家齊先生之說為是。莫家齊先生認為：「試刑法」至遲在宋太宗端拱二年（989）業已舉行。〔註9〕《宋會要輯稿》有載，端拱二年（989）九月二十日詔：「應朝臣京官，如有明於格法者，即許於閤門上表，當議明試。如或試中，即送刑部、大理寺，只應三年明無遺闕，即與轉官。」〔註10〕從此詔內容來看，此次選拔刑部、大理寺司法官員的考試已頗具「試刑法」考試特徵，的確可以視為後來「試刑法」考試之雛形。

　　綜觀史料文獻的記載，「試刑法」考試基於一定的實際需求而創設，其現實原因有以下兩端：

　　一方面，法官之任，人命之所懸。中央法司處斷天下刑獄，事關人命。

〔註6〕（宋）馬端臨著撰：《文獻通考》卷三十二，《選舉考五》，中華書局，2011 年，第 934 頁。

〔註7〕徐道鄰：《宋朝的法律考試》，收錄氏著《中國法制史論集》，志文出版社，1975 年，第 199 頁。

〔註8〕（清）徐松輯，劉琳、刁忠民等校點：《宋會要輯稿》選舉十三，上海古籍出版社，2014 年，第 5520 頁。

〔註9〕莫家齊：《宋朝「明法」、「新科明法」及「試刑法」考》，《中州學刊》1984 年第 6 期。

〔註10〕（清）徐松輯，劉琳、刁忠民等校點：《宋會要輯稿》選舉十三，上海古籍出版社，2014 年，第 5520 頁。

法官必須具備較高的法律素養。太宗曾有詔云：「刑法之官，重難其選。」〔註11〕真宗也認識到法官之任的重要性：「刑罰所施，益資乎審克；議讞之任，常慎於選掄。諮乃仕進之流，能明科律之要，各宜自薦，式協旁求。」〔註12〕而宋朝初年的現實的情況是中央法司的法官，其綜合素質並不高。「刑部、大理寺、三司法直官、副法直官等，自來以令史轉充。」〔註13〕即中央司法機關的法官多出身於吏人。不僅如此，中央法司的法官多不精習法律。天禧二年（1018）二月，大理寺言：准大中祥符七年九月敕，判寺盛度言：本寺斷官八員，檢法官二員，今年權差官充，多不精習法律，望依咸平二年敕令審刑、大理寺、刑部眾官舉奏，時詔依其請，令所舉須經兩人六考。今臣等參詳，准天禧元年五月敕，舉奏幕職州縣官，但歷任及四考已上施行，本寺欲乞比類前敕，但歷任五考已上並許保薦，仍於法官將滿前一月具名以聞，所冀精詳法律，得遂公平，從之。仍令自今所舉官，先審刑院試律義五道，具通否以聞。」〔註14〕

而另一方面，據史料文獻中，「試刑法」考試制度的創置與重大變動，其直接原因亦在於中央法司闕法官。如大中祥符元年（1008）正月朝廷下令舉行「試刑法」考試，就是因為「初，審刑院、刑部、大理寺皆闕屬官，累詔朝臣保任及較試，皆不中選，乃有是詔。」〔註15〕而導致法官闕人的根本原因又在於，中央法司的法官事務繁重，很多法官不願擔任此職。大中祥符三年（1010年）四月，權判大理寺王秉式就曾上言建立中央法司的任職期限制度。「本寺官屬，多避繁重，自今望令權詳斷官未替，不得別求任使。如實不明法律，委在寺官體量以聞，方許外任。正詳斷、及檢法官年滿，亦俟替人，方得出寺。」朝廷最終採納了王秉式的意見，還規定大理寺權詳斷官以半年為限。〔註16〕

〔註11〕（清）徐松輯，劉琳、刁忠民等校點：《宋會要輯稿》刑法一，上海古籍出版社，2014年，第8274頁。亦見於同書職官一五，第3425頁。

〔註12〕（清）徐松輯，劉琳、刁忠民等校點：《宋會要輯稿》刑法一，上海古籍出版社，2014年，第8275頁。亦見於同書職官一五，第3427頁。

〔註13〕（清）徐松輯，劉琳、刁忠民等校點：《宋會要輯稿》職官十五，上海古籍出版社，2014年，第3426頁。此條亦見於同書刑法一，第8275頁。

〔註14〕（清）徐松輯，劉琳、刁忠民等校點：《宋會要輯稿》職官十五，上海古籍出版社，2014年，第3428頁。此條亦見於同書刑法一，第8277頁。

〔註15〕（清）徐松輯，劉琳、刁忠民等校點：《宋會要輯稿》職官十五，上海古籍出版社，2014年，第3427頁。此條亦見於同書刑法一，第8275頁。

〔註16〕（清）徐松輯，劉琳、刁忠民等校點：《宋會要輯稿》職官十五，上海古籍出

而「試刑法」作為一個確定而完善的考試制度的確始於熙寧三年。《續資治通鑑》載，熙寧三年（1070）三月，建立「試刑法」考試制度的直接原因就在於選拔中央法司法官，同時提高群臣的法律素養。「帝因王安石議謀殺刑名，疑學者多不通律意。遂立刑法科，許有官無贓罪者試律令、《刑統》大義、斷案，取其通曉者，補刑法官。」〔註17〕創立「試刑法」考試，其目的就在於「使習法以從政，所以作成人材，見於實用。」〔註18〕筆者以為，神宗熙寧年間的變法活動是「試刑法」考試制度正式確立的契機。儘管，熙寧之前的「試刑法」考試制度已臻完善，但士人參加「試刑法」考試的熱情並不高。因此，熙寧變法時期仍然可以作為研究「試刑法」考試的一個轉折點，對其發展變化進行研究。

二、已臻完善：熙、豐變法前的「試刑法」考試制度

宋初，「刑部、大理寺、三司法直官、副法直官等，自來以令史轉充。」〔註19〕即中央司法機關的法官多出身於吏人，為提高中央司法機關的法官的法律素養，端拱二年（989）年，在時任判流內銓的寇準的建議下，開始考試刑法以選拔法官。「試刑法」考試制度的建立，轉變了中央司法機關的法官多出身於吏人的狀況。以「試中刑法人」做為專職法官的後備人選，優先充任中央高級法官的制度也逐漸形成起來。綜觀歷史文獻的記載，筆者以為，以往學者強調「試刑法」考試自熙寧三年（1070）起之論斷，其實有失公允。其實，熙寧變法以前的「試刑法」考試制度已經有了相當發展，其考試制度已經臻於完善。

（一）應試者資格

儘管在熙寧變法之前，「試刑法」考試並沒形成定制，但綜觀史料文獻的記載，「試刑法人」在個人素質與品行以及個人資歷方面應滿足以下幾個方面的條件：

　　　　版社，2014年，第3427頁。此條亦見於同書刑法一，第8276頁。

〔註17〕（清）畢沅編：《續資治通鑑》卷六十七，神宗熙寧三年三月丙辰，中華書局，1957年，第1674頁。

〔註18〕（清）徐松輯，劉琳、刁忠民等校點：《宋會要輯稿》選舉十三，上海古籍出版社，2014年，第5528頁。

〔註19〕（清）徐松輯，劉琳、刁忠民等校點：《宋會要輯稿》職官十五，上海古籍出版社，2014年，第3426頁。此條亦見於同書《刑法一》，第8275頁。

1. 須有較好的法律素養

「試刑法人」的最首要的要求就是明於格式法、習書判、引用詳明。朝廷屢次頒布詔令，要求「試刑法人」必須熟悉律令條文，考試時能夠做到適用法條準確，罰當其罪。端拱二年（989）九月二十九日，「試刑法」考試的首次考試就明確要求應試者必須是「朝臣、京官如有明於格式法者。」〔註20〕真宗咸平（999年）二年三月，詔審刑院舉詳議官，也要求「試刑法人」能夠做到「引用詳明」。〔註21〕景德二年（1005年）六月朝廷詔令銓司推薦「習書判者」參加選拔大理寺三司法直官、法直副官的考試。〔註22〕大中祥符元年（1008年）正月，亦規定「試刑法人」須「嫻習法令」。〔註23〕

2. 須個人品行良好

「試刑法人」的另一個要求是須具備幹謹無遺，操履無玷的品質。中央法司事務繁重，事關人命，法官必須具備謹慎幹練的個人素質和內在修為。此外，擔任中央法司之法官職務者，必須是品行良好，清正廉潔之人，特別是歷任不得曾犯贓濫，這也是中央法司職務的內在要求。朝廷屢次頒布詔令舉行「試刑法」考試時，皆明確對「試刑法人」的個人品行提出特別要求。如真宗咸平二年（999年）三月，詔審刑院舉詳議官，就要求選擇「操履無玷者充任」。〔註24〕景德二年（1005年）六月頒布詔令選擇大理寺三司法直官、副法直官時也要求「試刑法人」具備「幹謹無遺」的品質。〔註25〕而大中祥符元年（1008年）正月頒布的舉辦「試刑法」考試的詔令則明確要求「試刑法人」必須「歷任無贓濫」〔註26〕天聖二年十月，仁宗皇帝特下詔令規定：「內

〔註20〕（清）徐松輯，劉琳、刁忠民等校點：《宋會要輯稿》選舉十三，上海古籍出版社，2014年，第5520頁。

〔註21〕（清）徐松輯，劉琳、刁忠民等校點：《宋會要輯稿》職官一五，上海古籍出版社，2014年，第3425頁。此條亦見於同書刑法一，第8274頁。

〔註22〕（清）徐松輯，劉琳、刁忠民等校點：《宋會要輯稿》職官十五，上海古籍出版社，2014年，第3426頁。此條亦見於同書刑法一，第8275頁。

〔註23〕（清）徐松輯，劉琳、刁忠民等校點：《宋會要輯稿》職官十五，上海古籍出版社，2014年，第3427頁。此條亦見於同書刑法一，第8275頁。

〔註24〕（清）徐松輯，劉琳、刁忠民等校點：《宋會要輯稿》職官一五，上海古籍出版社，2014年，第3425頁。此條亦見於同書刑法一，第8274頁。

〔註25〕（清）徐松輯，劉琳、刁忠民等校點：《宋會要輯稿》職官十五，上海古籍出版社，2014年，第3426頁。此條亦見於同書刑法一，第8275頁。

〔註26〕（清）徐松輯，劉琳、刁忠民等校點：《宋會要輯稿》職官十五，上海古籍出版社，2014年，第3427頁。此條亦見於同書刑法一，第8275頁。

有逐任出入人罪者，今後勿差充刑獄官。」〔註27〕

3. 須有一定資歷

「試刑法人」與參加其他法律考試之人的不同之處，在於「試刑法人」的身份較為複雜，一般都是已出官的選人。時代不同，「試刑法人」的身份要求也不一樣。端拱二年（989年）九月二十九日，朝廷下詔要求參加「試刑法」考試的應試者必須是「朝臣京官」。〔註28〕而大中祥符八年（1015）年十月朝廷又下詔令：「自今無得舉京朝官充大理寺檢法官。」〔註29〕天禧四年（1020）四月三日，又頒布詔令重申：「後更不得舉京官充斷官。〔註30〕

此外，「試刑法人」必須是歷任之官，但具體的資考要求也不一定。天禧元年（1017）六月十四的詔令有云：「大理寺自來所舉官、內幕職、州縣官須及兩任六考。今後但仍歷任及五考已上，並許保舉。」〔註31〕由是知，天禧元年（1017）之前，「試刑法人」也可以是資歷已滿兩任六考的幕職州縣官，天禧元年之後，朝廷又稍稍放寬了「試刑法人」的資歷要求，「試刑法人」但有歷任，且資歷滿五考者皆可以經由保舉而參加考試。又，《宋會要輯稿》有載：天禧二年（1018）二月：「大理寺言：『准大中祥符七年九月敕，判寺盛度言：「本寺斷官八員，檢法官二員，近年權差官充，多不精習法律。望依咸平二年敕，令審刑、大理寺、刑部眾官舉奏。」時詔依其請，令所舉須經兩任六考。今臣等參詳，准天禧元年五月敕，舉奏幕職州縣官，但歷任及四考已上施行，本寺欲乞比類前敕，但歷任五考已上並許保薦，仍於法官將滿前一月具名以聞。所冀精詳法律，得遂公平。』從之。仍令自今所舉官先審刑院試律義五道，具通否以聞。」〔註32〕由此詔令亦可確定前條記載的「試刑法人」

〔註27〕（清）徐松輯，劉琳、刁忠民等校點：《宋會要輯稿》職官十五，上海古籍出版社，2014年，第3429頁。此條亦見於同書刑法一，第8278頁。

〔註28〕（清）徐松輯，劉琳、刁忠民等校點：《宋會要輯稿》選舉十三，上海古籍出版社，2014年，第5520頁。

〔註29〕（清）徐松輯，劉琳、刁忠民等校點：《宋會要輯稿》職官十五，上海古籍出版社，2014年，第3428頁。此條亦見於同書刑法一，第8277頁。

〔註30〕（清）徐松輯，劉琳、刁忠民等校點：《宋會要輯稿》職官十五，上海古籍出版社，2014年，第3429頁。此條亦見於同書刑法一，第8277頁。

〔註31〕（清）徐松輯，劉琳、刁忠民等校點：《宋會要輯稿》職官十五，上海古籍出版社，2014年，第3428頁。此條亦見於同書刑法一，第8277頁。

〔註32〕（清）徐松輯，劉琳、刁忠民等校點：《宋會要輯稿》職官十五，上海古籍出版社，2014年，第3428頁。此條亦見於同書刑法一，第8277頁。

須及兩任六考方可參加考試的制度的確立應該是在咸平二年（999）。

當然，「試刑法人」的歷任和資考要求並非一成不變。由史料文獻的記載來看，「試刑法人」的資考要求逐漸放寬。仁宗天聖十年（1032）二月，「流內銓言：『前潭州濮陽尉張嘉言，初任丁優免喪，請試律斷案。檢會編敕，試中律義人並注大州俸多處司法、錄事。斷案固難合格，止以試律升降，如才一考，太為僥倖。請自今選人求試律斷案者，須任三考以上。』奏可。」〔註33〕由此可見，天聖年間，「試刑法人」的資歷曾只要求一考，天聖十年後，方提高為三考。

4.「試刑法人」的限制參考規定

除了上文所提及的，京朝官不得參加「試刑法」考試之外，「試刑法人」的考試機會只有一次，不許多次參考。康定元年（1040）十二月四日，流內銓言：「前全州清湘縣令溫宗賢先試律斷案合格，銓司依敕免選注近便官或料錢多處錄事參軍。其人願注清湘縣令，今來得替，未該參選，復乞就試。看詳選人乞試律斷案，多是苟避選限，欲今後只許一次試。」〔註34〕又，神宗熙寧元年（1068）十二月十二日，「詔：『自今被舉試刑部法寺官者，流內銓收闕便注正官。如就試人不中，別與差遣，並以後來到銓名資序注擬。』先是，赴試刑法官往還未有日限，往往因事規避，州縣多闕正官，至是始立法。」〔註35〕由此兩則記載可知，不允許「試刑法人」多次參加考試的原因就在於防止應試者苟避選限，因事規避。

（二）參加考試的方式

一般說來，中央法司法官的選任與其他官闕一樣，都必須經由吏部銓選公擇。級別較高的法官職務，一般也由中書依例差遣。〔註36〕但由於朝廷對

〔註33〕（清）徐松輯，劉琳、刁忠民等校點：《宋會要輯稿》選舉十三，上海古籍出版社，2014年，第5520～5521頁。

〔註34〕（清）徐松輯，劉琳、刁忠民等校點：《宋會要輯稿》選舉十三，上海古籍出版社，2014年，第5521頁。

〔註35〕（清）徐松輯，劉琳、刁忠民等校點：《宋會要輯稿》選舉十三，上海古籍出版社，2014年，第5521頁。

〔註36〕《宋會要輯稿》天禧二年正月，詔：「審刑院詳議官自今歲滿，並令中書依例差遣。」又同年二月，判大理寺盛度亦曾言：「本寺斷官八員，檢法官二員，今年權差官充，多不精習法律。」參見（清）徐松輯，劉琳、刁忠民等校點：《宋會要輯稿》職官十五，上海古籍出版社，2014年，第3428頁。此條亦見於同書刑法一，第8277頁。

法官法律素養的重視，中央法司法官的選任也可以通過「試刑法」的方式選任。而「試刑法人」參考資格的獲取方式一般有兩種：一是基於一定級別以上的官員舉薦而獲取，另一種就是符合條件的官員自行投狀乞試。

1. 投狀乞試

熙寧變法之前，符合條件的「試刑法人」可以通過投狀乞試的方式自薦參加考試。所謂「乞試」，就是說「試刑法」考試是朝廷寄予「試刑法人」的一種恩惠。因為「試刑法人」一旦試中，即有可能被注擬中央法司法官之職，即便是成績不夠靠前，也可以享受減免磨勘的優待。投狀乞試刑法之制最早出現在太宗端拱二年（989）九月二十九日詔：「應朝臣、京官，如有明於格法者，即許於閤門上表，當議明試。如或試中，即送大理寺祗應三年，明無遺闕，即與轉官。」〔註37〕又據《夢粱錄》記載：「閤門，在和寧門外，掌朝參、朝賀、上殿、到班、上官等儀範。有知閤、簿書、宣贊，及閤門祗候、寄班等官。」〔註38〕由此可見，宋代的閤門是負責官員朝參、宴飲、禮儀等事宜的機關。按端拱二年（989）規定的「試刑法」考試制度，滿足條件的「試刑法人」須自行向閤門投遞相關文書以作為考試申請，然後由有關部門安排考試。據《宋會要輯稿》記載，大約在景德二年（1005），「試刑法人」自薦參加「試刑法」考試的方式已形成一定的制度，是為「投狀乞試格法」。〔註39〕

《宋會要輯稿》有云：大中祥符元年（1008）正月，朝廷詔令：「『應京朝官有閑法令、歷任無贓濫者，許閤門進狀，當遣官考試。如有可采，即任以審刑院詳議官。』初，審刑院、刑部、大理寺皆闕屬官，累詔朝臣保任及較試，

〔註37〕（清）徐松輯，劉琳、刁忠民等校點：《宋會要輯稿》選舉十三，上海古籍出版社，2014年，第5521頁。此詔文的頒布時間存疑，《宋會要輯稿》刑法一，及職官十五均記載為端拱二年十月。其文曰：「端拱二年十月，御劄：『朝臣、京官等，令御史臺告諭：有明於格法者，許於閤門自陳，當議試可，送刑部、大理寺充職。其大理寺官滿三年無遺闕，一依元敕改轉。』」此條詔令亦載於《續資治通鑑長編》，據《長編》卷三十，太宗端拱二年條載，此詔令頒布時間為九月戊子。其文曰：「詔京朝官有明於律令格式者，許上書自陳，當加試問，以補刑部、大理寺官屬，三歲遷其秩。」據此，筆者以為此詔的頒布時間更有可能是在端拱二年九月。參見（宋）李燾：《續資治通鑑長編》卷三十，太宗端拱二年九月戊子，中華書局，2004年，第687頁。

〔註38〕（宋）吳自牧：《夢粱錄》卷九，《閤職》，收錄於孟元老等著：《東京夢華錄（外四種）》，古典文學出版社，1956年，第206頁。

〔註39〕（清）徐松輯，劉琳、刁忠民等校點：《宋會要輯稿》職官十五，上海古籍出版社，2014年，第3426頁。此條亦見於同書刑法一，第8275頁。

皆不中選，乃有是詔。」〔註40〕由此可見，中央法司法官的選任制度一般以朝臣推薦選任為主，而此時的投狀乞試只是一種補充性的考試制度，投狀乞試的方式一定程度上也擴大了中央法司法官的選擇範圍。

又，仁宗天聖九年（1031）二月，詔：「闕詳斷、法直官，並須先取索目前乞試斷案人，但歷五考已上者，令眾官將元試卷看詳，取其通數稍多、引用不失者，並許保舉，更不拘資品。若其間無人，或未知行止，即且依前項指揮舉官。」〔註41〕由是知，天聖九年時高級法官的選任須優先從乞試刑法人中選取，如若無人，方可保舉參考。投狀乞試已成為「試刑法」考試的主要參考方式，舉薦參考則成為了「試刑法」參考方式的補充手段。

2. 舉薦參考

除投狀乞試方式之外，「試刑法人」資格的獲取方式還有舉薦。天禧四年（1020）年四月三日，朝廷規定：「審刑院、刑部、大理寺言：眾官參詳：今後斷官、法直官於年限未滿前先次舉官，內舉到幕職、州縣官須曾有奏舉主者，先還審刑院試律義。」〔註42〕

首先，推薦者一般要徵得被推薦人的同意，推薦人願意就任中央法司職務，方得舉奏。仁宗天聖二年（1024年）八月十二日，曾下詔令要求推薦人在推薦之前必須與被推薦人進行溝通，確保被推薦人試中後願意就任中央法司法官。「『審刑院今後所舉詳議官並須先會問本人，如願充職，方得奏舉。其年滿詳議官，候替人到交割，即得離院。』先是，同判貝州韓錫言：『昨為審刑院舉充詳議官，准中書劄子發遣赴闕，臣今情願不就詳議官，乞仍舊任。』帝許之，因有是詔。」〔註43〕但這條詔令很快又被廢除。天聖三年（1025年）四月，審刑院言：「近敕所舉詳議官並須會問本人，如願充職，方得奏舉，以此深煩往復，頗亦非便，自今乞更不會問。從之。〔註44〕儘管這道強制性規

〔註40〕（清）徐松輯，劉琳、刁忠民等校點：《宋會要輯稿》職官十五，上海古籍出版社，2014年，第3427頁。此條亦見於同書刑法一，第8275頁。

〔註41〕（清）徐松輯，劉琳、刁忠民等校點：《宋會要輯稿》職官十五，上海古籍出版社，2014年，第3430頁。此條亦見於同書刑法一，第8278頁。

〔註42〕（清）徐松輯，劉琳、刁忠民等校點：《宋會要輯稿》職官十五，上海古籍出版社，2014年，第3428頁。此條亦見於同書刑法一，第8277頁。

〔註43〕（清）徐松輯，劉琳、刁忠民等校點：《宋會要輯稿》職官十五，上海古籍出版社，2014年，第3429頁。此條亦見於同書刑法一，第8277～8278頁。

〔註44〕（清）徐松輯，劉琳、刁忠民等校點：《宋會要輯稿》職官十五，上海古籍出版社，2014年，第3429頁。此條亦見於同書刑法一，第8278頁。

定被廢除了，但一般情況下，被推薦人還是自願參加考試的。

　　其次，推薦人對推薦對象的業務能力和個人品行進行擔保，所舉薦的官員必須熟於律令且品行端正。如果發現被舉薦人到任後並不具備相應的業務能力或任職內有違法行為，那麼舉薦人也要為此承擔責任。天聖六年（1028年）十二月八日，詔，自今詳議官須是曾歷任在京刑法司升朝官，方得奏舉充職。其詳斷、詳覆、法直官亦須幕職州縣官內選舉精練格法者充。如到職後卻有法律生疏，稍涉私徇，其先舉官重寘之法。〔註45〕

　　天聖七年（1029）九月亦下規定，受舉薦而任職於中央法司的法官，若在任職期內有犯贓等違法行為，推薦人與其同罪。「今後所舉法官令審刑院、刑部、大理寺知院、主判官等，並今同罪保舉。」〔註46〕同年十一月，再次頒布施行同罪保舉的具體規則：「自今刑部、大理寺舉幕職、州縣官充詳覆、詳斷、法直官等，如職任內犯入己贓，其舉主並當同罪。或舉主不至追官、停任，及該赦原免並遇減降者，具情理取旨，或降官秩，或降差遣。如職任外犯贓罪，於所犯人下減二等，更不取旨。若在任及離任後犯私罪，其舉主更不收理。」〔註47〕按照這則規定，舉主與被舉薦人的同罪處罰制度分為三等情況來處理。其一，被舉薦人若在任期內有犯入己贓之違法行為，那麼舉主與被舉薦人同罪。若有可赦免的情形，可以說明情況，請求減輕處罰。其二，若被舉薦人並非在本職工作之外有犯贓行為，那麼舉主按被舉薦人之罪減二等處罰。其三，若被舉薦人在任職期間或離任後犯私罪，那麼舉主不用因此負連帶責任，可以不予處罰。

　　天聖九年（1031年）二月，朝廷又對「試刑法人」的舉主資格進行限定：「其所舉人，並須見在任及歷任曾有轉運、發運使一人，或文武升朝官二人同罪奏舉，依銓格合充舉主人數者，方得奏舉。」〔註48〕按此規定，「試刑法人」的舉主必須對其進行同罪保舉，並且其中必須有一位在任或歷任轉運使或發運使之職，或者由兩位文武京朝官對其進行同罪奏舉。嘉祐六年（1061）

〔註45〕（清）徐松輯，劉琳、刁忠民等校點：《宋會要輯稿》職官十五，上海古籍出版社，2014年，第3429頁。此條亦見於同書刑法一，第8278頁。

〔註46〕（清）徐松輯，劉琳、刁忠民等校點：《宋會要輯稿》職官十五，上海古籍出版社，2014年，第3429頁。此條亦見於同書刑法一，第8278頁。

〔註47〕（清）徐松輯，劉琳、刁忠民等校點：《宋會要輯稿》職官十五，上海古籍出版社，2014年，第3429頁。此條亦見於同書刑法一，第8278頁。

〔註48〕（清）徐松輯，劉琳、刁忠民等校點：《宋會要輯稿》職官十五，上海古籍出版社，2014年，第3430頁。此條亦見於同書刑法一，第8279頁。

八月，朝廷再次頒布詔令：「審刑院、大理寺日有諸路州軍奏到公案，慮失於審慎，或致滯留，今後審刑院、大理寺詳議、詳斷官闕，宜令知院、判寺少卿與學士院、御史臺、舍人院同罪輪舉法律精熟、論議通明之人以聞，餘依照條。」〔註49〕據此，「試刑法人」的舉主必須是樞密院與大理寺長官及任職於學士院、御史臺和舍人院的官員。

（三）「試刑法」考試的舉行時間

宋初，「試刑法」考試的相關制度並未行成定例，考試的舉行時間也是不定期的。「試刑法」考試的舉行一般由詔令臨時規定，未有詔令，「試刑法」考試則不舉行。根據史料文獻的記載，「試刑法」考試的舉行與中央法司法官的員闕有著密切聯繫。景德元年（1004）年曾有詔令：「御史臺、刑部、大理寺推直、詳覆、詳斷官年未滿，諸處不得輒有奏舉。」〔註50〕天禧元年（1018）二月，朝廷在規定試刑法的參考資格的同時也規定，舉薦人應當在「法官將滿前一月」上報被推薦人的名字。〔註51〕那麼由此看來，只有中央法司法官任期已滿，法官闕人時，才會臨時組織「試刑法」考試。

而時至仁宗嘉祐年間，「試刑法」考試才逐漸形成每年定期舉行的制度。據《宋會要輯稿》記載，嘉祐四年（1059）七月二日，「御史臺言：『選人乞試斷案，逐時令與審刑院、大理寺同共考試。近據前鄜州司法韓嘉言等八人乞試，尋會問並各鄉待闕，或已赴任。欲乞自今後逐年立定時限，令如期赴試，候考較得中，依條送逐司上簿，免成限滯。』詔今後選人乞試律斷案，如三月後投狀，即八月引試；九月後投狀，即來年二月引試。」〔註52〕按此規定，「試刑法」每年於二月和八月分別舉行兩次考試。「試刑法人」若在三月至八月投狀乞試，那麼他可以參加八月舉行的「試刑法」考試。若是在當年九月及次年二月投狀乞試，那麼他只能參加次年二月舉行的「試刑法」考試。

但每年二月、八月考試並非定例，在一些特殊情況下，「試刑法」的考試

〔註49〕（清）徐松輯，劉琳、刁忠民等校點：《宋會要輯稿》職官十五，上海古籍出版社，2014年，第3431頁。此條亦見於同書刑法一，第8279頁。

〔註50〕（清）徐松輯，劉琳、刁忠民等校點：《宋會要輯稿》職官十五，上海古籍出版社，2014年，第3426頁。此條亦見於同書刑法一，第8275頁。

〔註51〕（清）徐松輯，劉琳、刁忠民等校點：《宋會要輯稿》職官十五，上海古籍出版社，2014年，第3428頁。此條亦見於同書刑法一，第8277頁。

〔註52〕（清）徐松輯，劉琳、刁忠民等校點：《宋會要輯稿》選舉十三，上海古籍出版社，2014年，第5521頁。

時間可以有所變動。如嘉祐六年（1061年）三月一日，權御史中丞王疇言：「前齊州司戶參軍趙宏等乞試律斷案，緣差同知貢舉引試相妨，審刑院詳議及大理寺斷詳官並差入貢院。乞候過御試舉人，權與三月內考試。」〔註53〕由是知，由於「試刑法」考試與科舉考試的時間相衝突，嘉祐六年，本該於二月舉行的「試刑法」考試則臨時推遲到三月舉行。

（四）「試刑法」考試的考試內容與合格標準

「試刑法」考試雖以法律為主要考試內容，但其具體考試內容的確定則經歷了一個較長的發展過程。

1. 真宗時代的「試刑法」考試

端拱二年頒布的「試刑法」詔令並沒有提及考試的具體內容，而真宗咸平二年（999）三月規定，「審刑院舉詳議官，自今宜令大理寺試斷案三十道。」此次改革的原因起於宰臣張齊賢的一封上奏。「審刑院舊例，舉詳議官令刑部只試斷案二道，俱通，則便令赴職，仍多改賜章服。竊詳所斷案牒，皆取其事小者以試之，是以多聞中選。」真宗聞此大驚，曰：「如此則求人不精，何以懲之？」〔註54〕故有前述詔令。那麼由是知，咸平二年之前，由舉薦方式而組織的「試刑法」考試的難度較為簡單，「試刑法人」只須試斷案兩道，兩道合格後便可赴任。而咸平二年後，「試刑法」考試的難度開始增加，受舉薦而參加「試刑法」考試的「試刑法人」須試斷案三十道。

真宗咸平六年（1003）十二月，又對乞試刑法方式而組織的「試刑法」考試進一步規定：「自今有乞試法律者，依元敕問律義十道外，更試斷徒以上公案十道。並於大理寺選斷過舊條律稍繁、重輕難等者，拆去元斷刑名、法狀、罪由，令本人自新別斷。若與元斷並同，即得為通。如十道全通者，具狀奏聞訖，於刑獄要重處任使；六通已上者，亦奏加獎擢。五通已下，更不以聞。」〔註55〕由此可見，投狀乞試與舉薦參考的「試刑法人」的考試內容似乎不太一樣，投狀乞試的「試刑法人」的考試難度更大。除了試律義十道之

〔註53〕（清）徐松輯，劉琳、刁忠民等校點：《宋會要輯稿》選舉十三，上海古籍出版社，2014年，第5521頁。

〔註54〕（清）徐松輯，劉琳、刁忠民等校點：《宋會要輯稿》職官一五，上海古籍出版社，2014年，第3425頁。此條亦見於同書刑法一，第8274頁。

〔註55〕（清）徐松輯，劉琳、刁忠民等校點：《宋會要輯稿》職官一五，上海古籍出版社，2014年，第3426頁。此條亦見於同書刑法一，第8274頁。

外，還有試斷案十道。並且，試斷案的考題難度較大，一般由大理寺已斷案例中選取較難較複雜者改編而成。只有將十道案題判斷得都與元斷一致的，才有可能授任中央法司法官之職務。

真宗景德年間，朝廷又重新頒布詔令調整「試刑法」的考試內容。由投狀乞試方式參加的「試刑法」考試，與由舉薦參考方式參加的「試刑法」考試，其考試內容不同，難度也有區別。景德二年（1005）三月二十四日，「詔：『自今所舉大理寺斷官、刑部詳覆官已試斷案五道，遣官與二司互考。』又審刑院言：『准敕與刑部、大理寺詳定，自今投狀乞試格法，並審官院、流內銓等處引見時乞試人，並依元敕試律義十道合格外，更試斷案三道，兩道通者，奏取進止。所有奏舉到詳覆、詳斷並揀選到法直官，並審官、銓司引見時不曾乞試，特奉聖旨與試人等，止試斷案三道，通二道者為合格。其兩項人所試斷案，以斷敕內取一人犯罪多者情狀與試，合得元斷刑名同，即為通。如罪犯易見者，取兩人情狀與元斷刑名同，即為通。仍依近敕，並差官與刑部、大理寺交互考試。』詔從所請，內試到三粗者，卷子仰繳連以聞，別取進止。其選到審刑、詳議官亦准此。」〔註56〕由此可見，投狀乞試與審官院、流內銓推薦的乞試刑法人，都須先試律義十道，合格後，方可參加試斷案考試。試律義十道合格且試斷案三道中有兩道為通者，則有可能授予斷官或詳覆官之職。而經奏舉方式參加的「試刑法人」，只需要試斷案三道，而不需先試律義。試斷案三道通二道，則有可能授予詳覆官或詳斷官。真宗景德二年（1005）六月，又稍稍提高了經奏舉方式而參加的「試刑法」考試的難度。「自今應法直官、副法直官令銓司於見選人中選流內官一任成三考，幹謹無遺，習書判者，具名引見，試斷案五道。差官與刑部、大理寺、三司交互考試，以可者充。三司、大理寺滿一年、刑部滿三年，無私罪，並與京官。」〔註57〕據此，原本法直官的選擇，「試刑法人」只須試斷案三道，現在又調整為試斷案五道。

天禧四年（1020）四月三日，針對舉薦參考的「試刑法人」而組織的「試刑法」考試的考試內容又有較大變化：「審刑院、刑部、大理寺言：『眾官參

〔註56〕（清）徐松輯，劉琳、刁忠民等校點：《宋會要輯稿》職官十五，上海古籍出版社，2014 年，第 3426 頁。此條亦見於同書刑法一，第 8275 頁。

〔註57〕（清）徐松輯，劉琳、刁忠民等校點：《宋會要輯稿》職官十五，上海古籍出版社，2014 年，第 3426 頁。此條亦見於同書刑法一，第 8275 頁。

詳：今後斷官、法直官於年限未滿前先次舉官。內舉到幕職、州縣官須曾有奏舉主者，先還審刑院試律義五道，得通三者。若斷官，即更試斷中小案一道，仍取斷敕合用律文者。如所試合得元斷敕，即申奏施行。如試律但通二已上，及斷案雖不合元斷刑名，但引用條法、節略案款稍知次第，亦自審刑院聞奏，送大理寺試案二十道，委判寺官保明，具可否以聞。其法直官先試義外，並斷中小案，稍知使用條法次第，不必與元斷法狀一同。但參驗曾習法律者，並依例以聞，送大理寺試公事三兩月，亦委判寺官保明可否以聞。後更不得舉京官充斷官。』詔從之，並刑部詳覆、法直官亦准此。」〔註58〕按照這一規定，斷官、法直官的選任標準有差別。首先，「試刑法人」都必須於審刑院先試律義五道，一般的合格要求是五道通三道。試斷官者，必須加試斷中小案一道。若試律義五道通三，且試斷案符合元斷者，可以充任斷官；若試律義五道通二，且試斷案時不是非常符合元斷，但還較為熟悉法理，則還須參加大理寺主辦的試斷案二十道考試。加試成績合格者，也有充任斷官的可能。相比試斷官，試法直官者的合格要求較低。試法直官也需要加試斷中小案一道，但斷案不要求與元斷一致，若稍知法理者，可以先入大理寺實習試公事三兩月，然後再決定是否授任法直官。

　　綜上而言，真宗時期的「試刑法」考試的特點是：依據參考方式的不同，而針對投狀乞試與舉薦參考的「試刑法人」制定不同的考試政策。一般而言，針對投狀乞試的「試刑法人」而組織的「試刑法」考試的考試難度較大，這種「試刑法」考試一般既要求試律義也須試斷案，且合格標準較高；而針對舉薦參考的「試刑法人」而組織的「試刑法」考試的考試難度稍低，由於這類「試刑法人」的能力有一定的保證，因此，這種「試刑法」考試一般只要求試斷案，不一定試律義，而且合格標準也沒有針對投狀乞試的「試刑法人」組織的「試刑法」考試的要求高。

表 3-1　宋真宗時代「試刑法」考試內容及合格標準統計表

時間	考試內容	合格標準
咸平二年（999）三月之前	舉詳議官令刑部只試斷案二道	無記載

〔註58〕　（清）徐松輯，劉琳、刁忠民等校點：《宋會要輯稿》職官一五，上海古籍出版社，2014 年，第 3428～3429 頁。此條亦見於同書刑法一，第 8277 頁。

咸平二年（999）三月	審刑院舉詳議官，自今宜令大理寺試斷案三十道。	無記載
咸平六年（1003）十二月	依元敕問律義十道外，更試斷徒以上公案十道。並於大理寺選斷過舊條律稍繁、重輕難等者，拆去元斷刑名、法狀、罪由，令本人自新別斷。	若與元斷並同，即得為通。
景德二年（1005）三月	自今所舉大理寺斷官、刑部詳覆官已試斷案五道，遣官與二司互考。	無記載
	自今投狀乞試格法，並審官院、流內銓等處引見時乞試人，並依元敕試律義十道合格外，更試斷案三道，	所試斷案，以斷敕內取一人犯罪多者情疑與試，合得元斷刑名同，即為通。如犯罪易見者，取兩人情疑，與元斷刑名同，即為通。
	所有奏舉到詳覆、詳斷並揀選到法直官，並審官、銓司引見時不曾乞試，特奉聖旨與試人等，止試斷案三道，	
景德二年（1005）六月	應法直官、副法直官令銓司於見選人中選流內官一任成三考，幹謹無遺，習書判者，具名引見，試斷案五道。	差官與刑部、大理寺、三司交互考試，以可者充。三司、大理寺滿一年、刑部滿三年，無私罪，並與京官。
天禧四年（1020）四月	奏舉者試斷官，先試律義五道，更試斷中小案一道。	試律義五道通三，且所試合得元斷敕，即申奏施行。
		如試律義五道通二已上，及斷案雖不合元斷刑名，但引用條法、節略案款稍知次第，亦自審刑院聞奏，送大理寺試案二十道，委判寺官保明，具可否以聞。
	奏舉法直官試律義五道外，並斷中小案。	稍知使用條法次第，不必與元斷法狀一同。但參驗曾習法律者，並依例以聞，送大理寺試公事三兩月，亦委判寺官保明可否以聞。

2. 仁宗時代的「試刑法」考試

較之前代，仁宗時代的「試刑法」考試則不再強調因參考方式的不同而

對「試刑法人」做不同的要求。「試刑法人」無論是舉薦參考還是投狀乞試，其考試內容趨於一致。天聖九年（1031）二月，「詔：『自今後所舉大理詳斷、法直官，須有出身、令錄已上，歷任中曾充司法或錄事參軍或職官各成資官者。詳斷、法直官闕，並須先取索目前乞試斷案人但歷五考已上者，令眾官將元試卷看詳，取其通數稍多、引用不失者，並許保舉，更不拘資品。若其間無人，或未知行止，即且依前項指揮舉官。其考試所舉之人，律義依舊只試五道，內問《疏義》二道，以二通已上為中。更試中小案三道，其案取約三道刑名，兼以重罪引用律條者，合試若得一通或二粗，即免試公事，便除京官。若試得一粗，或書札稍堪引用有取者，亦與聞奏，送本寺試斷案三二十道，如堪充職任，本寺主判官已下保明以聞。其所試如重罪同，輕罪內差錯一件刑名，亦許為同；或輕罪不同，重罪引用刑名正當，高下差誤一等，於杖、徒、流、死刑名不差者，亦許為粗。其法直官依舊試律義外，亦以舊案三道試鋪引法，仍以都引刑名條數十分為率，得六分同者為合格。試日，令審刑院差詳議官二員，大理寺差判寺或權少卿一員，赴御史臺同試。其所舉人，並須見在任及歷任曾有轉運、發運使一人，或文武升朝官二人同罪奏舉，依銓格合充舉主人數者，方得奏舉。若充大理寺詳斷、檢法官年滿日再任者，亦聽。如轉官及三週年，便與磨勘，候再任滿日與折一任知縣，差家便通判。』自是刑部詳覆、法直官亦據此詔，從之。」〔註 59〕按此，舉薦參考的「試刑法人」過去只需要試律義五道，而至此詔令頒布後，舉薦參考的「試刑法人」也需要試斷中小案三道。

　　景祐四年（1037）六月十二日，審刑院、御史臺言：「今後應試法選人，明法出身即試律義六道，以通疏議兩道者為合格；別科出身即依舊考試外，仍並試斷大案二道，中小案一道，如中小案通，考大案內得一道粗者，即為中格。」〔註 60〕由是知，朝廷此則詔令針對明法出身的「試刑法人」的考試內容作出了特殊規定，明法出身的「試刑法人」的考試內容較少，只須試律義六道，不須再試斷案。而其他出身者不僅要試律義，還要試斷案三道，其中大案二道，中小案一道。

〔註 59〕　（清）徐松輯，劉琳、刁忠民等校點：《宋會要輯稿》職官十五，上海古籍出版社，2014 年，第 3430 頁。此條亦見於同書刑法一，第 8279 頁。

〔註 60〕　（清）徐松輯，劉琳、刁忠民等校點：《宋會要輯稿》選舉十三，上海古籍出版社，2014 年，第 5521 頁。

表 3-2　宋仁宗時代「試刑法」考試內容及合格標準統計表

日　期	考試內容	合格標準
天 聖 九 年（1031）二月	其考試所舉之人，律義依舊只試五道，內問《疏義》二道。更試中小案三道，其案取約三道刑名，兼以重罪引用律條者合試。	其所試如重罪同。輕罪內差錯一件刑名，亦許為同；或輕罪不同，重罪引用刑名正當、高下誤差一等，於杖、徒、流、死刑名不差者，亦許為粗。
	若試得一粗，或書札稍堪引用有取者，亦與聞奏，送本寺試斷案三二十道，如堪充職任，本寺主判官已下保明以聞。	
	其法直官依舊試律義外，亦以舊案三道試鋪引法。	仍以都引刑名條數十分為率，得六分同者為合格。
景 祐 四 年（1037）六月	明法出身即試律義六道	以通疏議兩道者為合格。
	別科出身即依舊考試外，仍並試斷大案二道，中小案一道。	如中小案通，考大案內得一道粗者，即為中格。

（五）「試刑法」考試的具體規則

1. 舉辦考試的部門

「試刑法」考試一般由中央司法機關主持考試，其試中者一般也就職於中央法司。具體而言，試中刑法人的具體任職崗位有：審刑院詳議官（真宗咸平二年三月）[註61]；大理寺詳斷官（景德二年三月二十四日）[註62]；刑部詳覆官（景德二年三月二十四日）[註63]；刑部、大理寺、三司法直官、副法直官（景德二年六月）[註64]；大州倅多處司法參軍和錄事參軍（仁宗天聖十年二月）[註65]等。有官闕的中央司法機關一般不直接主持考試，而是由其他機

〔註61〕（清）徐松輯，劉琳、刁忠民等校點：《宋會要輯稿》職官一五，上海古籍出版社，2014年，第3425頁。此條亦見於同書刑法一，第8274頁。

〔註62〕（清）徐松輯，劉琳、刁忠民等校點：《宋會要輯稿》職官一五，上海古籍出版社，2014年，第3426頁。此條亦見於同書刑法一，第8275頁。

〔註63〕（清）徐松輯，劉琳、刁忠民等校點：《宋會要輯稿》職官一五，上海古籍出版社，2014年，第3426頁。此條亦見於同書刑法一，第8275頁。

〔註64〕（清）徐松輯，劉琳、刁忠民等校點：《宋會要輯稿》職官一五，上海古籍出版社，2014年，第3426頁。此條亦見於同書刑法一，第8275頁。

〔註65〕（清）徐松輯，劉琳、刁忠民等校點：《宋會要輯稿》選舉一三，上海古籍出版社，2014年，第5520頁。

關主試，或者與其他機關一起交互主持考試。如真宗咸平二年（999）三月，審刑院舉詳議官的「試刑法」考試，是由大理寺主持試斷案三十道。〔註66〕景德二年（1005）三月，大理寺舉斷官，刑部舉詳覆官的「試刑法」考試，則採取的是「二司互考」的方式。〔註67〕儘管考試內容都是試斷案五道，但試大理寺斷官的「試刑法人」由刑部主試，而試刑部詳覆官的「試刑法人」則由大理寺主試。同年六月又規定：選任刑部、大理寺、三司法直官與副法直官的「試刑法」考試由朝廷差官與刑部、大理寺、三司交互考試。〔註68〕

為避免洩露考題，維護考試的公平性。仁宗天聖元年（1023）三月又規定，「試刑法」考試可以由多個機關共同主持考試，「令審刑院、大理寺知判官內論差一員與斷官一員，赴御史臺同共考試。」〔註69〕至此，御史臺也成為了主持「試刑法」考試的主要機關。慶曆二年（1042）八月，又詔令御史臺：「考試選人試律斷案，並選舉到刑部、大理寺法官等，令與審刑院擘畫關防，精加考試，無令僥倖。餘依前後條敕施行。」〔註70〕由是知，審刑院也與御史臺一起成為了「試刑法」考試的共同主考機關。

2. 出題規則

「試刑法」考試的出題，也經歷了一個由易到難的過程。真宗咸平二年（999）對「試刑法」考試的考題進行改革的原因就在於，之前的考題較為簡單，導致「求人不精。」「所斷案牘，皆取其事小者以試之，是以多聞中選。」〔註71〕真宗咸平六年（1003）六月，「試刑法」考試中的試斷案的題目則開始出自於大理寺已斷案例。「於大理寺選斷過舊條律稍煩，重輕難等者，拆去元斷刑名、法狀、罪由，令本人自新別斷。」〔註72〕

〔註66〕（清）徐松輯，劉琳、刁忠民等校點：《宋會要輯稿》職官一五，上海古籍出版社，2014年，第3425頁。此條亦見於同書刑法一，第8274頁。

〔註67〕（清）徐松輯，劉琳、刁忠民等校點：《宋會要輯稿》職官十五，上海古籍出版社，2014年，第3426頁。此條亦見於同書刑法一，第8275頁。

〔註68〕（清）徐松輯，劉琳、刁忠民等校點：《宋會要輯稿》職官十五，上海古籍出版社，2014年，第3426頁。此條亦見於同書刑法一，第8275頁。

〔註69〕（清）徐松輯，劉琳、刁忠民等校點：《宋會要輯稿》職官十五，上海古籍出版社，2014年，第3429頁。此條亦見於同書刑法一，第8277頁。

〔註70〕（清）徐松輯，劉琳、刁忠民等校點：《宋會要輯稿》選舉一三，上海古籍出版社，2014年，第5521頁。

〔註71〕（清）徐松輯，劉琳、刁忠民等校點：《宋會要輯稿》職官一五，上海古籍出版社，2014年，第3425頁。此條亦見於同書刑法一，第8274頁。

〔註72〕（清）徐松輯，劉琳、刁忠民等校點：《宋會要輯稿》職官一五，上海古籍出

　　景德二年（1005）五月，朝廷頒布詔令又對試斷案的出題規則作出具體規定。「詔：『刑部自今每定試斷案人，前一日差詳覆官一人親往大理寺，委判寺、少卿等臨時旋差斷官一人，與差去官同於公案庫內揀選自來條件稍繁、輕重難等者公案，即不得令手分檢取。仍據所借道數，令判寺官實封，具公文畫時牒送刑部，只在本廳收掌，亦不得下所司收直。候引試日，當面與同監試官驗證大理寺元封，拆開揀試，去卻法狀斷語；兼令詳覆官等同共監試，令所試人自新別斷。」〔註73〕按此規定，試斷案的考題一般於考試的前一日決定。由一名刑部詳覆官與一名大理寺詳斷官同往大理寺公案庫內親自挑選較為複雜的已斷案牘。案例挑選之後，由大理寺官員當面密封，做好密封標記，牒送刑部。考試當日，主考官與同監試官驗證密封標記後，將案牘中的法狀、斷語去掉後，再令應試者重新斷決。

　　為增加考試的客觀性，測出「試刑法人「的真實水平。大中祥符六年（1013）六月，朝廷又重申了「試刑法」考試的命題規範。詔：「自今應京朝、幕職、州縣官乞試斷案者，委考試官等躬親就庫密揀公案，親自封記，候試時於中更選合要道數，依元敕精加考試，不得仍前令庫胥簽檢，致有漏泄。……其大理寺應係新舊草檢、宣敕等庫，自後並差官封鎖，毋使人吏擅有開閉。」〔註74〕為防止考試官委託胥吏挑選考試所用的案牘的情況的發生，朝廷又再次重申考試官必須躬親選擇，以防止考題洩露。同時，要求大理寺公案庫必須做好平時的日常管理工作，不得隨意開閉。

　　由於試斷案的考題來源於大理寺已斷公案，案卷的抄寫與入庫掌管事務一般由大理寺胥吏負責，因此他們對案卷的當事人姓名及所斷刑名都較為熟悉。為防止大理寺胥吏洩露考題，朝廷有時也會委派御史臺主持「試刑法」考試。〔註75〕

3. 考場紀律

　　據《宋會要輯稿》記載，慶曆八年（1048）十月朝廷規定，「試刑法人」

　　　　　版社，2014 年，第 3426 頁。此條亦見於同書刑法一，第 8274 頁。
〔註73〕（清）徐松輯，劉琳、刁忠民等校點：《宋會要輯稿》職官一五，上海古籍出
　　　　　版社，2014 年，第 3426 頁。此條亦見於同書刑法一，第 8275 頁。
〔註74〕（清）徐松輯，劉琳、刁忠民等校點：《宋會要輯稿》職官一五，上海古籍出
　　　　　版社，2014 年，第 3427 頁。此條亦見於同書刑法一，第 8276 頁。
〔註75〕（清）徐松輯，劉琳、刁忠民等校點：《宋會要輯稿》職官十五，上海古籍出
　　　　　版社，2014 年，第 3429 頁。此條亦見於同書刑法一，第 8277 頁。

參加考試時不得攜帶文字，如有違反，則將受到嚴厲責罰。〔註76〕

4. 複審制度

「試刑法」的考試規則十分嚴格，有時朝廷還另派官員複審考試結果。大中祥符元年（1008年）八月，知審刑院朱巽舉太子中允彭愈、光祿寺丞張有則，又知審刑院事劉國忠舉大理寺丞閻允恭堪充詳議官。詔刑部尚書溫仲舒、給事中張秉同考試。既而太子詹事、權判刑部慎從吉暨省寺眾官覆視仲舒等所試，粗通不同，而仲舒等又引禮部侍郎魏庠等前試大理寺丞裴常、前武昌軍節度推官慎錯、前荊南觀察推官崔育材所定通粗為比。詔令百官集議。吏部侍郎張齊賢等議，裴常、慎錯亦不中程，詔奪其官，彭愈亦罷。〔註77〕此事亦見於《長編》：「庚午，權判尚書刑部慎從吉，言與省寺眾官覆視刑部尚書溫仲舒等所試舉充審刑詳議官彭愈等，刑名通粗多有差互。詔問仲舒等，仲舒等引禮部侍郎魏庠前試大理寺詳斷官裴常、慎錯等所定通粗為比。詔尚書省集百官議定，吏部尚書張齊賢等言常、錯所試，亦不中程。先是，錯以武昌節度推官授著作佐郎，充詳斷官，至是釐正，奪其官。彭愈亦罷兵部員外郎。直史館張復時知禮部，避事不草議狀，殿中丞邱雍輒代為之，詔罰復金。錯，從吉子也。」〔註78〕由是知，大中祥符元年舉行的這次「試刑法」考試由數部尚書溫仲舒、給事中張秉共同擔任主考。太子詹事、權判刑部慎從吉與大理寺、刑部眾官複審了考試結果，從中發現溫仲舒的判卷標準不一。溫仲舒提出，他判卷所依據的標準與之前禮部侍郎魏庠主持，大理司詳斷官裴常、慎錯參加的「試刑法」考試相同。而慎錯又正是慎從吉的兒子，於是詔令百官集議，最後吏部侍郎張齊賢等人又複審了裴常、慎錯的試卷，發現裴常與慎錯的答卷並不合格。於是朝廷罷免了裴常、慎錯等人的所授職官。由此可見，「試刑法」考試規則之嚴。

三、制度定型：熙、豐變法時期的「試刑法」考試制度

神宗時期的變法運動是一次全面的改革，在「試刑法」考試制度方面，

〔註76〕（清）徐松輯，劉琳、刁忠民等校點：《宋會要輯稿》選舉一三，上海古籍出版社，2014年，第5521頁。

〔註77〕（清）徐松輯，劉琳、刁忠民等校點：《宋會要輯稿》職官十五，上海古籍出版社，2014年，第3427頁。此條亦見於同書刑法一，第8275～8276頁。

〔註78〕（宋）李燾：《續資治通鑒長編》卷七十，真宗大中祥符元年九月庚午，中華書局，2004年，第1562～1563頁。

其表現是全面規定「試刑法」考試的各種細節。神宗熙寧元年（1068）五月六日，朝廷頒布詔令廢止之前「試刑法」考試的有關規定，令大理寺、審刑院與御史臺重新制定「試刑法」考試制度。「御史臺言：『看詳奏舉乞試法官等條制，今與審刑院、大理寺眾官將前後所降指揮參詳到六條，委得經久可行。所有今日以前應係試法官敕劄，乞不更行用。」〔註79〕經過差不多兩年時間的討論，熙寧三年（1070）三月二十五日，朝廷正式確定了新的「試刑法」考試制度。〔註80〕同日，還頒布了《試案鋪刑名及考試等第式樣》，以作公示。「試用法官條貫，候法官皆是新法試到人，即依此施行。立定《試案鋪刑名及考試等第式樣》一卷，頒付刑寺及開封府、諸州，仍許私印出賣。」〔註81〕從詔文可知，《試案鋪刑名及考試等第式樣》確定了「試刑法」考試的內容和樣卷，並且公之於眾，允許私印出賣。為妥善處理試法官相關事宜，朝廷還似乎成立了專門的考試法官所。據《宋會要輯稿》記載，熙寧三年（1070）九月十三曰：「詔考試法官所分為三等考定所試之人。如無合入上等之人，即止從本寺。仍逐場未得駁放，合各具等第、通數聞奏。」〔註82〕

《宋會要輯稿》有云：「熙寧三年九月十二日，以司勳員外郎權判大理寺崔臺符、殿中丞權發遣大理少卿公事朱溫其、太子中允崇政殿說書曾布並赴錫慶院考試法官，國子博士楊淵、殿中丞吳安度巡鋪，屯田員外郎董侗監門，秘書丞章棨封彌。自後試官皆如例。」〔註83〕又據《長編》載：神宗熙寧三年九月己亥，命司勳員外郎權判大理寺崔臺符、崇政殿說書曾布、殿中丞權發遣大理少卿朱溫其考試法官，試法官自此始。〔註84〕此處一句「試法官自此始」，標誌著「試刑法」考試制度的正式確立。首場考試由司勳員外郎權判

〔註79〕（清）徐松輯，劉琳、刁忠民等校點：《宋會要輯稿》職官十五，上海古籍出版社，2014 年，第 3432 頁。此條亦見於同書刑法一，第 8280 頁。

〔註80〕（清）徐松輯，劉琳、刁忠民等校點：《宋會要輯稿》選舉一三，上海古籍出版社，2014 年，第 5522 頁。

〔註81〕（清）徐松輯，劉琳、刁忠民等校點：《宋會要輯稿》職官十五，上海古籍出版社，2014 年，第 3432 頁。此條亦見於同書刑法一，第 8280 頁。選舉一三，第 5522 頁。

〔註82〕（清）徐松輯，劉琳、刁忠民等校點：《宋會要輯稿》職官十五，上海古籍出版社，2014 年，第 3432 頁。此條亦見於同書刑法一，第 8280 頁。

〔註83〕（清）徐松輯，劉琳、刁忠民等校點：《宋會要輯稿》選舉一三，上海古籍出版社，2014 年，第 5522 頁。

〔註84〕（宋）李燾：《續資治通鑒長編》卷二百十五，神宗熙寧三年九月己亥，中華書局，2004 年，第 5238 頁。

大理寺崔臺符、殿中丞權發遣大理少卿公事朱溫其與太子中允崇政殿說書曾布共同擔任主考官。考試地點設於錫慶院。國子博士楊淵、殿中丞吳安度負責監考巡視，屯田員外郎董倚負責維持考場紀律，秘書丞章窣負責試卷密封。可見，「試刑法」首場考試的考官級別很高，其有關考例也從此確定下來。

（一）「熙寧刑法六場格式」

《宋會要輯稿》記載的熙寧三年（1070）三月二十五日頒布的「試刑法」考試制度詔令有云：「京朝官、選人歷官二年以上，無贓罪，許試刑名。委兩制、刑法寺主判官、諸路監司奏舉，歷任有舉主二人，亦聽就試。日試斷獄一道、刑名十事至十五事為一場，五場止。又問《刑統》大義五道，斷獄通八分已上，不失重罪，合格。分三等，第一等選人改京朝官，（京朝官）進一官，並補審刑、大理、刑部官；第二等選人免循一資，京朝官減二年磨勘；第三等選人免選，京朝官減一年磨勘。法官闕，亦聽補。考試關防，如試諸科法。」〔註85〕由於此詔令確定「試刑法」考試制度前後須試六場，因此也被後來稱為「熙寧刑法六場格式。」由此條詔令的內容可以看出，與前代相比，熙寧三年（1070）「試刑法」考試改革後的相關制度也有一定的變化。

（二）「試刑法人」的應試資格

就「試刑法人」的應試資格而言，熙寧刑法六場格式降低了應試人的資歷要求。熙寧前，「試刑法人」一般要經過兩任六考，而且有時還特別規定京朝官不得參加考試。而熙寧三年（1070）朝廷規定，京朝官和選人歷官二年以上即可以參加「試刑法」考試。至熙寧六年（1073）朝廷甚至全面放開了應試人的資歷要求，「自今刑法官不及兩考者，並許就試。如試中刑法，在寺供職及兩考，與推恩。」〔註86〕據此，未出官的選人也可以參加「試刑法」考試。

從個人品行上而言，「試刑法人」必須歷任無贓罪。但這有時也並非硬性條件，如熙寧三年（1070年）六月二十八日，判刑部劉謹奏舉權柳州軍事判

〔註85〕（清）徐松輯，劉琳、刁忠民等校點：《宋會要輯稿》選舉一三，上海古籍出版社，2014年，第5522頁。

〔註86〕（宋）李燾：《續資治通鑑長編》卷二百四十四，神宗熙寧六年四月丙申，中華書局，2004年，第5942頁。筆者按，《宋會要輯稿》亦載此條，且繫於熙寧八年四月二十五日條下，今據《長編》。參見（清）徐松輯，劉琳、刁忠民等校點：《宋會要輯稿》選舉一三，上海古籍出版社，2014年，第5524頁。

官宋諤試刑名，中書門下審核時認為，宋諤在參加「試刑法」考試時，賄賂有關胥吏，試圖竊取試斷案試題，因而不允許宋諤參加這次考試，而最終神宗皇帝御批同意宋諤參加考試：「緣試法雖實律，亦恐不免如此。其宋諤令就試不妨，苟不中格，自當退黜。」〔註87〕

因新法推行之初，地方事務繁多，地方長官必不可缺。因此熙寧六年（1073）八月十八日，朝廷採納了知諫院鄧潤甫的建議，不許在任的知縣、縣令參加「試刑法」考試。「近制試刑法者並許離任。緣知縣、縣令所總事繁多，及推行新法，不可闕人。自今知縣、縣令不許赴試。」〔註88〕元豐三年（1080）五月規定：在任外官皆不得參加「試刑法」考試。〔註89〕元豐五年（1082）十二月，又將限制參加「試刑法」考試的範圍擴大，「見任外官及授黃河地分見闕者，不許就試。」〔註90〕

（三）「試刑法人」資格的獲取

就「試刑法人」的應試資格獲取而言，熙寧三年（1070）「試刑法」考試改革後，似乎不再允許以投狀乞試的方式參加「試刑法」考試。按規定，「試刑法人」必須經由舉薦參加。並且，舉薦官必須有一位是兩制、刑法寺主判官和諸錄監司，或者是二位歷任中的同事。但時隔不久，熙寧七年（1074）五月二十六日，朝廷又頒布詔令允許不滿足舉薦條件的「試刑法人」參加考試。「京朝官、選人未滿兩考及非見任者，雖無舉主，並許試刑法。」〔註91〕元豐五年（1082）十二月，朝廷也規定：「無人奏舉，聽於尚書吏部及所在官司

〔註87〕（清）徐松輯，劉琳、刁忠民等校點：《宋會要輯稿》選舉一三，上海古籍出版社，2014年，第5522頁。

〔註88〕（清）徐松輯，劉琳、刁忠民等校點：《宋會要輯稿》選舉一三，上海古籍出版社，2014年，第5524頁。此條《長編》亦載，且繫於神宗熙寧七年八月癸未條下，與《宋會要輯稿》記錄有出入。參見（宋）李燾：《續資治通鑑長編》卷二百五十五，神宗熙寧七年八月癸未，中華書局，2004年，第6237～6239頁。

〔註89〕（清）徐松輯，劉琳、刁忠民等校點：《宋會要輯稿》選舉一三，上海古籍出版社，2014年，第5526頁。

〔註90〕（清）徐松輯，劉琳、刁忠民等校點：《宋會要輯稿》選舉一三，上海古籍出版社，2014年，第5526頁。

〔註91〕（清）徐松輯，劉琳、刁忠民等校點：《宋會要輯稿》選舉一三，上海古籍出版社，2014年，第5523頁。《長編》亦載此條，參見（宋）李燾：《續資治通鑑長編》卷二百五十三，神宗熙寧七年五月癸亥，中華書局，2004年，第6199頁。

投狀乞試。」〔註92〕由是知，應試者不經舉薦也可以通過向吏部及所在官司投狀，申請參加「試刑法」考試。

（四）考試內容和合格標準

就考試內容和合格標準而言，熙寧三年確定的「試刑法」考試的難度大大加大了，考察應試者法律素養的方式也較為全面。除原有的試斷案和試律義之外，還增加了試《刑統》大義。同時，「試刑法」考試的規範性也大大增強，按規定考試共分為六場：前五場，每場試斷案一道、試刑名十到十五道。最後一場又試《刑統》大義五道。其中試斷案必須通八分已上，不失重罪，方為合格。

元豐八年（1085）九月二十九日，刑部專門制定頒布了「試刑法」考試的合格標準，此處不避冗長，特錄如下：

「刑部言：『修立到考試刑法官等斷案，通粗分三等條約：

一、罪名當，而剩引上下文及他條，於所斷罪名無害者，皆為通。（罪名謂公私之類）。上粗，視通七分半；漏條貫內要切字；（謂如藏匿條規「令得隱避」之類。）漏要切情節、節案或引條入生語、漏聲說；（謂不聲說除其事係輕，及除免在下項聲說之類。即受贓項內不聲說，除免重罪又不聲說者，受贓與重罪合罪，自為否。）不依體式；（謂將私罪諸私自犯在定斷之後，及不應追奪而追奪，或引條全而不追奪。即誤以重罪為輕罪，致卻於輕罪追奪者，其輕罪聽為通。）條貫引文差互；（謂如合引巡檢注「令別兼幹當者亦同差出，不得差出」，卻引「不得差出」在「別兼幹當」上之類。）中粗，視通五分：引用皆當，差刑名；（刑名謂徒年、杖數、除免之類。）差誤；（謂應用「從減外」而不言用「官蔭減外」之類，但於刑名無害者，即一事引兩法斷者，若以斷違制又斷違失之類，自為否。）漏條貫罪名不當；（謂應公言私及不言公私之類不礙官當者。即刑名不當，或刑名偶同而所引條意義全非者，若「詐為官文書杖一百」卻引「請求杖一百」之類，自為否。）下粗，視通二分半：漏本犯條，漏餘貫五分已上，直斷受贓或請求；（謂如斷請求枉法，不斷出入罪，及斷不枉法，不引罪人本犯條貫。）」

其後刑部更以為格式，內有差互未明，奏重行修立到考校通粗格式。以引

〔註92〕（宋）李燾：《續資治通鑑長編》卷三百三十一，神宗元豐五年十二月丙子，中華書局，2004 年，第 7991 頁。《宋會要輯稿》亦載此條，參見（清）徐松輯，劉琳、刁忠民等校點：《宋會要輯稿》選舉一三，上海古籍出版社，2014年，第 5526 頁。

用皆當，若刑名罪名當而剩引上下文及他條，於所斷刑名無害，（刑名謂徒年、杖數、除免，罪名謂公私之類。）為通。漏條內要切字，（謂如藏匿條漏「令得隱避」之類。）漏要切情節、節案，或引條入生語，漏聲說，（謂不聲說除某事係輕，及除免在下項聲說之類。即受贓項內不聲說，除免重罪又不聲說者，受贓與重罪合罪，自為否。）不依體式，（謂將私罪諸私自犯在定斷之後，及不應追奪而追奪，或引條法全而不追奪。即誤以重罪為輕罪，致卻於輕罪追奪者，其輕罪聽為通。）條引文差互，（謂如合引巡檢注「令別兼幹當者亦同差出，不得差出」，卻引「不得差出」在「別兼幹當」上之類。）為上粗。差誤，（謂應引從輕入重條，而引從笞入杖條，及應言「從減外」而言「官蔭減外」之類，各於刑名無害者，即應引「從減」條而引「官蔭減」條，並一事引兩法，若已斷違制又斷違制失之類，自為否。）漏條貫罪名不當，（謂應公言私及不言公私之類不礙官當者。即刑名不當，或刑名偶同而所引條意義全非者，若「詐為官文書杖一百」卻引「請求杖一百」之類，自為否。）為中粗。漏本犯條、漏餘條五分以上，直斷受贓或請求，（謂如斷請求枉法，不斷出入罪，及斷不枉法，不引罪人本犯罪。）為下粗。從之。時元祐三年正月也。」〔註93〕

（五）「試中刑法人」的推恩獎勵

熙寧三年以前的「試刑法」考試，其主要職能在於臨時選拔中央法司法官，由中央法司法官的官闕決定錄取的人數。成績最優的前幾名可以直接充任法官，而成績稍次的幾名就無法得到相應的推恩獎勵。這一情況自熙寧三年（1070）後得到了改善。按規定：「試中刑法人」按成績分為三等。試中第一等之人，可授任審刑院、大理寺和刑部的法官之任。如法官有闕，也可以從第二等與第三等人中選拔。此外，第二等和第三等雖不能直接充任中央法司法官，但也可以獲得相應的循資和減少磨勘的優待。一般來說，試中第二等的選人可以免循一資，京朝官可以減二年磨勘；試中第三等的選人可以免選，即可以不經守選而直接赴吏部注授差遣，京朝官也可以減一年磨勘。

熙寧六年（1073）五月二十六日，朝廷又頒布詔令允許不滿足舉薦條件的「試刑法人」參加考試。「京朝官、選人未滿兩考及非見任者，雖無舉主，並許試刑法。試中，京朝官減磨勘一年，選人得堂除，並候成兩考及舉主應

〔註93〕 （清）徐松輯，劉琳、刁忠民等校點：《宋會要輯稿》選舉一三，上海古籍出版社，2014年，第5526～5527頁。

格日推恩。」〔註94〕按這一規定，京朝官與未滿兩考的選人不經舉薦也可以參加「試刑法」考試，如若試中，則須待日後滿足舉薦條件後，方可享有相應的推恩待遇。這一規定大大放寬了對應試者的條件限制，鼓勵了應試者參考的熱情。

　　為進一步鼓勵選人和京朝官參加「試刑法」考試的熱情，朝廷也不斷提高「試中刑法人」的推恩獎勵。據史料文獻的記載，熙寧六年（1073）春舉辦的「試刑法」考試，其獎勵就有了大幅提高。「試中刑法人，莫君陳遷一官，為刑法官；次四人送法寺試斷案，或充提刑檢法官；此五人各循兩資；次十人各循一資；餘各不依名次路分射差遣一次，及止免試注官，京朝官比類酬獎。」〔註95〕並且，這種獎勵並非臨時性的，次年五月，朝廷就從制度上對提高後的推恩獎勵予以確定。按規定，「試中刑法人」按成績次序分為五等：「試中刑法，第一等選人除詳斷官。第二等循兩資。第三等京朝官減二年磨勘，選人循一資。第四等京朝官減一年磨勘，選人堂除一次。第五等京朝官先指射優便差遣，選人免試注官。」〔註96〕

　　由於只要在「試刑法」考試中排名入等，考生即可以享受減免磨勘和選限的優待。因此，有的考生在試中後也會再次參加「試刑法」考試，以期更多的獲得恩惠。僅憑一技之長而獲得源源不斷的減免磨勘恩惠，對其他不習法科者來說，的確也有失公允。針對這種情況，熙寧六年（1073）二月二十七日，朝廷採納了檢正刑房公事李承之建議，對重複參加「試刑法」考試的情況進行限制：「自今試刑法人，如經再試當推恩者，惟上等依例陞擢外，餘並比較前得恩例，並計施行。或昔重今輕者，更不推恩。」〔註97〕就是說，前

〔註94〕（清）徐松輯，劉琳、刁忠民等校點：《宋會要輯稿》選舉一三，上海古籍出版社，2014 年，第 5523 頁。

〔註95〕（宋）李燾：《續資治通鑑長編》，卷二百四十三，神宗熙寧六年三月己巳，中華書局，2004 年，第 5925 頁。（清）徐松輯，劉琳、刁忠民等校點：《宋會要輯稿》選舉一三，上海古籍出版社，2014 年，第 5523 頁。

〔註96〕（宋）李燾：《續資治通鑑長編》，卷二百五十三，神宗熙寧七年五月甲子，中華書局，2004 年，第 6200 頁。《宋會要輯稿》亦載此條，參見（清）徐松輯，劉琳、刁忠民等校點：《宋會要輯稿》選舉一三，上海古籍出版社，2014 年，第 5523 頁。

〔註97〕（宋）李燾：《續資治通鑑長編》，卷二百四十二，神宗熙寧六年二月辛丑，中華書局，2004 年，第 5906 頁。《宋會要輯稿》亦載此條，參見（清）徐松輯，劉琳、刁忠民等校點：《宋會要輯稿》選舉一三，上海古籍出版社，2014 年，第 5522 頁。

次試中刑法與本次試中刑法所獲得的恩惠不能累加享有，兩者之間只能享有其中稍優厚的恩惠。

同時，由於放寬了應試者的資格限制，多有「新科明法及第人」為盡快出官，而於當年秋參加「試刑法」考試，其中不乏試中入等者。而這一情況也引起了中書門下省的重視。「緣新科明法人既係試中斷案、律、議登科，若更以本業再試刑法，等第推恩，頗為太優。況進士及第人既不許經義出官，武臣武藝出身人亦不許試武藝弓馬，豈新科明法人獨許以舊學再試？」為保證官吏銓選的公平性，熙寧十年（1077）四月，朝廷下令限制新科明法及第人試中試刑法後的推恩待遇。「應新科明法及第人就試刑法，如試中，除第一等合差充刑法官人與依例推恩外，其人免試已上等第，並與免試，更不推恩。若就銓選試中，即便投下文字。其合得堂除以上恩澤，亦更不施行。如願試經義入等，自依等第推恩。」〔註98〕

（六）「試刑法」考試的錄取人數

據前文所述，嘉祐四年（1059）之前，「試刑法」考試多係臨時召考，並沒有固定的開考時間。自嘉祐四年起，才「逐年立定時限，令如期赴試。」儘管「試刑法」考試每年可以舉辦兩次，但它並非是每年必須舉行的考試。因此，囿於史料文獻，熙寧以前「試中刑法人」的總人數的確是難以計算的。

然而，自熙寧刑法六場格式確定之後，每次「試刑法」考試授任法官的人數也開始形成定制，一般而言，只有分數靠前的「試中刑法人」方可直接授任法官。如熙寧三年（1070）九月，改革後的首榜「試中刑法人」中只有一人被直接授予了大理寺詳斷官的職務。「試法官，合格者五人皆選人，一人除詳斷官，四人候有闕與差。」〔註99〕熙寧六年（1073）春舉行的「試刑法」考試，也只有莫君陳直接授任了刑法官。〔註100〕

〔註98〕 （宋）李燾：《續資治通鑒長編》卷二百八十一，神宗熙寧十年四月癸未，中華書局，2004年，第6890頁。筆者按，《宋會要輯稿》選舉一四將此條繫於神宗熙寧十年十月四日條，此據《長編》。參見（清）徐松輯，劉琳、刁忠民等點校：《宋會要輯稿》選舉一四，上海古籍出版社，2014年，第5531頁。

〔註99〕 （宋）李燾：《續資治通鑒長編》卷二百十五，神宗熙寧三年九月癸丑，中華書局，2004年，第5248頁。

〔註100〕 （宋）李燾：《續資治通鑒長編》卷二百四十三，神宗熙寧六年三月己巳，

　　由以上兩條可知，熙、豐年間「試刑法」考試制度改革的初期，每次「試刑法」考試大概都只選擇其中最優秀的一員充任中央法司法官。儘管通過「試刑法」考試直接授任法官的員額並不多，但此時的「試刑法」考試已開始形成定制，按「試刑法」考試每年舉辦兩次，每次只擇一人計之。每年通過參加「試刑法」考試而進入到中央法司的法官至少也有兩人。並且，隨著熙、豐時期「試刑法」考試制度的推行和發展，「試中刑法人」直接授任法官的員額也逐漸增加。直至熙寧八年（1075）四月三十日，朝廷開始直接規定「試刑法」考試的前七名可以直接差充法官。「試刑法人，上七人差充法官，餘循資、堂除差遣，免試。其京朝官即比類推恩。」〔註101〕熙寧十年（1077），朝廷也採納了時任判刑部尚書的胡瑗的建議，規定：「其試中人，如京朝官合得減年磨勘，選人合得堂除，已上並監司不得過七人。」〔註102〕

　　按元豐三年（1080）五月之規定：「試法官人，上二人差充法官，第三人、第四人差充習學公事，第五至第七人循兩資，下三人循一資，余以次推恩。」〔註103〕由是知，「試中刑法人」只有前兩名可以直接差充法官，次二人只能差充習學公事。同時享受循兩資和循一資待遇的人數也開始限定為三人。元豐四年（1081）五月，「試中刑法人」享受推恩優待的員額又進一步減少。「刑房覆考試刑法官，第一等一人慾充法官，第二等下三人慾循一資，第三等上十人與堂除，第三等中八人與免試，仍升一季名次，第三等下十二人與免試。」〔註104〕按規定，直接差充法官者只有一員。

中華書局，2004 年，第 5925 頁。（清）徐松輯，劉琳、刁忠民等校點：《宋會要輯稿》選舉一三，上海古籍出版社，2014 年，第 5523 頁。

〔註101〕（宋）李燾：《續資治通鑒長編》卷二百六十三，神宗熙寧八年閏四月丁酉，中華書局，2004 年，第 6432 頁。（清）徐松輯，劉琳、刁忠民等校點：《宋會要輯稿》選舉一三，上海古籍出版社，2014 年，第 5524 頁。

〔註102〕（清）徐松輯，劉琳、刁忠民等校點：《宋會要輯稿》選舉一三，上海古籍出版社，2014 年，第 5525 頁。

〔註103〕（宋）李燾：《續資治通鑒長編》卷三百四，神宗元豐三年五月丁丑，中華書局，2004 年，第 7408 頁。《宋會要輯稿》亦載，參見（清）徐松輯，劉琳、刁忠民等校點：《宋會要輯稿》選舉一三，上海古籍出版社，2014 年，第 5526 頁。

〔註104〕（宋）李燾：《續資治通鑒長編》卷三百十二，神宗元豐四年五月己酉，中華書局，2004 年，第 7578 頁。《宋會要輯稿》亦載，參見（清）徐松輯，劉琳、刁忠民等校點：《宋會要輯稿》選舉一三，上海古籍出版社，2014 年，第 5526 頁。

四、試者鮮少：熙、豐變法後的「試刑法」考試制度

元祐年間，反對法律考試的司馬光開始執政。「試刑法」考試開始進入衰落時期。在哲宗即位之初，朝廷就減少了「試刑法」考試的舉辦次數，「試刑法」考試的由每年兩試改為每年一試，廢除秋試，僅餘春試。元祐三年（1088）三月十八日，朝廷採納了吏部尚書蘇頌的建議：「試刑法人久來每年春秋兩試，昨准敕罷秋試，即今每年只是一次春試。依條每年旋立到闕日限。今欲乞將試刑法人限當年二月十五日以前到闕，遇科場於前一年十二月十五日到闕。」〔註105〕

「試刑法」考試的目的本身就在於選拔中央法司考官，而據《宋會要輯稿》記載，元祐時期，「試刑法」考試制度似乎曾一度失去了選拔法官的功能。紹聖元年（1094）七月九日，「御史中丞黃履言：『大理判斷刑之官，神宗出立選士之法，第一等取數常艱，惟中等得入大理，為斷刑官。元祐中以其恩典常重，故責考任、舉主，而增以嘗歷刑法官與縣令優課為奏舉法，其試入優等者不得預焉。欲自今專用先朝選試之法，刪去嘗歷刑法官、縣令優課等條，自非試預上選者不得為斷刑官。』監察御史郭知章亦乞用熙寧試法。詔令刑部、大理寺依元豐選試推恩法立條。」〔註106〕由御史中丞黃履的奏請來看，元祐年間中央法司法官的選拔並不優先從「試中刑法人」中選拔，大理寺的刑法官一般由奏舉產生，被舉薦者須是曾任刑法官或者縣令，並且考課成績為優秀者。「試刑法」成績優秀者也不能直接授任中央法司職務。不過，熙、豐變法時期所創立的「試刑法」考試制度很快又被恢復起來。哲宗元符二年（1099）年，朝廷又重新建立了「試刑法」考試的規章制度。〔註107〕

（一）「試刑法人」的資格

首先，哲宗登基之初，就馬上詔令對「試刑法」考試的參考資格作出進一步限制。元祐元年（1086）五月十一日規定，「大理評事以上無得更試刑

〔註105〕（清）徐松輯，劉琳、刁忠民等校點：《宋會要輯稿》選舉一三，上海古籍出版社，2014年，第5527頁。《長編》亦載此條，參見（宋）李燾：《續資治通鑒長編》卷四百九，哲宗元祐三年三月乙丑，中華書局，2004年，第9956頁。

〔註106〕（清）徐松輯，劉琳、刁忠民等校點：《宋會要輯稿》選舉一三，上海古籍出版社，2014年，第5527頁。

〔註107〕（清）徐松輯，劉琳、刁忠民等校點：《宋會要輯稿》選舉一三，上海古籍出版社，2014年，第5527～5528頁。

法。」〔註108〕其次，紹聖二年（1095）年二月十六日，又規定「試刑法」考試的應試者必須有人舉薦。「承務郎已上及幕職、州縣官試刑法，須歷任有舉官，不犯贓私罪並失入死罪，方許試。」〔註109〕

元符二年（1099）十二月十六日，朝廷規定「試刑法人」必須具備以下條件：「承務郎已上及幕職、州縣官歷任兩考，非見任外官，（投黃河地分見闕，於交替月分有妨者，與見任同。）有舉試刑法或監司舉主一員，（無即餘官有舉主一員。）每歲聽於尚書吏部或所在官司投狀，申本部乞試刑法。其舉主未足或歷任未兩考，亦許試，（未入官人、將來應注官特奏名人、應舉入官人准此。）如得減年磨勘、占射差遣以上，侯舉主、考第足推恩。（免試以下候到部。）即歷任曾犯私罪徒或入己贓及失入死罪並停替未經任者，並不許乞試及推恩。」〔註110〕這就是說，「試刑法人」的一般條件是承務郎以上身份或是歷任兩考以上的非見任外官的幕職州縣官。但如果沒有舉主或資歷不符合要求者，也可以參加考試。不符合一般條件的「試刑法人」試中後，必須等候應試條件滿足後方可享受推恩獎勵。但是歷任犯有私罪徒以上、入己贓或失入人罪者，不可參加「試刑法」考試。

就「試刑法」考試的應試資格而言，哲宗元符二年（1099）規定：「願試法官者，不得更赴吏部試。」這就是說，已參加「試刑法」考試者，不能再參加吏部銓選。不過，時隔五年，朝廷很久就廢除了這條規定，崇寧三年（1104）四月二十一日，刑部奏：「神宗皇帝立春秋二時吏部試出官法，復許就試刑法官，皆使習法以從政，所以作成人才，見於實用。後來有司申請試出官人不許兼試法官，其意不過以一人就試，不容兩被推恩。不知試出官與試法官，藝業難度不同，賞典厚薄各異。欲今後試出官人，依熙寧舊法許兼試刑法官。其試斷案者，亦依熙寧定式。」〔註111〕至此，「試刑法」考試

〔註108〕（清）徐松輯，劉琳、刁忠民等校點：《宋會要輯稿》選舉一三，上海古籍出版社，2014年，第5527頁。《長編》亦載此條，參見（宋）李燾：《續資治通鑑長編》卷三百七十七，哲宗元祐元年五月丁卯，中華書局，2004年，第9166頁。

〔註109〕（清）徐松輯，劉琳、刁忠民等校點：《宋會要輯稿》選舉一三，上海古籍出版社，2014年，第5527頁。

〔註110〕（清）徐松輯，劉琳、刁忠民等校點：《宋會要輯稿》選舉一三，上海古籍出版社，2014年，第5527～5528頁。

〔註111〕（清）徐松輯，劉琳、刁忠民等校點：《宋會要輯稿》選舉一三，上海古籍出版社，2014年，第5528頁。

又恢復了神宗時期允許選人同時參加「試刑法」考試和吏部銓試的制度。此外，同年九月，朝廷也恢復了熙寧年間規定的允許在任官員參加「試刑法」考試的制度。〔註112〕

（二）考試內容與合格標準

從相關文獻記載來看，熙、豐變法時期建立的「熙寧刑法六場格式」得到了繼承。從考試內容來看，「試刑法」考試的主要內容和場數並沒太大的變化。由於朝廷不甚重視「試刑法」考試，因此法司常有空闕。為吸引應試者參加考試，朝廷逐漸降低了考試合格標準。哲宗元符二年（1099）規定：「其試法官等，第一等上斷案三場，到刑名不失重罪，通《刑統》大義及八分，（以斷案、《刑統》義通考，下文准此也。）第一等下六分，第二等上五分半，第二等下五分，第三等上四分半，第三等下四分，第四等上二分，第四等下二分半。」〔註113〕宣和三年（1121）八月二十八日，朝廷採納了大理卿宋伯友的建議，按照元豐八年時頒布的評分細則，稍稍提高了「試刑法」考試的閱卷標準：「奉詔令遵依元豐試刑法條制措置。檢照前後條格均減六場，內元豐時試刑名及三十九件，至十七件皆為合格，考試分數稍優，所以就試合格者多。見行試法，每試刑名須四十四件，至二十七件方為合格。元豐時試及二分半便入第三等下，今試及五分方預第三等下。雖見行賞格差優，而考試之格分數增倍，是至就試合格者少。今參酌元豐、崇寧舊制，修成格法，以八分以上為第一等上，六分為下，五分半以上為第二等上，五分以上為下，五分為第三等上，四分以上為中，二分半已上為下。乞賜頒行。」〔註114〕

北宋末年，「試刑法」考試因遇兵火，曾一度停廢。為招納中央法司法官，朝廷又下調了「試刑法」考試的合格標準。據《宋會要輯稿》記載，紹興四年（1134）五月十八日，大理寺正路彬上言：「考校試刑法官分數格，係以五十五通分作十分為率，第二等下五分以上，第三等上五分，第三等中四分以上。即是二十七通七釐半為第二等下，二十七通五釐為第三等上，二十二通二釐半為第三等中。切詳第三等中至第三更上係隔五通二釐半，第三等上至第二

〔註112〕（清）徐松輯，劉琳、刁忠民等校點：《宋會要輯稿》選舉一三，上海古籍出版社，2014年，第5528頁。

〔註113〕（清）徐松輯，劉琳、刁忠民等校點：《宋會要輯稿》選舉一三，上海古籍出版社，2014年，第5528頁。

〔註114〕（清）徐松輯，劉琳、刁忠民等校點：《宋會要輯稿》選舉一三，上海古籍出版社，2014年，第5529頁。

等下止隔二釐半，分數不倫，人情法意未得周盡。欲取四分半以上為第三等上，庶適中。」從之。〔註115〕

孝宗淳熙七年（1180），「試刑法」考試首次增加了試經義的內容。據《宋史·選舉志》記載：「淳熙七年，秘書郎李巘言：『漢世儀、律、令同藏於理官，而決疑獄者必傅以古義。本朝命學究兼習律令，而廢明法科。後復明法，而以三小經附。蓋欲使經生明法，法吏通經。今所試止於斷案、律義，斷案稍通、律義雖不成文，亦得中選，故法官罕能知書。宜令習大法者兼習經義，參考優劣。』帝曰：『古之儒者，以儒術決獄，若用俗吏，必流於刻。』乃從其奏，詔自今第一、第二、第三場試斷案，每場各三道，第四場大經義一道，小經義二道，第五場《刑統》律義五道。明年，命斷案三場，每場止試一道，每道刑名十件，與經義通取，四十分以上為合格，經義定去留，律義定高下。」〔註116〕如此看來，朝廷為改善中央法司法官的知識結構，特地增加了一場經義考試。如此一來，「試刑法」考試總共分為五場：前三場試斷案，其題量先是三道，後來又改為一道。而第四場則要試大經義一道，小經義二道，第五場則試《刑統》律義五道。經義考試雖只有一場，然則十分重要，經義部分的成績可以決定「試刑法人」的去留，法律考試部分的成績則是高下之分的依據。如此一來，試律反而成為了試經義陪襯。

兼試經義的「試刑法」制度實行了近三十年後，寧宗嘉定二年（1209），在臣僚的建議下，「試刑法」考試又廢除了試經義的考試內容。據《文獻通考》記載：「臣僚上言：『棘寺官屬，頗難其人，獄案來上，致多差舛，其原在於習法之不精，試法之不詳也。自昔設科，本以六場引試，內斷案五場，各以刑名八件計四十通，律義一場計十通，斷案以試其法令，律義以試其文理。自後有欲便其所習，始增經義一場，而止試五場，律義又居其一，斷案止三場而已，殊失設科之初意。金科玉條，瑣密繁碎，自非終日研究，未易精熟，乃牽於程文，以移其功。考試主文，類多文士，輕視法家，惟以經義定去留，其弊一也。法科之設，正欲深明憲章，習熟法令，察舉明比附之精微，識比折出入之錯綜，酌情法於數字之內，決是非於片言之間。政和、紹興案題字不過五

〔註115〕（清）徐松輯，劉琳、刁忠民等校點：《宋會要輯稿》選舉一三，上海古籍出版社，2014年，第5529頁。

〔註116〕（元）脫脫等：《宋史》卷一百五十七，《選舉三》，中華書局，1977年，第3674頁。

七百，多不滿千。比年不求題意之精密，專務繁冗以困人，敷衍支離，動輒二千字。自朝至於日中昃，僅能謄寫題目，豈暇深究法意。其弊二也。進士考官，凡有出身皆可充選。刑法考官，不過在朝曾中法科丞、評數人，由是請託之風盛，換易之弊興，其弊三也。臣以為宜罷去經義，仍分六場，以五場斷案、一場律義為定。所問法題，稍簡其字數，而求精於法。試官各供五六題，納監試或主文臨期點定。如是，則讞議得人矣。』從之。」〔註117〕「試刑法」考試兼試經義以來，考題繁瑣冗長，有失設科取人之本意，從而也導致中央法司法官習法不精，獄案多有紕繆。在朝臣的建議下，「試刑法」考試罷去了試經義的內容，恢復了熙寧六年建立的六場格式。然而僅過了四年，有朝臣認為：試刑法「止試《刑統》，是盡廢理義而專事法律。」由是，試刑法又復置了試經義一場。「以《尚書》、《語》、《孟》題各一篇及《刑統》大義，通為五場。所出經題，不必拘刑名倫類，以防預備。」〔註118〕不過，嘉定六年（1213）年以後的「試刑法」考試雖增加了試經義的內容，但其合格標準又改為「斷案定去留，經義為高下。」其中的試法部分又重新得到了重視，是為「試刑法」考試的關鍵所在。

（三）推恩獎勵

哲宗元符二年（1099），曾制定有「試中刑法人」的推恩規定：「承務郎以上推恩：第一等上轉一官，免試斷案及公事，充大理寺評事或司直；（未及兩考、無舉主者，先供職，侯考第、舉主應條，與轉官。第一等下減磨勘准此。）第一等下減三年磨勘，免試斷公事，差充評事或司直；第二等上減三年磨勘；第二等下減二年磨勘；第三等上減一年磨勘；第三等下升一季名次，注近地官；第四等上注近地；第四等下升半年名次。選人推恩：第一等上免試斷案及公事，改合入官，差充大理評事、司直；（未及兩考、無舉主者，先供職，侯考第、舉主應條，與改官。第一等下准此。）第一等下大理寺試斷案三十道，如堪充職官，二正保明聞奏，改合入官，差充評事或試公事三月，依上文保奏改觀，差充司直；第二等上循兩資；第二等下循一資；第三等上不依名次路分占射差遣；第三等下免試一季名次；第四等上免試；第四等下升

〔註117〕（宋）馬端臨著：《文獻通考》卷三十二，《選舉考五》，中華書局，2011年，第936～937頁。

〔註118〕（元）脫脫等：《宋史》卷一百五十七，《選舉三》，中華書局，1977年，第3674頁。

半年名次。」〔註119〕如此看來，較之熙、豐時期，哲宗元符二年（1099）的「試中刑法人」的推恩待遇並沒有太大的變化。

　　宣和七年（1125）年，面對「試刑法」應試者人數大大減少的情況，朝廷曾命尚書省對「試刑法」考試進行改革。當時尚書省拿出的方案是：「勘會堂除大理評事，昨降指揮許比附試斷案第一等已上人例改官。雖續降指揮，堂除比於試中得恩例人內選差。緣試中等第恩例高下不一，若但霑恩例便得堂除，候及一年改官，顯屬太優。兼試中第三等上人，承務郎以上減一年磨勘，承直郎以下占射差遣。內承務郎已上既得預選法官，則同等試中人承直郎已下，理合亦聽預選。從來未經申明，補完法意。今措置，欲今後承直郎以下試斷案第三等上人，亦許預選法官，止得用常法改官，其堂除人仍須於試中第二等上及第三等上人內選差。除係試中第二等上人自依本法改官外，餘許依元豐七年級崇寧三年改官法，仍增一考。所有政和七年二月二十六日堂除人改官指揮更不施行。」〔註120〕如此改革，則擴大了「試中刑法人」得改官的範圍，原本選人試中第三等上只得占射差遣，而改革後，承直郎以下試中試刑法第三等上者也可以預選法官。

表 3-3 「試中刑法人」推恩獎勵統計表

時　　間	推恩情況
端拱二年（989）十月	送刑部、大理寺充職。其大理寺滿三年無遺闕，一依元敕改轉。
咸平二年（999）三月	充審刑院詳議官
咸平六年（1003）十二月	如十道全通者，具狀奏聞訖，於刑獄要重處任使；六通已上者，亦奏加獎擢。五通已下，更不以聞。
景德二年（1005）六月	以可者充刑部、大理寺、三司法直官、副法直官。三司、大理寺滿一年、刑部滿三年，無私罪，並與京官。
天聖九年（1031）二月	若得一通或二粗，即免試公事，便除京官。若充大理寺詳斷、檢法官年滿日再任者，亦聽。如轉官及三週年，便與磨勘，候在任滿日與折一知縣，差家便通判。

〔註119〕 （清）徐松輯，劉琳、刁忠民等校點：《宋會要輯稿》選舉一三，上海古籍出版社，2014 年，第 5528 頁。

〔註120〕 （清）徐松輯，劉琳、刁忠民等校點：《宋會要輯稿》選舉一三，上海古籍出版社，2014 年，第 5529 頁。

熙寧三年（1070）三月	分三等，第一等選人改京朝官，（京朝官）進一官，並補審刑、大理、刑部官；第二等選人免循一資，京朝官減二年磨勘；第三等選人免選，京朝官減一年磨勘。法官闕，亦聽補。
熙寧七年（1074）五月	京朝官、選人未滿兩考及非見任者，雖無舉主，並許試刑法。試中，京朝官減磨勘一年，選人得堂除，並候成兩考及舉主應格日推恩。 試中刑法第一等，除詳斷之官；第二等循兩資；第三等，京朝官減二年磨勘，選人循一資；第四等，京朝官減一年磨勘，選人堂除一次；第五等，京朝官先次指射優便差遣，選人免試注官。
熙寧八年（1074）四月	自今刑法官，不及兩考者並許就試，如試中刑法，在寺供職及兩考，與推恩。 試刑法人，上七人差充法官，餘循資、堂除差遣，免試。其京朝官即比類推恩。
元豐三年（1080）五月	試法官人，上二人差充法官，第三人、第四人差充習學公事，第五至第七人循兩資，下三人循一資，余以次推恩。
元豐四年（1081）五月	刑房覆考試刑法官，第一等一人慾充法官，第二等下三人慾循一資，第三等上十人與堂除，第三等中八人與免試，仍升一季名次，第三等下十二人與免試。
元符二年（1099）十二月	承務郎以上推恩：第一等上轉一官，免試斷案及公事，充大理寺評事或司直；（未及兩考、無舉主者，先供職，侯考第、舉主應條，與轉官。第一等下減磨勘准此。）第一等下減三年磨勘，免試斷公事，差充評事或司直；第二等上減三年磨勘；第二等下減二年磨勘；第三等上減一年磨勘；第三等下升一季名次，注近地官；第四等上注近地；第四等下升半年名次。 選人推恩：第一等上免試斷案及公事，改合入官，差充大理評事、司直；（未及兩考、無舉主者，先供職，侯考第、舉主應條，與改官。第一等下准此。）第一等下大理寺試斷案三十道，如堪充職官，二正保明聞奏，改合入官，差充評事或試公事三月，依上文保奏改觀，差充司直；第二等上循兩資；第二等下循一資；第三等上不依名次路分占射差遣；第三等下免試一季名次；第四等上免試；第四等下升半年名次。
宣和七年（1125）五月	承直郎以下試斷案第三等上人，亦許預選法官，止得用常法改官，其堂除人仍須於試中第二等上及第三等上人內選差。除係試中第二等上人自依本法改官外，餘許依元豐七年及崇寧三年法改變，仍曾一考。所有政和七年二月十六日堂除人改官指揮更不施行。

（四）錄取人數

據前文所述，熙、豐之後，「試刑法」考試制度還一直存續，其內容也在不斷地更新發展。但從這一時期的應試者參考熱情來看，「試刑法」考試的確

是在走下坡路了。從史料文獻的記載來看，這一時期的「試刑法」考試的制度改革，其直接原因多是應試者越來越少，法司闕人。如宣和三年（1121）五月二十五日，詔：「近年以來，試中刑法人數絕少，選任官多是避免。法司掌斷天下獄案，刑名少有差失，所繫非輕。可專委大理卿宋伯友遵依元豐制令，條具措置以聞。」〔註121〕宣和七年（1125）五月十九日，尚書省奉詔對「試刑法」考試重新措置。其原因也在於：「臣僚言：『比來法官之選寖輕，試法雖存，而試者日益鮮少。不經試入等人，宜毋使預法官之選。』」〔註122〕

據《宋會要輯稿》記載，紹興五年（1135）閏二月二十六日，「中書舍人劉大中言：『李洪等稱曾試刑法入第一等，乞改官。吏部既稱無干照，又稱無似此體例，自合告示，乃於法外令召本寺官一員委保，啟僥倖之路。乞將已降李洪、李志行改官指揮追寢不行。』是日，宰執進呈，趙鼎曰：『古者以刑弼教，宜崇獎之。』上曰：『刑名之學，其廢久矣。不有以崇獎之，使人競習，則其學將絕，誰復繼之？』沈與求曰：『漢詔以獄事為重事，蓋刑法失中則民無所措手足。雖法家者流別是一科，然所繫非輕，不可不重此選。』於是有旨令吏部重別取索有無的實幹照，開具供申尚書省。」〔註123〕從記載來看，宋室遭兵火之亂，吏部居然丟失了歷年考試檔案，導致曾試中刑法人無以為憑。在趙鼎與沈與求的建議下，皇上認為應當對曾試中刑法人進行補充確認。崇獎習法之人，以延續法律之學。

由是看來，當時臣僚所言之「試法雖存，試者鮮少」也的確成為了熙豐之後「試刑法」考試制度的真實寫照。

第二節　官學教育中的選官考試：「律學公試」

《續資治通鑒長編》引《舊錄》記載：「往時仕者慢不知律，及聽獄訟，則諮於吏以決事，遂建律學，置博士員，給食學者，使學而後從政。」〔註124〕

〔註121〕（清）徐松輯，劉琳、刁忠民等校點：《宋會要輯稿》選舉一三，上海古籍出版社，2014年，第5529頁。

〔註122〕（清）徐松輯，劉琳、刁忠民等校點：《宋會要輯稿》選舉一三，上海古籍出版社，2014年，第5529頁。

〔註123〕（清）徐松輯，劉琳、刁忠民等校點：《宋會要輯稿》選舉一三，上海古籍出版社，2014年，第5530頁。

〔註124〕（宋）李燾：《續資治通鑒長編》卷四百十四，哲宗元祐三年九月乙丑，中華書局，2004年，第10064頁。

又據明人陳邦瞻《宋史紀事本末》記載：熙寧六年（1073）三月乙亥置律學。其詔云：「士之蒞官，以法從事，今所習非所學，宜置律學。」〔註125〕

　　唐代國子監之下有六個常置之學，而據《宋史・職官志》記載：「廣文教進士，太學教《九經》、《五經》、《三禮》、《三傳》學究，律學館教明律，餘不常置。」〔註126〕由是知，宋代國子監常置之學只有廣文館、太學和律學。

　　宋初建國以來律學就一直存在，只是廢置無常，學無定員。直至熙寧六年（1073），律學才重新得以復置。由於君主和宰執對法律人才的重視，復置後的律學學制才逐漸形成定制。據《宋會要輯稿》記載：「（律學）掌教刑名之學，隸於國子監。」〔註127〕雖然，宋代的律學與唐代一樣，其主要功能在於從事法律教育工作，為國家培養法律專業人才。但隨著舍選法的創立，宋代律學教學中的法律考試，已不再是考核學生平時課業那麼簡單，而兼具選官考試的性質。

一、宋代律學並非始於熙寧六年

　　唐宋時期的律學是國子監設的培養法律人才的專門學館。儘管律學本身並不是法律考試的一種，但由於律學生是明法科考試的重要考生來源，因此律學又與法律考試有著千絲萬縷的聯繫。學界對唐代律學的設置時間已有諸多討論，〔註128〕而對宋代律學考試的設置時間關注較少。《宋史・選舉志》有云：「國初，置律博士，掌授法律。熙寧六年，始即國子監設學。」〔註129〕

〔註125〕（明）陳邦瞻：《宋史紀事本末》卷三十八，《學校科舉之制》，中華書局，1977年，第374頁。

〔註126〕（元）脫脫等：《宋史》卷一百六十五，《職官五》，中華書局，1977年，第3910頁。

〔註127〕（清）徐松輯，劉琳、刁忠民等點校：《宋會要輯稿》崇儒三，上海古籍出版社，2014年，第2790頁。

〔註128〕根據現有的材料來看，可推定唐代律學的設置時間大約是在唐朝初年，其準確時間並無明文可考。鄭顯文教授曾在《唐代明法考試制度初探》一文中依據唐人張說著就的一篇墓誌，確定明法科考試至遲於貞觀二十年（646）年開考。然而這種說法，受到了彭炳金教授的質疑。彭教授根據唐代墓誌中記載的有關王植的生平材料，又將唐代明法科考試的開考時間往前推進。他認為至遲在武德八年，唐代已經開始舉行明法科考試了。參見鄭顯文：《唐代明法考試制度初探》，《政法論壇》2000年第2期；彭炳金：《論唐代明法考試制度的幾個問題》，《政法論壇》2002年第2期。

〔註129〕（元）脫脫等：《宋史》卷一百五十七，《選舉三》，中華書局，1977年，第3673頁。

徐道鄰先生據此認為：「宋朝初年，只設有律博士，而沒有設律學。到了神宗熙寧六年，才開始設置。」〔註130〕若如徐道鄰先生所云，宋朝初年並沒有承襲唐制置辦律學，而只設置有律博士。直至熙寧六年（1073），國子監才開始招收專門學習法律的學生。那麼如此一來，舊明法科的考生來源中就沒有律學生。筆者以為徐道鄰先生的這一觀點值得商榷，儘管關於律學和律博士，宋代文獻史料記載甚簡，我們仍然可以從文獻中留下的一鱗半爪中發現，宋朝建國初年也設有律學。

首先，據《宋史·選舉志》載：「天章閣侍講王洙言：『國子監每科場詔下，許品官子役然試藝，給牒充廣文、太學、律學三館學生，多致千餘。就試試已，則生徒散歸，講官倚席，但為遊寓之所，殊無肄習之法。居常聽講者，一二十人爾』乃限在學滿五百日，舊已嘗充貢者止百日。本授官會其實，京朝官保任，始預秋試，每十人與解三人。凡入學授業，月旦即親書到歷。如遇私故或疾告、歸寧，皆給假，違程及期月不來參者，去其籍。』」〔註131〕這段文獻記載了天章閣侍講王洙建言設立國子監生員學習日限之事，文奏中十分明確的提及了當時參加科舉考試的學生有廣文館、太學和律學的學生。此事亦見於《長編》，仁宗慶曆二年九月甲午：「詔國子監生自今須聽讀滿五百日，乃得解薦，從天章閣侍講王洙之請也。」〔註132〕由此可見，至遲於仁宗慶曆二年（1042），律學已有設置。但這並不是律學設置的準確時間，由其他文獻的佐證，律學設置的時間似乎還可以往前推進。

又，《宋史·魏廷式傳》云：「魏廷式，字君憲，大名宗城人。少明法學。嘗客遊趙州，舍於監軍魏咸美之廂，廂有西堂，素凶，咸美知廷式有膽氣，命居之，卒無恙。來京師，咸美弟咸信延置館舍，以同宗善待之。太平興國五年中第，釋褐朗州法曹掾。轉運使李惟清以其吏材奏，知桃源縣，遷將作監丞。端拱初，改著作佐郎、通判潁州。」〔註133〕「明法學」即是律學的別稱。由這段記載來看，所謂「少明法學」，似乎是說魏廷式年少時曾有在律學學習的

〔註130〕　參見徐道鄰：《中國唐宋時期的法律教育》，收錄于氏著《中國法制史論集》，志文出版社，1975年，第184頁。

〔註131〕　（元）脫脫等：《宋史》卷一百五十七，《選舉三》，中華書局，1977年，第3659頁。

〔註132〕　（宋）李燾：《續資治通鑑長編》卷一百三十七，仁宗慶曆二年九月甲午，中華書局，2004年，第3303頁。

〔註133〕　（元）脫脫等：《宋史》卷三百七，《魏廷式傳》，中華書局，1977年，第10124頁。

經歷。若當時國子監的確設有律學館，那麼按照歷史情況的通常邏輯，魏廷式在完成律學館學業後應當參加「明法科」考試，為何史料又稱魏廷式於太平興國五年（980）進士及第入仕呢？查諸史籍，原來，太平興國四年（979）十一月，朝廷下令停廢了「明法科」考試。〔註134〕舊習明法的魏廷式就不得不改應它科，那麼如此一來，魏廷式最終選擇以進士科出仕也就不難理解了。但魏廷式年少時在律學館學習的經歷亦成為了他一生仕宦經歷的一個標誌。後來，魏廷式知審官院，與田錫共事不睦。田錫曾上奏稱：「臣於法律不熟，魏廷式本是法科成事。」〔註135〕田錫所指稱的「法科成事」，應該就是指魏廷式曾在律學館學習的這段經歷。

由此看來，律學似乎是宋初建國以來就有設置的，律學生也一直都是「明法科」考試的考生來源之一。只是宋承五代之弊，建國初年，國子監相關學制並沒有形成一定的定制，各學館廢置無常，且學無定員。律學教育也無從形成一定的規模。《宋史·選舉志》所稱的「熙寧六年，始即國子監設學」之語，應當是說在王安石的推動下，宋代律學得以重新置辦，並由此形成一定的規模，學制也由此確定下來。律學的重置與「新科明法」考試的創置是幾乎同步的，由此可見，重置律學也是王安石推行科舉改革的一大重要舉措。

此外，徐道鄰先生在論及宋代律學之時也認為：「宋末的吳自牧在夢粱錄（1274）裏寫杭州杭州太學情形，曾經仔細的敘說到『宗學』和『武學』，而沒有一個字講到『律學』。同時，在南宋的文獻裏，我們也還沒有發現關於『律學』的記載。可能自南渡起，宋朝就不再許置律學了。（因之也再沒有律博士。）」〔註136〕徐道鄰先生所言，一方面認為宋朝初年只設有律博士，而沒有設律學；另一方面又認為南渡後宋朝不再置辦律學，因而也沒有律博士。由此看來，徐道鄰似乎認為律學與律博士一職的設置有著密切聯繫，但又並非完全同步。既然設有律學就一定設有律博士，而設有律博士則不一定置辦有律學。囿於史料，我們也無法判斷徐道鄰先生這一論斷是否符合史事。

〔註134〕 太宗太平興國四年十一月丙戌：「詔以明法科於諸書中所業非廣，遂廢之。」參見（宋）李燾：《續資治通鑑長編》卷二十，太宗太平興國四年十一月丙戌，中華書局，1993 年，第 464 頁。

〔註135〕 （宋）田錫：《咸平集》卷二十七，奏狀二之四，《奏魏廷式封駁》，收錄於《宋集珍本叢刊》，第 402 頁。

〔註136〕 參見徐道鄰：《中國唐宋時代的法律教育》，收錄于氏著《中國法制史論集》，臺灣志文出版社，1975 年，第 185 頁。

儘管宋代文獻史料中，並沒有律學停廢之記載。但可以肯定的是，律學教育發展到南宋，肯定是遠不如北宋時期那麼興盛了。

二、專業化的律學教職團隊

按規定，國子監祭酒「掌國子、太學、武學、律學、小學之政令，司業為之貳。丞參領監事。」〔註137〕由是知，律學的行政事務一般有國子監祭酒負責統籌。而據《宋史·職官志》記載，律學的教學事務則一般由律學博士或律學教授負責。律學博士之職在於「掌傳授法律及校試之事。」〔註138〕《通志略》有云：「律學博士，晉置，屬廷尉。梁曰胄子律博士，屬廷尉。陳亦有律博士。後魏、北齊，並有之。隋大理寺官屬有律博士八人。唐因之，而置一人，移屬國學。掌教文武八品以下及庶人之子為生者，以律令為專業，格式法例兼習之。助教一人，位從九品上。」〔註139〕由是知，律學博士之設始於晉。自唐以來，律學博士才隸屬於國子學。據《唐六典》記載：「律學博士一人，從八品下。助教一人，從九品上。律學博士掌教文武官八品已下及庶人子之為生者，以《律》、《令》為專業，《格》、《式》、《法例》亦兼習之。其束脩之禮，督課、試舉，如三館博士之法。助教掌佐博士之職，如三館助教之法。」〔註140〕唐代律學館設有律學博士一人，承擔律學授課職責。此外，還設有律學助教一人，職在輔佐律學教授日常教學管理。誠然，在實際教學中，唐代律學博士與助教非通曉法律者而不可為之，但朝廷並沒有明文規定具體的選拔標準。而宋代神宗變法時期，一改學官由朝廷特注之制，明確要求國子監教授必須通過考試方可任用。據《宋史·選舉志》記載：熙寧八年（1075），朝廷創設了國子監教授試法之制。〔註141〕元祐之後，教授試法之制更革無常。南宋高宗時期，又恢復了教授試法之制。由此可見，從整體上看，宋室朝廷

〔註137〕（元）脫脫等《宋史》卷一百六十五，《職官五》，中華書局，1977 年，第3910 頁。

〔註138〕（元）脫脫等：《宋史》卷一百六十五，《職官五》，中華書局，1977 年，第3911 頁。

〔註139〕（宋）鄭樵撰，王樹民點校：《通志二十略》，《職官略》第四，《國子監》，中華書局，1995 年，第1120 頁。

〔註140〕（唐）李林甫：《唐六典》卷二十一，《國子監》，中華書局，1992 年，第561～562 頁。

〔註141〕（元）脫脫等《宋史》卷一百五十六，《選舉二》，中華書局，1977 年，第3652 頁。

對國子監教職人員的要求是比較高的，而具體於律學教官之選拔而言，其態度不可不謂之審慎。宋人程頤曾在《論禮部看詳狀》中分析了律學教職人員何以為重之因由。其文有云：「禮部看詳：『律學本以教習法律，今來卻令講經讀史，不唯事情迂闊，兼妨廢生員專意法律。』夫法律之意，蓋本諸經。先能知經，乃可議律。專意法律者，胥吏之事，可以行文案治，期會貫通。經義者，士人之事也，可以為政治民。所以律學必使兼治經史。又云：『太學博士，通取幕職州縣官。律學博士，卻止取承務郎以上，難以施行。』緣太學生只是布衣之士，或未出官人。設有已歷官人願入，亦是能自折節之人。律學皆是已從仕者，所以教官須宜稍重。」〔註142〕由是知，首先，與唐代律學相比，宋代律學的教學目的發生了轉變。唐代律學雖以培養法律專門人才為目的，但更著重於「明法科」考試培訓。而宋代律學之教學目的則在於培養經義、法理皆通，具備為政治民的實務人才。其次，如前文所述，宋代律學不以年齡作為生員入學的之限，律學招生的對象也發生了重大轉變，學習功底更為紮實，經歷更為豐富的命官和舉人成為律學生的主要來源。宋代太學生主要是無出身以及有出身未出官之人，與太學博士相比，律學博士的教學難度可能更大。如此一來，宋代律學教職人員必須經過嚴格選拔，方能適應當時律學教學的實際需求。從史料文獻的記載來看，宋代律學教職團隊也出現了一定程度上的職業化、專業化趨向。

以往多有學者常常將律學博士與律學教授混而為一，不做區分。而據史料文獻之記載，律學的專任教師除博士之外似乎還單獨設有律學教授之職。理由有如下幾端。其一，律學博士與律學教授設置的時間不同。查諸史籍，宋初已設有律學博士之職，而律學教授應該設於熙寧六年之後。《宋史·選舉志》有云：「國初置博士，掌授法律。熙寧六年，始即國子監設學，置教授四員。」由此處記載來看，律學學官中，博士與教授應該是兩個不同的教職。此外，《宋會要輯稿·崇儒三》「律學」之目下，律學教授」一詞的使用較為頻繁，其次數遠遠多於「律學博士」。此目記載的正是熙寧六年（1073）之後律學的發展情況。《續資治通鑑長編》中，「律學教授」一詞僅出現一次，但時間亦在熙寧之後的元豐二年（1079）。由是，筆者認為，由於熙寧六年（1073）

〔註142〕（宋）程頤：《論禮部看詳狀》，收錄於（宋）程顥、程頤著，王孝魚點校：
《二程集》，《河南程氏文集卷》第七，《學制》，中華書局，1981 年，第 568
～576 頁。

律學重置之前，生員無定數，律學學官可能只有律學博士。而熙寧六年（1073）之後，律學重現興盛之貌，朝廷特別在律學博士之下設置律學教授四員，以適應律學教學之實際需要。

其二，律學博士與律學教授的法定員額不同。律學博士的員額一般為一到兩人，而史料文獻中，律學教授的員額則較為固定。律學博士的員額究竟是一員還是兩員？有史料記載來看，其員額似乎未有定制，大約是為兩員。據徐道鄰先生推測，「可能第二位博士是後來增加的。」〔註143〕查諸史籍，《宋史‧職官志》中對律學博士的數量記載是前後矛盾的，其文在敘述國子監時有云：「元豐官制行，始置祭酒、司業、丞、主簿各一人，太學博士十人，（舊係國子監直講，元豐三年，詔改為太學博士，每經二人。）正、錄各五人，武學博士二人，律學博士、正各一人。」〔註144〕由是知，元豐改制後律學博士的數量是為一員。然而《宋史‧職官志》隨後在敘述國子祭酒之職時又提及律學博士之員額為二人。〔註145〕又，據《宋會要輯稿》載，哲宗元祐三年（1088）九月，「詔省律學博士一員。」〔註146〕若哲宗元祐三年之前律學博士是為兩員，那麼此詔令下，律學博士應該是一員。此外，哲宗紹聖二年（1095）年四月又下詔令：「依元豐條制置律學博士二員。」〔註147〕又將律學博士恢復為兩員。由上所述推知，元豐改制，曾將律學博士的員額定為兩員。而史料文獻中，律學教授的員額是較為固定的。按《宋史‧選舉志》之記載：「熙寧六年，始即國子監設學，置教授四員。」〔註148〕由是知，律學教授的員額在教職設置之初就明確規定是四員。

其三，律學博士與律學教授的位階等級不同，律學博士應在律學教授之上。一方面，《宋史》明文記載律學博士位在從八品下，而對律學教授之位

〔註143〕徐道鄰：《中國唐宋時代的法律教育》，收錄于氏著《中國法制史論集》，第184頁。

〔註144〕（元）脫脫等：《宋史》卷一百六十五，《職官五》，中華書局，1977年，第3910頁。

〔註145〕（元）脫脫等：《宋史》卷一百六十五，《職官五》，中華書局，1977年，第3911頁。

〔註146〕（清）徐松輯，劉琳、刁忠民等校點：《宋會要輯稿》崇儒三，上海古籍出版社，2014年，第2792頁。

〔註147〕（清）徐松輯，劉琳、刁忠民等校點：《宋會要輯稿》崇儒三，上海古籍出版社，2014年，第2792頁。

〔註148〕（元）脫脫等《宋史》卷一百五十七，《選舉三》，中華書局，1977年，第3673頁。

階略而不述，無隻字提及。另一方面，據《宋會要輯稿》載，熙寧六年（1073）四月，朝廷明確規定律學教授之待遇與國子監直講相同：「律學教授諸般請給、當直人等，並視國子監直講。」〔註149〕熙寧七年（1074）九月，中書門下又建言確立律學教授的遷敘制度：「刑書看詳，律學教授、國子監直講差遣同。直講以三年為一任，選人到監一年，通計歷任及五考，即與轉官，更不用舉主。其律學教授資序，欲並依直講條例施行。所有通理前任日月，自依條制。」〔註150〕此甚為可疑，律學博士之設，自晉已有之，若律學教授就是律學博士之別稱，則斷無重新確定品秩之必要。此外，《宋史》不載國子直講之職，而據《新唐書》載：「直講四人，掌佐博士、助教以經術講授。」〔註151〕可見，直講的職責是為博士、助教之佐，此亦可為律學博士位高於律學教授之據。

其四，就職責而言，律學博士與律學教授雖同是律學專職教師，但二者職責各有側重。《宋史·職官五》載有律學博士之職，而無隻字提及律學教授。律學博士「掌傳授法律及校試之事。」而律學教授學教授的職責除教學之外，有時還兼管律學生的日常學習紀律。據《宋會要輯稿》載，熙寧七年（1074）八月二十二日，國子監言：「太學見有管勾規矩官一員，今來律學生漸多，見今闕官管勾規矩。乞從本監就律學教授內，選一員兼管本學規矩，仍依太學例給食。」〔註152〕

據前文所述，律學博士之職，主要在於「掌傳授法律及校試之事。」即統籌律學的教學、考試等全盤事務。按規定：律學博士必須由明習法律之人充任。哲宗元符二年（1099），國子司業劉逵上言：「朝廷立三學，置博士教導，事體均一。欲乞今後律學博士闕，從朝廷選通知法律人充。」〔註153〕律

〔註149〕（清）徐松輯，劉琳、刁忠民等點校：《宋會要輯稿》崇儒三，上海古籍出版社，2014年，第2791頁。

〔註150〕（清）徐松輯，劉琳、刁忠民等點校：《宋會要輯稿》崇儒三，上海古籍出版社，2014年，第2792頁。

〔註151〕（宋）歐陽修、宋祁等：《新唐書》卷四十八，《百官三》，中華書局，1975年，第1266頁。

〔註152〕（清）徐松輯，劉琳、刁忠民等點校：《宋會要輯稿》崇儒三，上海古籍出版社，2014年，第2792頁。

〔註153〕（清）徐松輯，劉琳、刁忠民等校點：《宋會要輯稿》崇儒三，上海古籍出版社，2014年，第2792頁。此條亦見於《長編》。參見（宋）李燾：《續資治通鑑長編》卷五百十六，哲宗元符二年閏九月癸酉，中華書局，2004年，第12266頁。

學博士與律學正的選拔要求也非常嚴格。政和年間，朝廷詔令：「博士、學正依大理寺官除授，不許用無出身人及以恩例陳請。」〔註 154〕新科明法及第之人也常常被授以律學教授之職。如元豐二年新科明法及第的王壬，就授任為試銜知縣、律學教授。〔註 155〕經過嚴格的選拔程序而選任的律學博士，表現出極高的法律素養。其中最為聞名的是律學博士傅霖，其為律學生誦習而做的《刑統賦》，對後世影響極為深遠。

值得一提的是，始置於熙寧年間的律學正，〔註 156〕也負有律學日常管理之責。在國子監於熙寧六年（1073）進呈的律學條約事件中就規定：「仍立學正、學錄各一員，於試中選充，依太學例給俸。」〔註 157〕由是知，熙寧六年的律學正一般從擁有正式學員資格的律學生中選拔。又據《宋會要輯稿》載，熙寧七年（1074）七月二十三日，國子監曾舉薦王白擔任首任律學正。「奉詔立律學正，竊見律學生同進士出身王白舊通經藝，已有淵源，初習刑名，復明指意。本監雖以補充律學正，緣白見於守選，未有俸給，難以居學。欲乞令流內銓特與免試，注合入官，支與實俸，仍理為資考，充學正。」〔註 158〕王白充任律學正後，其升遷速度非常迅速。據《續資治通鑒長編》記載，神宗熙寧七年（1074）十二月辛未，「陳州司法參軍、律學正、中書吏房習學公事王白為奉禮郎、權吏房檢正。五房習學及一年者與合入官，權檢正自此始。」〔註 159〕

宋代史料文獻中記載有宋神宗與吳充的一段對話，其文有云：「漢陳寵以

〔註 154〕（元）脫脫等：《宋史》卷一百五十七，《選舉三》，中華書局，1977 年，第3674 頁。

〔註 155〕（宋）李燾：《續資治通鑒長編》卷二百九十七，神宗元豐二年四月辛亥，中華書局，2004 年，第 7232 頁。

〔註 156〕據《宋史》載，律學正始置於崇寧元年（1102），筆者以為不然。據《宋會要輯稿·崇儒三》記載：「熙寧七年二月二十三日，國子監言：『奉詔立律學正。……』」由此可見，律學正應當始置於熙寧年間。參見參見（元）脫脫等：《宋史》卷一百六十八，《職官八》，中華書局，1977 年，第 3995 頁。（清）徐松輯，劉琳、刁忠民等點校：《宋會要輯稿》崇儒三，上海古籍出版社，2014 年，第 2792 頁。

〔註 157〕（清）徐松輯，劉琳、刁忠民等點校：《宋會要輯稿》崇儒三，上海古籍出版社，2014 年，第 2791 頁。

〔註 158〕（清）徐松輯，劉琳、刁忠民等點校：《宋會要輯稿》崇儒三，上海古籍出版社，2014 年，第 2792 頁。

〔註 159〕（宋）李燾：《續資治通鑒長編》卷二百五十八，神宗熙寧七年十二月辛未，中華書局，2004 年，第 6297 頁。

法律授徒，常數百人，律學在六學之一，後來縉紳，多恥此學。」〔註160〕這就是說，熙寧以前的律學並不為士人所重。而律學歷經改革之後，學風為之一新，從而也成為士人爭相進入的學校之一。

三、「律學公試」的性質與考試內容

唐制，律學主要招收品官子弟為生員。「年十八以上，二十五以下，以八品九品子孫及庶人之習法令者」。〔註161〕而查諸史籍，熙寧六年（1073）重置律學後，並無有關招收品官之弟為生員的史料記載。由是，律學似乎不再招收品官子弟為生員。與之相應的是，命官、舉人似乎成為律學生的主要來源。據《宋史‧選舉志》記載：「凡命官、舉人皆得入學，各處一齋。舉人須得命官二人保任，先入學聽讀而後試補。」〔註162〕《宋會要輯稿》亦載：「（熙寧六年）四月二日，詔：『律學教授諸般請給、當值人等，並視國子監直講。應命官、舉人，並許入學，內舉人仍召命官二人委保止。其試中學生，依國子監等第給食。所要屋宇，令將作監相度修辦。其課試條約及應合節次施行事件，並委本監詳定。」〔註163〕此二處記載，均明確標明，命官與舉人可以入律學學習，而無一字提及品官之弟入學之事。又據宋人程頤於元祐元年（1086）所作的《三學看詳文》之載：「看詳律學之設，蓋欲居官者知為政之方。其未出官及未有官人，且當專意經術，並令入太學，乃學古入官之義。今立法，到吏部人方許入律學。」〔註164〕由是知，熙寧重置律學的目的就在於培訓有出身者的法律素養，使之通曉「為政之方」。為有出身之人只能進入太學學習，律學只招收有出身之人入學，不再招收無出身之人。程頤《論禮部看詳狀》亦云：「禮部看詳：『未有官人，不許入律學，即舉人盡當遣出。』但立入學之法，先在學之人，久須自去，豈有遣出之理。又云：『已有官人，使

〔註160〕（元）脫脫等：《宋史》～卷一百五十五，《選舉一》，中華書局，1977年，第3618頁。此條亦見於（宋）李燾：《續資治通鑑長編》卷二百二十三，神宗熙寧四年五月丙申，中華書局，2004年，第5424頁。

〔註161〕（唐）杜佑：《通典》卷五十三，《禮十三》，中華書局，1988年，第1468頁。

〔註162〕（元）脫脫等：《宋史》卷一百五十七，《選舉三》，中華書局，1977年，第3674頁。

〔註163〕（清）徐松輯，劉琳、刁忠民等校點：《宋會要輯稿》崇儒三，上海古籍出版社，2014年，第2791頁。

〔註164〕（宋）程頤：《三學看詳文》，收錄於（宋）程顥、程頤著，王孝魚點校：《二程集》，《河南程氏文集卷》第七，《學制》，中華書局，1981年，第562～563頁。

之習學法律，以應吏部試格，正其宜分，難令與未有官人一例，不許入學，難以施行。』夫學古入官，古之制也。未出官人，且令入太學，專治經術，最為善意，不可改也。」〔註165〕由是知，當是時律學生的入學條件逐漸提高，不僅未有出身之人不得入律學學習，且有出身而未有官的舉人也不得入律學學習。綜而觀之，熙寧六年（1073）之後，律學教育的性質發生了重大改變。律學不再是培養未有出身之人參加科舉考試的專門培訓學校，而是已有出身、已有官人的法律進修學校。同時，律學教育中的法律考試也成為朝廷選官考試的一種。

　　《宋會要輯稿》詳細記載了熙寧六年（1073）四月國子監依令訂立的律學條約事件：「『初入律學命官、舉人，並於本監投納家狀。內舉人更納保狀，召命官二人委保行止，勘會詣實，方許入學聽讀。委本監主判官同教授補試，取通數多者充生員。仍令各於家狀內，指定乞習律令，或斷案，或習大義兼斷案。補試人試前於監丞、主簿廳投納試卷連家狀，共用紙一十張、草紙五張連黏，卷頭用印。至試日，於監丞、主簿處收納，封彌卷首。補試日，依條齎所習刑名文字赴試。內習斷案人，試案一道，每道刑名五件至七件。習律令大義人，試大義五道，委主判官同教授依考試刑法官格式考校。生員初入學，且令赴學聽讀。補中者給食，其餘聽讀人就本學食者，依太學例，令陪廚錢，願自備飲食者亦聽。仍立學正、學錄各一員，於試中選充，依太學例給俸。命官、舉人各為一齋，每齋立齋長、諭各一員。雖未試中，亦給食。每月公試一次，習斷案者，試斷案一道，刑名如補試例。習律令大義者，試律令義三道。私試三次，每次試案一道，刑名三件至五件，律令義二道。每日講律一授。遇試日，其主掌敕書及檢用條例，乞於諸路及百司將來試中吏人內，指差兩人充。其本學諸雜文字，乞於審刑院、大理寺指名差手分二人行遣。本學合要《刑統》、編敕、律令格式及應係刑法文字，並乞於合屬去處取索。今後應係續降條貫，並乞降一本付律學。一、今來教授生員學食錢及供給，並在學儲，支費浩大。竊慮太學所管錢糧不足，欲乞更賜錢萬貫，依例於開封府檢校庫出息，以助支用。』詔審刑院、大理寺手分約條不得抽差，特且權差。令本監策射諸路州軍有行止諳會刑名吏人，依試刑名人吏條試充用。續

〔註165〕　（宋）程頤：《論禮部看詳狀》，收錄於（宋）程顥、程頤著，王孝魚點校：《二程集》，《河南程氏文集卷》第七，《學制》，中華書局，1981年，第568～576頁。

降條貫,仰刑部凡遇承受,於當日內關部,餘並依所定施行。」〔註166〕

由上文所述的律學條約事件結合其他相關文獻記載,宋代律學之制主要有以下幾端:

首先,命官、舉人入律學須先履行一系列手續,即命官、舉人都要向國子監投呈本人家狀。所謂「家狀」相當於個人檔案,上面記載著本人的籍貫、年歲、經歷以及家庭出身等相關情況。與一般家狀所不同的是,進入律學所須的家狀還必須載明本人入律學學習的專攻方向。按規定,律學有三門攻讀方向,即習律令、斷案和習大義兼斷案。一般說來,經國子監審查家狀後,命官即獲得入學資格。而相比之下,舉人獲得入學資格的手續則相對繁瑣。《宋史・選舉志》亦載:「舉人須得命官二人保任,先入學聽讀而後試補。」〔註167〕除投呈家狀外,舉人還要投呈有命官二人作保之保狀,舉人的家狀與保狀經國子監勘察屬實之後,舉人即可獲得入律學聽讀之資格。獲得聽讀資格的舉人並非正式的律學生員。聽讀一段時間後,舉人必須通過由國子監主判官與律學教授共同主持的補試,方可正式取得律學生員資格。按規定,律學補試的相關規定十分嚴格,試卷用紙都有講究。按舉人入學時投呈家狀時所選擇的專攻方向,補試有不同的題型。攻習斷案方向的舉人,須試斷案一道,每道案題設計五到七件刑名;攻習律令大義方向的,須試律令大義五道。補試試中的,可獲得律學生員的正式資格,未試中的,亦可繼續聽讀。律學館的正式生員與聽讀生員的區別就在於是否能享受食宿補貼。未試中補試之聽讀生員必須繳納一定的費用,即「廚錢」,但自備飲食者可以不繳納「廚錢」。

其次,律學生的日常學習內容主要是「每日講律一授」。「講律」的範圍主要是《刑統》、編敕、律令格式及其他與法律規範。律學教學內容也非常注重與時俱進,每有新頒布的法律條貫,有司須將副本一份交由律學,以隨時更新教學內容。此說《文獻通考》亦載:「需用古今刑書,許於所屬索取。凡朝廷新頒條令,刑部畫日關送。」〔註168〕一方面,熙寧改革後的律學教學注重與新法接軌,另一方面,律學教授在教學中如遇有疑難,亦可與實務部門

〔註166〕(清)徐松輯,劉琳、刁忠民等校點:《宋會要輯稿》崇儒三,上海古籍出版社,2014年,第2791頁。

〔註167〕(元)脫脫等:《宋史》卷一百五十七,《選舉三》,中華書局,1977年,第3673頁。

〔註168〕(宋)馬端臨著:《文獻通考》卷四十二,《學校考三》,中華書局,2011年,第1229頁。

進行商議。熙寧七年（1074）七月二日，律學教授李昭遠曾進言：「本學生員習斷案，並合用熙寧新編敕，其間敕意或有疑難，須至往審刑院、大理寺商議。竊見開封府法曹、三司檢法官，並許大理寺商議公事。今來本學如有疑難刑名，欲乞往審刑院、大理寺商議。」〔註169〕

其三，律學生的學習壓力較為繁重。按規定，律學生每月須參加一次公試，三次私試。「所謂私試，即由學館自己組織的考試，公試則是朝廷派官主持。」〔註170〕公試時，攻習斷案的生員須依補試之例試斷案一道，攻習律令大義的生員，須試律令大義三道。私試則不分專攻方向，一律試以斷案一道、刑名三到五件以及律令大義二道。律學生的日常考試非常頻繁，同時，考試規則也十分嚴格。據《宋史・職官志》記載：「其犯降舍殿試者，薄罰金以示辱，餘用太學規矩，而命官聽出宿。」〔註171〕律學日常考試不合格之生員，還有可能招致罰金之辱。

其四，律學公試中成績優異之生員，則有可能直接授予官職。元豐六年（1083）四月十七日，國子司業朱服曾上言云：「相度入律學命官，公試律義斷案，考中第一人，許依吏部試法與注官。其太學生或精於律義、斷案，就律學公試中第一，與比私試第二等注籍。」〔註172〕由是知，在律學每月舉辦的例行公試中成績優異的生員可以依照吏部銓試的規定獲得官職，但必須滿足兩個條件：一是生員的身份必須是命官，二是必須在公試中試中第一名。同時，為了鼓勵太學生習法學法，還特別允許太學生參加律學公試。按規定：如有通曉律令斷案之太學生試中律學公試頭名者，其考試成績與太學例行的三舍法接軌，可依照太學舉辦的私試第二等成績享受注籍優待。《吏部條法》就明文規定，在律學公試獲得中上、中等成績之人可以優先授任司理參軍之職。「仍先注曾歷刑獄差遣，或曾任司法無失出入人，作一等依名次差注。次

〔註169〕（清）徐松輯，劉琳、刁忠民等校點：《宋會要輯稿》崇儒三，上海古籍出版社，2014年，第2792頁。

〔註170〕參見苗書梅：《宋代官員選任和管理制度》，河南大學出版社，1996年，第49頁。

〔註171〕（元）脫脫等：《宋史》卷一百五十七，《選舉三》，中華書局，1977年，第3673頁。

〔註172〕（清）徐松輯，劉琳、刁忠民等校點：《宋會要輯稿》崇儒三，上海古籍出版社，2014年，第2792頁。此條《續資治通鑑長編》亦載，參見（宋）李燾：《續資治通鑑長編》卷三百三十四，神宗元豐六年四月壬戌，中華書局，2004年，第8050頁。

曾試中刑法得推恩人，次律學公試中上、中等應曾推恩人，次銓試斷案入中
上等人，（以上並謂經任人。）次初出官，試中刑法得推恩，與經任貳考人，
作一等依名次差注。次經任貳考，與流外出身經任貳考人，作一等依名次差
注。」〔註173〕律學生在律學公試中三次試中第一，亦可優先授任提刑司檢法
官之職。「注承務郎以上，次選人並曾任大理寺斷刑官，次曾任此職，（謂在
職二年以上，非因本職過犯離任人。）次試中刑法第三等中以上，次曾為律
學生公試三預第一人，次試中刑法第三等下人。（以上並謂經任人。）若出闕
至見任人去替，一手無應選人就者，注進士新科明法出身、曾任司法任滿無
過犯人，不限舉主。〔註174〕就宋人章倧為葛勝仲撰寫的墓誌銘來看。「公諱，
字魯卿。……公幼警敏，日誦書數千言，九歲能屬文。初，清孝篤志孝養，未
暇為公擇師。一日，公白清孝，曰某人不足以為某師。清孝駭問其故，公徐於
袖中出文稿，清孝遽取視，則語盡驚人，而師所竄定皆非是。乃笑而頷之，遂
為公易師。清孝嘗與客論文，偶有遺忘，召公問之，酬答如響，一座歎異。自
是賓朋會集，必使公侍左右。年十五而學成，於經史無不精通。年十六應開
封舉，中其選。年十九丁內艱，二十二再試開封為第四，主文歐陽叔弼見其
《封建策》，愛歎之。紹聖三年復預開封優選，明年試南宮。時再用經義取士，
知舉文節林公希邅於經旨，乃擢置高等，遂登是歲進士第。朝廷方興律學，
公居學才閱月，於法令貫通若素習，試為第一，國子監上其程文，乞旌擢以
勵眾。元符二年，調杭州右司理參軍。」〔註175〕葛勝仲曾兩次應開封舉中第，
後又登進士第。由於當時律學的興起，葛勝仲又進入律學學習，在律學公試
中試得第一，獲得了朝廷嘉獎。

其五，律學生的日常學習管理制度也非常嚴格。命官與舉人的居所也彼
此分開，各為一齋。每齋設有齋長、諭各一員，齋長、諭由在學律學生擔任，
不論是否試中補試，都享受律學食宿補貼。律學生員在日常學習生活中必須
遵守一定的學習紀律，不得隨意外出。熙寧六年（1073）六月三日，國子監上

〔註173〕劉篤才、黃時鑒點校：《吏部條法》差注門二，收錄於楊一凡、田濤主編：
　　　　《中國珍稀法律典籍續編》第二冊，黑龍江人民出版社，2002年，第84頁。
〔註174〕劉篤才、黃時鑒點校：《吏部條法》差注門三，收錄於楊一凡、田濤主編：
　　　　《中國珍稀法律典籍續編》第二冊，黑龍江人民出版社，2002年，第103頁。
〔註175〕（宋）章倧：《宋左宣奉大夫顯謨閣試制致仕贈特進諡文康葛公行狀》，收錄
　　　　於舒大剛主編：《宋集珍本叢刊》第三十二冊，《丹陽集》卷二四，線裝書局
　　　　2004年，730～738頁。

言：「律學除以假在外，遇直講，並須迴避。及上元、寒食、冬至、元日，給假在客一日。分為三番，並以昏鼓還舍，不得宿外。公試懷挾，於律學不行外，其係犯降舍殿試者，並罰錢五百。餘依太學規矩施行。內命官充生員，願出宿者，聽。每日講鼓前日晚食還舍，鼓後歸。」〔註176〕按此規定：律學生必須遵守一定的禮儀，遇國子直講須迴避。律學生員一般都要求於學舍住宿，除上元、寒食、冬至、元日假外，必須在規定時間返迴學舍，不得隨意外宿。此外，命官出身的生員可以自願選擇外宿，但必須在規定時間內到達學舍，不可遲到早退。誠然，律學重置之初這一學規可能能夠得到很好的執行，但發展到後來，律學生員的學習紀律也逐漸散漫，朝廷又不得不嚴令約束生員舉止。政和二年（1112）四月二十三日，臣僚言：「訪聞律學官員，群居終日，惟務博弈，不供課試，相習衩袒，嬉遊市肆，晝則不告而多出，夜則留門而俟歸，假曆，門簿，徒為虛設。願戒飭所隸官司，舉行學規。」詔：「今後律學博士、學正，可依大理寺官格除授外，仍不許用恩例陳乞及無出身之人。學門啟閉，視太學法。學生所犯，依規罰；再犯者，罰訖，取印曆或補授文字批書出官，到部理為遺闕。」〔註177〕《宋史・職官志》亦載：「生徒犯罰者，依學規。仍犯不改，書其印曆或補牒，參選則理為闕失。」〔註178〕這就是說，律學生員如有不按規定隨意外出者，則必須依學規予以處罰。再犯而不改者，則將其劣行記錄在案，直接影響銓選成績。

第三節　進士及諸科試律考試

　　唐代科舉考試科目中，除「明法科」考試之外，其他考試科目均不直接考察應試者的法律知識。而宋代科舉制度則否，「明法科」固然以律令知識為主要考察內容，而其他科目亦有法律考試的內容。

一、科舉考試問律之制

　　宋承唐五代之風，進士科是舉子追逐的最熱門考試。宋朝初年，「凡進士，

〔註176〕　（清）徐松輯，劉琳、刁忠民等校點：《宋會要輯稿》崇儒三，上海古籍出版社，2014年，第2792頁。

〔註177〕　（清）徐松輯，劉琳、刁忠民等校點：《宋會要輯稿》崇儒三，上海古籍出版社，2014年，第2793頁。

〔註178〕　（元）脫脫等：《宋史》卷一百五十七，《選舉三》，中華書局，1977年，第3673頁。

試詩、賦、論各一首，策五道，帖《論語》十帖，對《春秋》或《禮記》墨義十條。」〔註179〕由此條記載來看，宋代進士科的攻習之業與法律似乎並沒有直接關係。

然而，《宋史·選舉志》亦有云：「初，禮部貢舉，設進士、《九經》、《五經》、《開元禮》、《三史》、《三禮》、《三傳》、學究、明經、明法等科，皆秋取解，冬集禮部，春考試。合格及第者，列名放榜於尚書省。凡進士，試詩、賦、論各一首，策五道，帖《論語》十帖，對《春秋》或《禮記》墨義十條。凡《九經》，帖書一百二十帖，對墨義六十條。凡《五經》，帖書八十帖，對墨義五十條。凡《三禮》，對墨義九十條。凡《三傳》，一百一十條，凡《開元禮》，凡《三史》，各對三百條。凡學究，《毛詩》對墨義五十條，《論語》十條，《爾雅》、《孝經》共十條，《周易》、《尚書》各二十五條。凡明法，對律令四十條，兼經並同《毛詩》之制。各間經引試，通六為合格，仍抽卷問律，本科則否。」〔註180〕此處「抽卷問律，本科則否」之語甚為可疑。據此載，可知進士及除「明法科」之外的諸科，除本科自有的考試內容之外，還要以「抽卷問律」的形式進行法律知識考察。而本來以法律考試為主要內容的「明法科」則不須「抽卷問律」。那麼，「抽卷問律」的考試程序究竟如何？儘管囿於史料，我們現今難以還原「抽卷問律」制度的原貌，但不可否認的是，宋代的進士科與除明法之外的其他諸科也包含有法律知識的考試內容。

據史料文獻的記載，進士與諸科問律制度似乎與「明法科」的廢存有著密切關係。據《長編》「太宗太平興國四年（979）十一月丙戌」條載：「詔以明法科於諸書中所業非廣，遂廢之。學究並通《三經》，諒難精至，乃分為三科，仍兼習法令。又詔進士及諸科引試日，並以律文疏卷問義。」〔註181〕由是知，宋初「明法科」廢置後，朝廷規定進士與諸科考試時必須要試以律義，以提高士子的法律素養。《宋史·選舉志》亦有云：「（太平興國）八年，「進士、諸科始試律義十道，進士免帖經。明年，惟諸科試律，進士

〔註179〕（元）脫脫等：《宋史》卷一百五十五，《選舉志一》，中華書局，1977年，第3604頁。

〔註180〕（元）脫脫等：《宋史》卷一百五十五，《選舉志一》，中華書局，1977年，第3604～3605頁。

〔註181〕（宋）李燾：《續資治通鑑長編》卷二十，太宗太平興國四年十一月丙戌，中華書局，2004年，第464頁。

復帖經。」〔註182〕由是知，此時進士與諸科都要試律義十道，但第二年，只要求諸科試律義，而進士也不必再試律。兩年後，雍熙二年（985）夏四月丙子，「明法科」又得以復置，同時也規定進士及其他諸科都不再設置法律考試內容。史稱：「分《周易》、《尚書》各為一科，附以《論語》、《孝經》、《爾雅》三小經。《毛詩》專為一科。明法亦附三小經。進士、《九經》以下，更不習法書。」〔註183〕

當然，北宋初年的進士與諸科問律的試題難度應該是較低的，畢竟法律不是進士與其他諸科的專攻之業。而此時的進士與諸科問律制度存續的時間較短，且具有很大的隨意性。直至近百年後的熙寧變法時期，進士、諸科試律之制得以才正式確定。

二、進士與諸科試律義

據《長編》「神宗熙寧六年三月丁卯」條載：「自今進士、諸科同出身及授試監簿人，並令試律令、大義或斷案，與注官。如累試不中或不能就試，候二年注官。曾應明法舉人，遇科場，願試斷案、大義者聽，如中格，排於本科本等人之上。」〔註184〕其年七月有詔云：「自今曾應明經人，願依諸科試斷案、大義者，合格，依諸科推恩。其特奏名授文學長史，願依諸科試刑名者聽。」〔註185〕《宋會要輯稿》亦載：熙寧六年七月二十五日詔：「今後科場，除第三人及第依舊外，餘並令試律令、大義、斷案，據等第高下注官。」〔註186〕據所引，熙寧六年規定的須試律令、大義和斷案方可出官的

〔註182〕（元）脫脫等：《宋史》卷一百五十五，《選舉志一》，中華書局，1977年，第3607頁。筆者按：徐道鄰先生在《宋朝的法律考試》一文中指出：「太宗太平興國八年（九八三）規定，進士和諸科，都要試『律義』十道。這是進士試律義的第一次實施。」筆者以為不然，據前文引《長編》「太宗太平興國四年十一月丙戌」之條載，可知，宋代進士試律義的第一次實施的時間至少可以往前推進到太宗太平興國四年（979）。參見徐道鄰：《宋朝的法律考試》，收錄氏著《中國法制史論集》，志文出版社，1975年，第210頁。

〔註183〕（宋）李燾：《續資治通鑒長編》卷二十六，太宗雍熙二年四月丙子，中華書局，2004年，第595頁。

〔註184〕（宋）李燾：《續資治通鑒長編》卷二百四十三，神宗熙寧六年三月丁卯，中華書局，2004年，第5923頁。

〔註185〕（宋）李燾：《續資治通鑒長編》卷二百四十六，神宗熙寧六年七月乙卯，中華書局，2004年，第5981頁。

〔註186〕（清）徐松輯，劉琳、刁忠民等校點：《宋會要輯稿》選舉一三，上海古籍

應試者範圍即包括諸科、明經與第三名以下的進士。而熙寧八年（1075）年朝廷又採納了專切編修《熙寧政錄》練亨甫的建議，規定進士三名亦須試律義後方可注官。其原因在於：立法之意，蓋為先時官吏多不曉習刑法，決獄治訟，唯胥吏為聽，所以令於入仕之初，試律令、大義、斷案入等，然後注官，此誠良法。然其間獨不令三人就試，於義未安。切緣進士第一名及第便入上州簽判，第二、第三名便入兩使職官，通與一州之事，比之判司簿尉事任不侔，於曉習刑法，豈所宜緩？兼前日官吏有講習刑名，眾皆指為俗吏。雖昨來試中法官恩例甚厚，而初應者少。今若獨優高科之人，不令就試，則人以不試法為榮，以試法為辱，滋失勸誘士人學法之意。欲乞今後進士及第，自第一名已下並令試律令、大義並斷案。所貴編入《聖政》，使後世無以覆議。」〔註187〕由此亦可見，規定進士、諸科及第之人試律義後方可出官的目的就在於使為政者皆通曉律令，同時改變以往士人對習法者的偏見，提高習法人的政治地位。然而，這種進士、諸科出官試律義的制度很快也遭到廢置。據《長編》「元豐二年五月乙未」條載：「詔進士、諸科新及第人免試刑法。」〔註188〕

需要指出的是，熙寧六年（1073）規定的進士、諸科試律義之制度的性質與宋初進士、諸科問律不同。宋初的進士、諸科問律是在考試引試之日，法律知識是科舉考試本身的內容之一。而熙寧六年後的進士、諸科試律義則是一種出官試，也就是說，這種考試發生在科舉功名獲得之後，獲得職官之前。進士與諸科及第者試律令、大義、斷案的成績直接影響他們的注擬的官職。因此，從本質上講，熙寧六年後的進士、諸科試律義制度不是科舉考試的一部分。但這種情況很快又生了改變，元豐二年（1079）廢置進士及諸科及第人試律義之後，元豐四年（1081），朝廷又規定進士科考試時必須加試律義，「進士試本經、《論語》、《孟子》大義，論、策之外，加律義一道，省試二

出版社，2014 年，第 5524 頁。此事《長編》、《文獻通考》、《宋史》亦載，參見（宋）李燾：《續資治通鑑長編》卷二百四十六，神宗熙寧六年七月丙寅，中華書局，2004 年，第 5984 頁。（宋）馬端臨著：《文獻通考》卷三十一，《選舉考四》，第 910 頁。（元）脫脫等：《宋史》卷一百五十五，《選舉志一》，中華書局，1977 年，第 3618 頁。

〔註187〕（清）徐松輯，劉琳、刁忠民等校點：《宋會要輯稿》選舉一三，上海古籍出版社，2014 年，第 5524 頁。

〔註188〕（宋）李燾：《續資治通鑑長編》卷二百九十八，神宗元豐二年五月乙未，中華書局，2004 年，第 7252 頁。

道。」〔註189〕儘管進士加試律義的規定在哲宗即位後很快就被廢置。但至徽宗時，又曾一度復置。據《宋會要輯稿》記載：「徽宗崇寧元年八月十六日，臣僚言：『乞檢會元豐進士試論日兼試律義之文，參酌行之。』詔依，仍俟後次科場施行。」〔註190〕

要之，宋代進士、諸科試律義制度是統治者為全面提高士人法律素養的一項措施，這一考試制度的建立，直接影響了宋代士人的知識結構的構成。

第四節　胥吏試法考試

一、法吏試判案

宋代司法活動中，中央法司的法官當然對司法審判起著決定性的作用，而作為司法機關中辦事人員，儘管法吏的地位並不高，但卻是實際經辦者。因此，法吏的司法活動對司法審判的影響亦不容小覷。宋代君王也十分清醒的意識到了這個問題。為提高法吏的專業素養，熙寧變法時期的法律考試改革活動中也專門針對中央法司法吏的選拔也制定了專門的法律考試。

據《宋會要輯稿》記載：「熙寧八年（1075）五月十五日，詔：「諸發、轉運提舉司及州學人吏（衙前同）。不曾犯徒刑及贓罪，如通曉法律，許三年一次試判案，於當年三月一日已前經州陳狀，要本州體量行止，召職員五人委保。五月一日已前申轉運司類聚，於八月內差官鎖院。前三日投納所習律令格式、《刑統》、《編敕》附令敕書、德音、《五服年月敕》、大禮御劄約束、《九域圖》、曆頭、祠部休假名、廟諱等，赴試院點檢。如到，夾帶可以準備斷案答義文字者，先次駁放。其位委試官於逐場試前一日排定，仍逐日移易，通試五場，每場試案一道，約七件已上、十件已下刑名，委考試官撰案，依試舉人例封彌、謄錄、考較。已就試，不得上請。如的有差誤，引斷不行，許白巡鋪官引赴簾前，白試官改正。仍五道通考，所斷及八分已上，重罪不失為合格。如合格人多，即別引一場。比試《刑統》大義五道，不取文采，止以通義

〔註189〕（宋）李燾：《續資治通鑑長編》卷三百十一，神宗元豐四年春正月庚子，中華書局，2004年，第7538頁。筆者按：《宋會要輯稿》亦載此條。參見（清）徐松輯，劉琳、刁忠民等校點：《宋會要輯稿》選舉三，上海古籍出版社，2014年，第5310頁。

〔註190〕（清）徐松輯，劉琳、刁忠民等校點：《宋會要輯稿》選舉一三，上海古籍出版社，2014年，第5528頁。

理為上。如不合格，具所引刑名差錯曉示。內有不當，聽次日經試院分析，與改正，重定去留。雖所說不通，亦不坐罪。若不為改正，許經監司次第陳述，當與不當，各依條施行。本司具合格姓名並試卷聞奏，中書詳覆。每路不得過三人，仍一面出給公據付逐人，限次年二月一日已前到京，於刑部投狀。其在京諸司人吏，許經中書投狀，依此召保，並兩巡院前行依條試驗。到臺者並一處差官比試，取十人為額，以曾經制勘獄、推勘公事人充御史臺主推書吏。若各經勘鞫，即以試到名次高者先補，餘充審刑院、糾察司書令史。內未係正名並職級者，且充守闕祗應，給與請受，候通理入仕及五年，即與補正。如未有闕，即補守闕。願歸本貫及本司守者亦聽。其試不中者，內係巡院人與三司大將。諸路人吏委試官取轉運司試卷並見試卷看詳，如各有可採，亦許具名聞奏，當議特與轉資。」〔註191〕

按照這一規定：選拔中央法司法吏的制度有如下幾個要點：

其一，選拔中央法司法吏的考試每三年舉行一次。

其二，就與試者的資格而言，必須是「諸發、轉運提舉司及州學人吏」，同時必須不曾犯有徒罪和贓罪，同時還必須有五位職員做擔保。

其三，就應試的程序而言，首先與試者必須於當年三月一日自行向州府提交申請書狀；當年八月，朝廷先差官對投狀者進行初試，轉運司先將初試合格者名單上報朝廷，由中書詳覆；初試合格的吏人必須於次年二月一日向刑部或中書省提交申請書狀，再由朝廷差官對其進行復試。

其四，初試時可以攜帶一定的工具書籍，如《刑統》、《編敕》附令敕書、德音、《五服年月敕》、大禮御劄約束、《九域圖》、曆頭、祠部休假名、廟諱等。但不得夾帶預先準備的答題文字。

其五，初試分為五場，每場試斷案一道，其中包括七件到十件刑名。以試判案五道得八分已上，不失重罪為合格。如果合格人數多，則須加試《刑統》大義五道，加試的閱卷要求是：不取文采，但通義理者為合格。初試合格者不得超過三人。

其六，復試最多錄取十人。其中曾有獄訟推鞫經歷者可以就職於御史臺任主推書吏，其餘按成績高下就職於審刑院或糾察司。

由此可見，為選拔具有實務能力的法吏，其考試制度比選拔中央法司法

〔註191〕（清）徐松輯，劉琳、刁忠民等校點：《宋會要輯稿》選舉一三，上海古籍出版社，2014年，第5524頁。

官的「試刑法」考試還複雜。熙寧年間，朝廷對法吏的選人可謂是慎之又慎。不過，法吏選拔的法律考試制度在哲宗即位後曾一度被廢置。據《長編》「哲宗三年八月丙戌」條載：「詔內外吏人、衙前及試斷案並罷，其許試斷案條更不施行。」〔註192〕由是知，元祐三年（1088），朝廷曾廢置了胥吏試法之制，但廢置時間並不長，三年後，朝廷又下令恢復了這一考試制度。據《長編》「哲宗六年年十二月丁巳」條載：「詔三省、樞密院並六曹、御史臺、開封府、大理寺人吏，並許依舊法三年一試斷案，次第推恩。」〔註193〕

據《宋會要輯稿》記載，宋史南渡之後，大理寺胥吏的選任一度由大理寺卿與少卿臨時決定人選，而紹興三十年（1160），朝廷又制定了胥吏試法考試制度。「五月一日，詔：『刑部進擬案並大理寺右治獄法司、手分，今後遇闕，許刑部並六曹、寺監正貼司以上，並大理寺左斷刑法司、本司貼司以上，各令所屬保明無過犯守行止之人，並依三衙人吏條法，春秋附試。候十道合格人姓名，關送所屬收補。內進擬案主事遇闕，將本案試到人依名次遞遷。』現實，刑寺胥吏有闕，例是長貳臨期差官，量試收補，或抽差填闕。至是臣僚有請，從之。」〔註194〕由是知，紹興三十年後，應試法吏者須參加每年春秋舉辦的其他考試，如「試刑法」和銓試。合格者方可充任法吏。孝宗淳熙四年（1177）二月十四日，刑部上言：「每歲比試本部掌法胥吏，乞許六曹、寺監應係私名貼司以上附試。如遇手分有闕，先補試中人。」〔註195〕由此可見，刑部掌法胥吏的選拔考試似乎每年都會舉辦，應試者也須作為附帶者參加其他每歲舉辦的考試。

二、一般胥吏的試法考試

其實，除嚴格要求中央法司的法吏的法律素養之外，朝廷針對一般的胥吏也制定有相應的法律考試。據史料文獻的記載，一般胥吏的試法考試主要有兩種，其一是流外入流考試，試中者可以進入流內，授予正式官職。另一

〔註192〕（宋）李燾：《續資治通鑑長編》卷四百一十三，哲宗元祐三年八月丙戌，中華書局，2004年，第10038頁。

〔註193〕（宋）李燾：《續資治通鑑長編》卷四百六十八，哲宗元祐六年十二月丁巳，中華書局，2004年，第11181頁。

〔註194〕（清）徐松輯，劉琳、刁忠民等校點：《宋會要輯稿》選舉二四，上海古籍出版社，2014年，第3669頁。

〔註195〕（清）徐松輯，劉琳、刁忠民等校點：《宋會要輯稿》職官一五，上海古籍出版社，2014年，第3421頁。

種是針對在任胥吏的考試，合格者可以獲得減免磨勘的獎勵。

　　早在北宋初年，朝廷就規定流外官入流，就必須經過試律三道的法律考試。據《宋史・選舉志》記載：「凡流外補選，五省、御史臺、九寺、三監、金吾司、四方館職掌，每歲遣近臣與判銓曹，就尚書同試律三道，中者補正名，理勞考。三館、秘閣楷書，皆本司試書札，中書覆試，補受。後以就試多懷挾傳授，乃鎖院、巡搜、糊名。凡試百司吏人，問律及疏，既考合格，復令口誦所對，以妨其弊。其自敍勞績，臣僚為之陳請，特免口誦，謂之「優試」。得優試者，率中選。後遂考試百司人，歲以二十人為額，毋得僥倖求優試。為職掌者，皆限年，授外州司戶、勒留，有至諸衛長吏、兩省主事者。」〔註196〕

　　朝廷為督促其他重要的中央行政機關在任胥吏習法，而特別針對在任胥吏舉辦法律考試，合格者可以獲得減免磨勘的獎勵。據《宋會要記載》：「熙寧九年（1076）正月十七日，中書門下言：「中書主事已下，三年一次，許與試刑法官同試刑法，第一等升一資，第二等升四名，第三等升兩名。內無名科升者，俟有正官，比附減年磨勘。餘並比附試刑法官條例施行。〔註197〕由此可見，朝廷為中書省的吏人每三年一次，可以與「試刑法人」一起參加「試刑法」考試。其考試規則依照「試刑法」考試制度實施。但試中後的推恩不同，吏人試刑法合格者不可充任中央法司法官，只能獲得減免磨勘的獎勵。

　　胥吏試法制度時廢時置，但據《慶元條法事類》記載，南宋時期也有胥吏試法考試。「諸吏人銜前不曾犯徒及贓罪者，州每三年一次，於二月前許投狀乞試刑法。本州體訪行止，召職級五人委保，四月前申轉運司類聚，別月內差官鎖院考試。（預約不滿十人，牒鄰路多處並試，俱不滿十人或等者，並就近裏路分，若鄰路無試人，可。）」〔註198〕由此可見，南宋時期的胥吏試法考試制度基本上也是借鑒了熙寧六年時頒布的詔令，並未有較大改動。

〔註196〕（元）脫脫等：《宋史》卷一百五十九，《選舉五》，中華書局，1977年，第3735頁。此條《文獻通考》亦載，參見（宋）馬端臨著：《文獻通考》卷三十五，《選舉考八》，中華書局，2011年，第1029～1030頁。

〔註197〕（清）徐松輯，劉琳、刁忠民等校點：《宋會要輯稿》選舉一三，上海古籍出版社，2014年，第5525頁。

〔註198〕（南宋）謝深甫等：《慶元條法事類》，卷十二，《公吏門》常熟瞿氏本。